本书是国家社会科学基金青年项目"高质量发展视域下中国物流业绿色发展评价与提升路径研究"（21CJY051）的阶段性成果

经济高质量绿色发展研究：
水平、演化与路径

张　旭　郝迎春　著

燕山大学出版社

·秦皇岛·

图书在版编目（CIP）数据

经济高质量绿色发展研究 ：水平、演化与路径 ／ 张
旭，郝迎春著. -- 秦皇岛 ：燕山大学出版社，2024.

11. -- ISBN 978-7-5761-0781-4

Ⅰ．F124.5

中国国家版本馆CIP数据核字第2024Q7D687号

经济高质量绿色发展研究
——水平、演化与路径
JINGJI GAOZHILIANG LÜSE FAZHAN YANJIU

张　旭　郝迎春　著

出 版 人：陈 玉			
责任编辑：臧晨露		策划编辑：张岳洪	
责任印制：吴 波		封面设计：刘韦希	
出版发行：燕山大学出版社		电　　话：0335-8387555	
地　　址：河北省秦皇岛市河北大街西段438号		邮政编码：066004	
印　　刷：涿州市般润文化传播有限公司		经　　销：全国新华书店	

开　　本：710 mm×1000 mm　1/16		印　　张：14.25	
版　　次：2024年11月第1版		印　　次：2024年11月第1次印刷	
书　　号：ISBN 978-7-5761-0781-4		字　　数：240千字	
定　　价：69.00元			

目　　录

第一章　绪论 1

第一节　研究背景 1

第二节　国内外研究现状 8

第三节　主要内容 25

第二章　高质量绿色发展相关理论与方法 28

第一节　相关理论 28

第二节　研究方法 44

第三章　高质量绿色发展水平评价指标与方法 ...62

第一节　高质量绿色发展框架与影响因素 62

第二节　高质量绿色发展评价指标 67

第三节　评价方法与数据来源 74

第四章　高质量绿色发展水平评价与时空演化分析 ...79

第一节　省域高质量绿色发展水平与分类 79

第二节　高质量绿色发展水平时空演化分析 88

第五章　国外城市经济绿色发展案例借鉴 94

第一节　日本东京 94

第二节　荷兰奈梅亨 100

  第三节 瑞典马尔默 106

  第四节 澳大利亚悉尼 113

  第五节 对比研究与经验总结 119

第六章 国内城市经济绿色发展案例借鉴 123

  第一节 深圳 123

  第二节 上海 130

  第三节 杭州 137

  第四节 沈阳 144

  第五节 经验总结 150

第七章 高质量绿色发展水平提升路径仿真 153

  第一节 高质量绿色发展系统动力学模型构建 153

  第二节 高质量绿色发展系统动力学模型检验 162

  第三节 高质量绿色发展提升路径情景设定与仿真 166

第八章 高质量绿色发展水平提升对策 173

  第一节 以源头管控划定高质量绿色发展底线 173

  第二节 以科技创新赋能高质量绿色发展动力 181

  第三节 以产业升级激发高质量绿色发展潜力 189

  第四节 以统筹协调提升高质量绿色发展质量 195

结论 204

参考文献 206

第一章　绪　论

经济高质量绿色发展是生态环境"高颜值"与经济发展"高素质"齐头并进的发展模式。它是以效率为导向，通过人力资本投资、技术和制度创新实现能源结构低碳化、生产循环化、消费结构绿色化的可持续发展。在经济高质量发展阶段，走绿色发展之路是改善区域环境质量、建设美丽中国的关键。本章从经济高质量发展、绿色发展和高质量绿色发展出发，详细介绍本书的研究背景，梳理分析国内外相关研究现状，并对本书的研究意义、研究内容、技术路线和创新点等进行阐述。

第一节　研　究　背　景

一、经济高质量发展是适应中国发展的最新研判

改革开放以来，我国经济实现高速增长，经济总量迅速增加，基础设施建设水平快速提高，人民生活质量不断提升。但是，在改革开放过程中也出现了一些问题，如经济总量大而不强、供需结构失衡、投资拉动经济增长能力趋弱等，这些问题已经成为阻碍经济发展的重要因素。要想经济又好又快发展，调整经济结构，推动和实现高质量发展势在必行。2017年，习近平总书记在党的十九大报告中作出"中国特色社会主义进入了新时代，我国经济发展也进入了新时代"的重要论断，指出新时代中国经济的基本特征是由高速增长阶段转向高质量发展阶段，首次提出"高质量发展"的理念，从此高质量发展作为"关

键词"进入公众视野；2018年3月，习近平总书记在参加十三届全国人大一次会议内蒙古代表团审议时指出，推动经济高质量发展，要把重点放在推动产业结构转型升级上，把实体经济做实做强做优。要立足优势、挖掘潜力、扬长补短，努力改变传统产业多新兴产业少、低端产业多高端产业少、资源型产业多高附加值产业少、劳动密集型产业多资本科技密集型产业少的状况，构建多元发展、多极支撑的现代产业新体系，形成优势突出、结构合理、创新驱动、区域协调、城乡一体的发展新格局。2021年4月，《中共中央 国务院关于新时代推动中部地区高质量发展的意见》的出台从顶层设计方面将高质量发展放在突出位置；2021年9月，《推进资源型地区高质量发展"十四五"实施方案》为形成内生动力强劲、人民生活幸福、生态环境优美的高质量发展新局面提供了强有力的支持。2022年党的二十大胜利召开，二十大报告设专章阐释高质量发展，明确高质量发展是全面建设社会主义现代化国家的首要任务，并把推动高质量发展写入党章；2023年4月，习近平总书记在学习贯彻习近平新时代中国特色社会主义思想主题教育工作会议中提到，要紧紧围绕高质量发展这个全面建设社会主义现代化国家的首要任务，以强化理论学习指导发展实践，正确处理速度和质量、发展和安全、发展和环保、发展和防疫等重大关系，不断提高推动高质量发展的系统性、整体性、协同性。

高质量发展不仅能够解决我国社会面临的主要矛盾和问题，还能够充分体现新发展理念的价值。这一发展模式以创新为动力，以协调为特征，以绿色为形式，以开放为路径，以共享为目标，共同塑造了高质量发展的战略方向和发展特点。在微观层面，高质量发展要提高生产要素的质量，须以提高生产力和要素整体效率为基础，而不是以扩大要素使用为基础；在中观层面，高质量发展要协调经济结构，包括产业结构、区域结构、财政结构等；在宏观层面，高质量发展要实现经济均衡发展。综上，经济高质量发展不仅回答了如何在经济代谢增长过程中由新的高质量产品取代以低价值为主体的动力机制这一问题，更在经济—社会—环境系统协调发展层面提交了一份完美的答卷。

在政府一系列政策的推动下，我国经济结构不断优化，产业结构逐渐由以传统制造业为主向高技术产业为主转变。同时，消费结构、投资结构也在发生变化，服务业、高端制造业、科技创新等领域成为经济增长的重要动力。在高质量发展过程中，我国经济质量和效益不断提升。一方面，企业盈利能力增强，创新能力不断提高；另一方面，财政收入、居民收入等指标也表现出较好态势。此外，我国正逐步构建开放型经济新体制，推动国际经济合作和贸易便利化。自由贸易试验区、跨境电商等新兴业态快速发展，为我国高质量发展提供了新的机遇。高质量发展强调以人民为中心，不断提高人民的生活水平和幸福感，在教育、医疗、养老、住房等领域，各级政府采取了一系列措施，旨在满足人民日益增长的美好生活需要。

目前我国高质量发展取得了一定的成效，但仍面临诸多挑战。在创新力方面，虽然我国研发投入已居世界前列，但科技创新能力与发达国家相比仍有较大差距，原创性、颠覆性技术缺乏，技术创新体系尚不完善。此外，我国各省（区、市）高质量发展不平衡问题也较为突出，东部沿海地区经济发展水平较高，科技创新能力较强，产业结构较为合理；而中西部地区经济发展相对滞后，科技创新能力较弱，产业结构较为单一。这种不平衡的发展态势制约了我国整体高质量发展水平的提升。为解决这些问题，需要加大科技创新投入，提升科技创新能力，尤其是在基础研究和前沿技术领域。此外，需要借鉴东部沿海省（区、市）的发展经验，结合中西部地区的实际情况，推进各地区的高质量发展。

二、绿色发展是当今时代发展的主旋律

改革开放40多年来，中国迅速发展成为世界第二大经济体，但是，在享受着总体小康等改革开放美好成果的同时，我们也感受到了非绿色发展所带来的苦果，工业化在创造巨大物质财富的同时，也造成了资源的过度开发和环境的持续破坏，导致人与自然的矛盾日益突出，传统的"先污染，后治理"的发展模式难以持续。一方面，中国是一个人均自然资源相对贫瘠的国家，资源环境已成为制约经济社会可持续发展的重要瓶颈；另一方面，中国已超过美国成为能源消费和二氧化碳排放第一大国，经济发展造成的大气污染、土壤污染、水污染、资源枯竭、生态失衡、沙漠化等生态破坏和环境污染问题，直接影响着人民群众的健康生活。面对严峻的生态环境形势，如何形成节约资源和保护环境的绿色发展方式，是我国发展需要着力解决的问题。

　　绿色发展最早起源于联合国开发计划署的《中国人类发展报告2002：绿色发展 必选之路》，其已经成为国家发展的战略目标和方向，是中国发展的大势所趋。绿色发展在党的历次重要会议中逐步完善的过程可以分为三个阶段：第一阶段划分为两个时期，分别是"十五"规划（2001—2005年）时期和"十一五"规划（2006—2010年）时期，我国经济发展经历了高速增长阶段，生态环境状况的严重恶化使党中央意识到经济可持续发展的重要性，提出要实现经济生态"两手抓"的发展目标，这一阶段主要体现为以科学发展观理念指导的绿色发展。第二阶段为"十二五"规划（2011—2015年）期间，绿色发展不仅是国内经济发展不可回避的问题，也是时代发展的主题，我国在绿色发展问题上也逐渐把口号转变为实际行动。"十二五"规划为绿色发展理念在我国的实际应用提出了诸多科学量化性指标，不断完善对绿色发展理念的把控度，把绿色发展责任落实到行政部门、企业甚至是个人，成为中国绿色现代化建设的起点。党的十八大把绿色发展提升到国家战略的高度，形成经济建设、政治建设、社会建设、文化建设、生态文明建设"五位一体"的总体布局，通过顶层设计为绿色发展进行了系统性规划。第三阶段为"十三五"规划至今，绿色发展成效显著，其内涵不断得到深化和发展。"十三五"规划把"绿色""创新""协调""开放"和"共享"上升为经济社会发展的五大发展理念，党的十九大提出从法律与政策层面保障绿色发展建设等举措，对我国突破资源环境的约束和制约，实现新能源经济、循环经济、绿色消费、绿色金融等新型经济发展方式转变和国际竞争力的提高均具有重要意义。在一系列会议上，习近平总书记多次论述和强调了绿色发展的重要性和紧迫性，标志着中国开启了推进绿色发展的新篇章，进入了生态文明建设的新时代。关于对为什么要推进绿色发展、推进什么样的绿色发展以及怎样推进绿色发展等重大理论和实践问题的回答，形成了具有中国特色的系统绿色发展观，其内在要旨包括：生态兴则文明兴，生态衰则文明衰；转变经济发展方式，实现绿色新常态；彰显"五位一体"战略布局，增强顶层设计；发展绿色GDP（国内生产总值），实现民生福祉。

　　绿色发展以预防和治疗生态环境问题为导向，以效率、和谐、可持续为目标，以绿色产业、绿色技术、绿色能源、绿色低碳生活方式等为核心内涵，是保障经济社会发展的重要支撑与持续动力，也是新时代美丽中国建设的必由之路。绿色发展的实质是追求绿色经济、绿色创新、绿色生态、绿色共享的高度协调、高度契合，并形成经济循环。其中包含三个方面：一是经济的绿色发展，即经济发展的绿色化、生态化和持续化。从宏观上看，是国家经济体系的发展方式从不可持续向可持续的转变；从中观上看，是产业结构从资源环境高消耗向资源环境可持续的转变；从微观上看，是人和自然从对立向和谐共存的转变。二是社会的绿色发展。这要求我们在社会发展的过程中，不仅要追求社会进步的速度，更要追求社会进步的可持续性。社会进步的可持续性体现在社会的绿色化、生态化和可持续化上。绿色化是指在社会生活中减少对环境的破坏，生态化是指在社会发展中保护和改善生态环境，可持续化是指在社会发展中确保人类福祉的持续实现。三是人的绿色发展，即人的生产、生活行为的绿色化、生态化和可持续化。具体而言，其以实现人民美好生活、为人民创造美好环境为最终落脚点，倡导大力发展绿色经济、绿色产业，构建绿色城镇化、绿色能源体系，为人民群众提供美好的绿色生活、绿色公共服务，最终绿色发展成果由全民共享。

如何实现经济增长与关键自然资本、环境损害的"脱钩"是新时代发展面临的重要挑战。从目前来看，绿色发展相关政策、理念的实践效果并不乐观。尽管已经意识到环境保护和可持续发展的重要性，并在政策层面作出了许多努力，但在实际执行过程中，我们仍然面临着诸多困难和挑战。首先，传统的经济发展模式仍然占据主导地位。许多企业和政府部门在追求经济增长的过程中，往往忽视了对环境的保护。这种短视的行为导致了资源的过度开发和环境的破坏，与绿色发展的理念背道而驰。其次，绿色发展的政策体系和监管机制尚不完善。虽然我国已经制定了一系列环境保护和绿色发展的政策法规，但在实际执行过程中，由于监管不力、执法不严等原因，这些政策和理念并没有得到充分的落实。这不仅导致了环境问题的日益严重，也使得绿色发展的理念难以深入人心。最后，绿色发展的技术和解决方案仍然相对落后。虽然近年来我国在新能源、节能环保等领域取得了一定的成果，但与发达国家相比，我们的技术和解决方案仍然与其存在一定的差距。这导致了绿色发展的成本较高，影响了绿色发展的推广和普及。为了解决这些问题，我们需要从政策、技术和文化等多个层面进行努力，从多个层面入手推动绿色发展的理念和实践，实现经济、社会和环境的可持续发展。

三、高质量绿色发展是中国新时代发展的新引擎

党的十九大报告明确提出"我国经济已由高速增长阶段转向高质量发展阶段"，传统的粗放型发展模式已无法适应新常态的发展需求。2018年全国生态环境保护大会提出，构建高质量现代化经济体系的必然要求就是走绿色发展之路。"建立健全绿色低碳循环发展的经济体系"指导意见是新时代高质量发展的方向指引。2019年3月在十三届全国人大二次会议上，习近平总书记指出"要探索以生态优先、绿色发展为导向的高质量发展新路子"，高质量绿色发展随之产生。高质量绿色发展是以绿色发展理念推进经济与社会的高质量发展，其实质就是要走经济绿色化、绿色经济化协同发展之路。2023年7月，习近平总书记在全国生态环境保护大会上强调，要加快推动发展方式绿色低碳转型，坚持把绿色低碳发展作为解决生态环境问题的治本之策，加快形成绿色生产方式和生活方式，厚植高质量发展的绿色底色。当今时代，智能化应用、节能环保、清洁能源、循环利用及生态修复等领域取得了重大的突破和发展，绿色发展理念的种子也在新时代的土壤中得到孕育并生根发芽，以绿色发展理念引领经济走向高质量发展之路已成为建设现代化国家的必然选择，绿色发展与经济发展之间的协调发展成为加快经济高质量发展的强大动能。

高质量绿色发展是在"绿水青山就是金山银山"的理论指导下，坚持保护生态环境，从生态环境中获得经济收益，强调人与自然是和谐共生的，而不是相互对立的。其内涵包括五个方面：一是高质量的绿色发展，就是通过绿色生产方式、绿色生活方式和绿色发展绩效反映经济社会向高质量绿色发展转变的程度。二是绿色创新发展，就是绿色技术创新投入和绿色创新能力两个维度共同刻画创新发展水平。三是绿色协调发展，即通过城乡环境保护平衡程度、城市间差异反映绿色协调发展成果。四是绿色开放发展，由绿色FDI（外商直接投资）和绿色贸易两个部分组成。五是绿色共享发展，即共享共建绿色发展成果。其路径必然是生态保护和经济增长的协调发展。高质量绿色发展的第一要义是加强生态建设和保护，坚持生态先行原则意识。以不污染、不破坏环境为

前提，以经济发展与生态环境保护协调发展为核心，加强水源涵养、生态支撑能力，注重经济发展的质量和效率，实现有效增长，促进经济的绿色、创新型增长。本书中，高质量绿色发展是以可持续发展理论、生态经济理论、区域发展理论等为基础，以科技创新为驱动，以提升自然资本利用效率为导向，以产业结构及能源体系提档升级为核心，以社会和谐和人民美好生活品质为追求，推动形成低碳化的能源结构、循环化的经济生产、绿色化的生活方式。高质量绿色发展强调经济、社会及生态效益的协调统一、互利共赢。

然而，受不同地区自然条件、社会经济、产业结构、创新水平等因素影响，高质量发展背景下各省（区、市）间绿色发展存在发展不均衡现象，不同地区绿色发展的障碍因素也各有不同：中部地区造林面积广，森林覆盖率高，但依旧存在诸如资源利用效率较低、农村环境污染日渐严重、生态环境退化等生态环境问题；内蒙古沿黄经济带受绿色创新储备能力不足、绿色共享发展水平变动较大、发展能力持续偏低等因素影响，地区绿色发展水平难以持续提升；山西省绿色转型发展虽取得一定成效，但在区域上存在发展不平衡、技术创新不足等问题。

由此，本书从现状分析、基本模式、水平评价、时空特征、经验借鉴、路径对策等角度研究中国高质量发展时期省域绿色发展问题，在确定发展水平与时空特征的基础上，提出符合经济高质量发展要求的省域绿色发展提升路径与实施策略，具有重要的理论和现实意义：有助于丰富和补充传统发展理论，为绿色发展研究提供新的思路与视角；有利于在不断创新中完善高质量绿色发展生态体系，推动经济增长与关键自然资本的"脱钩"。

首先，国家正在全面实施经济高质量发展战略，加快形成以高质量绿色发展为主要引领和支撑的发展模式，在这一发展过程中必然会遇到许多新情况和新问题，亟需以能够解决中国实际问题的高质量绿色发展理论回答好这些发展过程中的问题，进而为国家和各省推进经济高质量绿色发展工作提供理论依据。本书定性分析中国推行经济高质量绿色发展的必要性，在充分解读党中央精神和前人对经济高质量发展内涵的基础上，在新经济形势下，深入研究经济高质量发展背景下省域绿色发展的内涵框架、发展水平与提升路径，对高质量发展背景下绿色发展的内涵与评价指标进行系统阐释，具有一定的学术价值与理论意义。

其次，本书融合运用了多元异构数据融合方法、改进的熵权法、空间自相关分析、系统动力学以及资源与环境经济学等多学科的研究方法与知识，全面深入分析省域绿色发展水平与演化特征，并将提升绿色发展质量与经济增长绿色底色的实践需求与生态经济学、可持续发展相关理论的深化扩展相结合，在运用已有理论分析新问题的基础上，发展和完善既有理论，是对现有理论与方法的有益尝试与拓展，对于促进多学科的交叉融合、学科的综合化发展具有一定的理论意义。

再次，通过设计合理的指标体系与选择科学的评价方法，在经济高质量发展背景下对中国省域绿色发展水平进行客观评价，并分析其演化特征与机理，进而找出缩小省域间发展差异的有效途径与措施，能够促进省域经济高质量绿色协调发展，为相关部门衡量绿色发展成效、精准施策提供参考，以进一步提升省域经济综合实力、转变省域经济发展模式、实现新旧动能转换、提高省域产业绿色发展质量。

最后，科学研判省域绿色发展面临的问题，有助于明确经济高质量发展新形势下区域绿色化提升的主要任务，结合国内外经济绿色发展实践经验提出提升路径与具体举措，为经济高质量发展背景下省域绿色发展提供基本思路与方法，有助于提高经济绿色发展质量和效益，促进经济绿色发展从"量"到"质"的转变，对于推动生态文明建设、美丽中国建设具有重要的现实意义。

第二节　国内外研究现状

一、经济高质量发展研究

（一）经济高质量发展内涵研究

经济快速发展只是社会发展经历的最初的进程，经济高质量发展才是社会发展的最终努力方向与标准。经济高质量发展是经济与统计学研究的重点课题之一。由于该概念具有鲜明中国特色社会主义的时代特征，国外学者尚未对此展开深入探讨。目前，国外学术界主要从经济增长角度出发，对经济发展质量进行相关研究，对经济增长内涵的理解较为重视经济、社会与环境三方面协调发展。经济学家库兹涅茨（1971）提出经济发展质量的概念，认为其应包括四个方面，即公平的市场环境、合理的财政收支、改善环境质量的能力和接受教育的机会。卡马耶夫（1983）明确强调了"经济发展质量"的重要性，指出其关键性在于生产力发展效率和质量的提升，而不是量的增加，包括生产生活资料和物质资料等方面的提升。Sabatinit（2008）提出人、自然和社会是经济发展的三大主要元素与参与者，人民生活的发展、自然生态的绿色健康和社会世界的祥和融洽都应该被考虑在经济质量评价的研究内容之中。Stefan（2012）指出经济增长质量应该涉及经济发展速度、人民生活水平和社会发展的和谐水平。Jakimowicz（2015）从路径依赖角度论证经济增长不仅应注重数量上的增长，还要分析环境污染导致的风险。Fritz等（2016）将经济增长质量概念化为生态、社会以及生活三方面的质量，强调生态环境的可持续性对经济发展的重要作用。Hayat（2019）研究认为制度质量是促进一个国家经济增长的重要因素。Xing（2020）认为高质量发展是利用技术创新实现高产品质量，借助优化升级经济结构实现高结构质量，通过较高的资本、劳动和技术效率实现高生产力质量。Zhao等（2021）认为高质量发展是改变传统的粗放型经济发展模式，以生态文化和绿色发展为主导的发展模式。

高质量发展理念的提出是基于我国经济发展亟待转型的背景做出的必要选择，国内学者对经济高质量发展内涵的研究主要从两个层面展开。微观层面主要从结构调整升级、经济增长方式转变、经济发展效率提高来定义高质量发展。徐学敏（1998）从效率角度将高质量发展的内涵界定为提高经济发展效率，即实现投入产出最大化。刘亚建（2002）认为一国实现繁荣增长的标志是投入的减少和产出的增加。杨耀武等（2021）指出将新的要素纳入经济增长的内涵是高质量发展的内在逻辑，同时强调人的全面发展在高质量发展中的作用。张侠等（2021）认为经济高质量发展是发展模式从"量变"到"质变"的结果，这不仅对供给侧提出改革的需求，更强调系统平衡、民生指向与经济发展水平同样具有举足轻重的作用。周志莹（2021）从转变"粗放型"经济发展模式角度出发，认为经济高质量发展的实现是将经济发展的重点聚焦于可持续性、以提高产业竞争力为主的发展模式。马津润等（2022）从代谢增长理论视角阐释经济高质量发展的政治经济学内涵，即经济增长的动力机制在以高质量产品为主要内容的情况下实现代谢增长的顺利进行，从而取代以低价值为主体的旧的代谢增长动力。

从宏观层面看，高质量发展是指经济的均衡发展。为实现这一目标，我们首先需要推动经济的增长，随后通过改善社会、环境和文化的状况，来提升经济发展的质量。董晓远等（2013）认为高质量发展应注重发展的效率性、协调性、稳健性、创新性、融合性等。钞小静等（2016）认为提高人民的生活水平、合理利用资源和保护环境是实现高质量发展的重要特征，高质量应是经济增长与道德建设的和谐统一，经济增长的结果应该惠及所有人。张军扩（2018）强调高质量发展应是各个方面的全面发展，其中包含经济、政治、社会、文化、生态等维度，各个维度相协调、相适应，在发展经济的同时要重视经济结构优化，在经济发展过程中，要注重经济增长的稳定性、保护环境和改善社会文明。郑耀群等（2020）提出经济高质量发展的内涵不等同于经济增长，在新发展理念下具有新的时代特征。宋洋等（2021）认为经济高质量发展的内涵并非一成不变的，辩证分析高质量发展在内生动力与外在表现相互作用下螺旋上升的内在逻辑。刘军等（2022）具体分析新发展理念下五个维度主要解决的问题，提出经济高质量发展相较于经济增长的内涵更具有现阶段新时代下的现实意义，即"发展"远远大于"增长"的内涵。

（二）评价指标体系研究

国外学者在构建经济增长评价指标体系、运用实证分析经济发展水平方面具有较为丰厚的研究成果。1970年，联合国首次构建了经济社会发展评价指标体系。1990年联合国发布《人类发展报告》，明确提出度量国家经济发展水平的"人类发展指数"。1992年联合国将绿色指标作为考虑经济发展的重要因素列入评价指标体系之中。Appiah等（2019）以人类发展指数为主要关注变量，以GDP为因变量，以通货膨胀、资本、投资和劳动力为控制变量，通过实证检验1990至2015年间人类发展对非洲国家经济增长和发展的影响，揭示出人力资源与经济增长之间的正相关性。Udemba（2020）对尼日利亚可持续性经济发展情况进行研究，建立自回归分布滞后模型并进行格兰杰因果检验，结果表明经济增长与生态足迹、农业、外国直接投资、能源使用四个自变量呈正相关关系。David（2020）在分析非洲经济增长的影响因素过程中，指出经济增长质量的评价指标体系应包含国民经济和社会生活两大方面，并将移动电话、固定电话和互联网访问订阅用作衡量信息和通信技术的标准。Ginting等（2021）建立面板回归模型分析了进口、出口和失业对北苏门答腊经济增长的影响。

在国内的学术领域，辛玲（2007）基于和谐社会的理念，提出了一个包含八个评价指标的框架，这些指标涵盖了社会公正、社会创新和人与自然和谐发展等方面，以此全面评估地区发展的高质量水平。随后，张春光（2009）采用科学发展观的视角，选择了人口、资源和环境作为衡量县域经济发展质量的关键维度。肖欢明（2014）则从资源配置效率的视角出发，在生产函数中纳入了自然资源和环境因素，对2001至2011年我国的高质量发展状况进行了评估。随着2017年中央经济工作会议提出建立高质量发展评价指标的要求，学者们开始根据各自的研究方向，构建起高质量发展的指标体系。在这一趋势下，刘振兴（2018）以天津市为例，构建了一个包括效益发展、创新发展、结构优化、协调发展和开放发展在内的评价体系，以此来推动地区的综合发展。张永恒（2019）以五大发展理念作为高质量发展的评判标准，构建经济增长、效率提升等一级指标，其中包含人均国内生产总值、全社会劳动生产率等要素的二级指标。李红等（2021）在构建经济高质量发展水平评价指标体系时，既考虑到新发展理念的指导作用，又添加了经济增长这一指标维度。闫海春等（2022）对内蒙古及各地市经济高质量发展水平展开测度，结果显示创新发展、共享发展在研究区经济高质量发展过程中扮演着较为重要的角色。李超等（2022）利用熵值法测度环渤海、长三角及珠三角经济圈经济高质量发展水平，结果表明各评价指标在不同经济区中对整体作用的变化趋势具有相似性，且自然环境均为最主要的影响因素。熊正德等（2023）基于高质量发展理念，探讨数字文化产业与旅游业深度融合的内涵与机理，并从融合基础、融合规模、融合效应三个维度构建数字文化产业与旅游产业综合发展评价指标体系。总体来说，就指标体系层级看，采用2级指标（维度＋具体指标）和3级指标（维度＋子维度＋

具体指标）的研究居多；就指标体系维度构成看，现有研究大都采用多维度法的综合评价指标体系，具体见表1-1。

表1-1　部分评价指标体系的维度一览表

学者	维度个数	具体维度
金碚（2018）	5	产业、环境、土地、动能、民生
魏敏等（2018）	10	经济结构优化、创新驱动发展、资源配置高效、市场机制完善、经济增长稳定、区域协调共享、产品服务优质、基础设施完善、生态文明建设、经济成果惠民
袁晓玲等（2019）	6	经济发展方式、经济结构、资源效率、创新、生态环境、城市化与人力资本
刘国新等（2020）	5	经济效益、创新发展力、产业结构、开放程度、生态环境
秦放鸣等（2020）	13	经济发展水平、创新驱动、结构优化、投入产出效率、消费结构、消费高级化、城乡协调能力、公平共享、节能减排、生态保护、资源节约、体系合理性、安全稳定性
李晓楠（2020）、刘瑞等（2020）	3	发展活力、发展质量、发展环境
汪淑娟等（2021）、杨波等（2023）	5	创新、协调、绿色、开放、共享
赵山杉等（2023）	4	经济效益、基础设施建设、人民生活、环境质量

（三）评价方法研究

如何评价和衡量经济高质量发展水平是一个难点，国外学者运用模型、矩阵等多种评价方法进行研究。如Gary等（2003）将计算能源效率的全要素生产率模型运用到中国经济发展质量水平的研究中。Daigee等（2010）研究了生态环境对于经济质量的影响作用，结果表明环境会显著影响经济发展的质量水平。Mohamed和Sami（2017）运用最小二乘法与系统广义矩阵法开展了经济质量的主要因素及影响程度大小的研究。国内众多学者更多是通过建立指标体系，采用主客观赋值法等进行赋权来评价高质量发展。比如，钞小静等（2011）

侧重于主成分分析法，认为该方法可以从经济发展质量的任何维度得到定量结果，所形成的权重结构可以全面反映各项基本指标对经济发展质量贡献率。魏博通（2012）运用层次分析法测算中部六省在经济增长、科技环境、教育发展、人民生活、环境质量方面的总体水平。颜双波（2017）采用熵权法评价高质量水平，主要从经济效益、可持续性增长和城乡收入差距三方面展开。师博等（2018）采用主观赋值法，根据主观判断为指标均等的赋值，即各个指标的权重是等量的，来测算经济增长和发展成果等维度。冯彩丽（2019）总结了各类县域的发展特点，将因子分析及聚类模型应用到河北省各个县镇所在区域的经济质量发展评价的研究中。孙晓等（2021）运用熵值法、变异系数与泰尔指数对地区间发展水平展开研究，指出不同地区间的旅游经济发展差异相差较大。王宇昊（2022）在利用GMM动态面板模型的基础上将资本配置效率作为经济增长的内生变量，进一步考察经济高质量发展的实现过程中资本配置效率产生的影响及作用机理。郭伟等（2022）基于经济高质量发展的内涵，建立"PP-EM"动态评估模型对2011—2020年间中国省域经济高质量发展展开时空演化与驱动因素分析。李志洋等（2022）将中国经济高质量发展的时空特征作为主要研究内容，利用主成分分析法论证全国发展趋势以及东部、中部、西部三大地区高质量发展水平差异。于良娟等（2023）基于我国31个省份（港澳台地区除外）在2014年、2016年、2018年、2020年的面板数据，采用主成分-模糊综合评价法，对各省份经济高质量发展情况进行了评价与分析。

（四）实现路径和对策研究

学者对如何实现经济高质量发展的研究主要聚焦在政府、数字经济以及区域经济层面。基于政府层面，陈诗一等（2018）研究发现政府环境治理能够有效降低雾霾污染从而促进经济发展质量的提升。王维平等（2021）在对"双循环"理论研究的基础上，认为中国在新经济形势指引下亟待刺激内需，加快内循环与外循环的融通，在政府宏观调控下多措并举，从而实现经济高质量发展的目标。邵帅等（2022）从碳排放管控的角度出发，立足于2020年我国提出的"双碳"目标，研究市场导向型的低碳政策对经济发展产生的作用机理，指出碳交易试点政策在实证分析结果下会通过与其他经济指标产生协同效应促进经济高质量发展。安诣彬等（2022）指出充分发挥政府宏观调控能力、激发市场经济活力是中小城市顺应双循环新发展格局、实现经济高质量发展的重要途径。史安娜等（2023）运用系统高斯混合模型对政府创投引导基金、营商环境对经济高质量发展的影响效果进行实证检验，研究发现政府创投引导基金对经济高质量发展有促进作用。

基于数字经济层面，刘钒等（2019）从国内外数字经济的发展、数字经济推动产业高质量发展的实践等几个方面，对以数字经济引领高质量发展的理论研究进行梳理总结。郑凯等（2021）提出数字经济是实现经济高质量发展的解题关键，针对不同制约因素的具体问题进行具体分析，并在结合我国发展现状的基础上指出把握绿色发展的重要性。王磊等（2022）同样认为当前经济发展的主题之一是进一步发展数字经济，充分挖掘数字经济对经济高质量发展作用的潜力，在宏观层面为经济高质量发展的实现建言献策。曹洪军等（2022）在宏观层面上肯定了创新对新发展格局以及经济高质量发展的实现存在直接的促进效用，并认为目前数字经济等新兴产业的兴起是创新发展的外在表现，建议政府牢牢抓住创新的"牛鼻子"，加快推进高质量发展进程。张卫（2023）基于政策演变分析与文本挖掘，梳理了成都市推进数字经济高质量发展的政策逻辑，探究了数字经济高质量发展的实际成效和现实困境。

基于区域经济层面，马茹等（2019）对比分析中国区域经济高质量发展总体态势及其在高质量供给、高质量需求、发展效率、经济运行和对外开放五大分维度表现，结果表明中国经济高质量发展大致呈现东部、中部和东北部、西部依次递减的区域非均衡态势，提出要找到适合省情发展的道路。孙培蕾等（2021）在对全国经济高质量发展的评价中指出，政府干预对西部地区经济具有更显著的刺激作用，并强调目前西部地区对资本积累的需求相较于科技创新更高。陈健生等（2022）将县域经济高质量发展作为研究对象，指出县域竞争在带来"效率促进"的同时也造成了"效率损失"的负面影响，要实现县域经济高质量发展，必须走县域竞合的道路。王忠辉等（2022）在对我国10个沿海省份的研究中指出，创新驱动、绿色发展以及区域协调发展能力是沿海省份实现经济高质量发展过程中发展能力普遍较弱的三项，应得到相应的重视。

二、绿色发展研究

（一）绿色发展内涵

绿色发展概念的认知和提出是一个循序渐进的过程。随着人类环保意识的加强及人类社会发展模式的演进，国内外研究者对绿色发展的内涵和定义也有不同的认识和界定。绿色发展的概念可以说是从20世纪60年代循环经济和随后的绿色经济、生态经济、低碳经济、可持续发展等一系列概念中衍生发展而来。目前国外学者及研究机构并未明确提出"绿色发展"这一名词，通常的提法为"绿色经济""绿色增长"等，而"绿色金融""低碳增长"等提法也是国家、地域或者话语体系不同的原因成为绿色经济的代名词，其本质内涵并无太大区别。纽约大学全球环境发展项目研究将"绿色化"定义为企业对生态环境感知、思考和行动的变化过程（Gladwin，1991）。英国环境经济专家麦迪逊（1998）在其著作《绿色经济蓝图》中首次提出"绿色经济"这一概念，用于阐述其研究领域相关进展。2005年，联合国亚太经社会委员会（UNESCAP）提出"绿色增长"是建立以可持续发展和减少贫困为背景下的绿色经济的先决条件，也是实现可持续发展的一种战略。2008年，联合国环境规划署（UNEP）则认为"绿色经济"应该是可以提升人类福祉和社会公平，还能降低环境风险和生态稀缺的一种经济，并鼓励全球的政策制定者们在可持续发展的背景下支持环境投资。2009年，国际经济合作与发展组织（OECD）定义"绿色发展"是一种既能在保证为人类幸福提供永续的资源和环境服务的同时还能兼顾促进经济增长的发展模式。然而此时绿色发展尚未形成完整的理论体系。2011年，OECD将绿色增长定义为一种既能保持经济稳定发展，又能防止资源和能源浪费、环境污染、生态破坏、生物多样性丧失的增长方式。而后，绿色发展对国家的作用和各国绿色转型过程中遇到的困难及解决方法等各种情况逐渐被重点讨论。Barbier（2011）认为绿色经济是一种低碳、高效且具有社会包容性的发展模式，旨在实现环境保护和纾解贫困的融合协调发展。Gunderson等（2017）认为发达国家的绿色发展基本实现了从末端治理向全过程控制和预防为主的转变，美国、欧盟和日本等国家的"绿色发展道路""绿色新政"等，是一种以创新绿色技术、发展绿色产业、占领绿色经济高地为主的"竞争型绿色发展"。Merino-Saum等（2020）通过对过去学界及研究机构关于绿色经济的概念及内涵进行梳理发现，绿色经济这一概念至少有三大伴随因素——以经济为中心的渐进主义、无条件的经济效率和转型的绿色经济。

国内学术界对绿色发展的相关研究起步相对较晚，但近年来呈现快速发展的趋势，从20世纪90年代开始，对于发展观及绿色发展理论问题的研究方面，国内学者的关注度越来越高。对于绿色发展的内涵，国内有很多学者发表了很多很有价值的研究。例如王玲玲等（2012）的观点是，绿色发展是一种新的模式和理念，是在环保的前提下推进可持续发展。绿色发展需要从四个方面着手推进：环境、经济、政治、文化。郑红霞等（2013）认为绿色发展的内涵根据国家发展阶段的不同而变化。对发达国家而言，绿色发展主要强调绿色经济作为经济新增长点对经济的推动作用和绿色发展所提倡的生态社会包容性。对发展中国家而言，例如中国，绿色发展则主要强调经济发展和生态环境保护的有机结合。但两者的共同点都是在追求更高经济利益和更低的环境资源成本的有机结合。胡鞍钢和周绍杰（2014）认为绿色发展的内涵既包括解决粮食危机、缓解资源短缺等传统议题，也包括气候变化、物种灭绝等新兴议题。绿色发展应该是经济、社会、自然的共存发展，是绿色的经济增长模式，是全球治理新模式。黄志斌等（2015）认为绿色发展是一个过程，即通过绿色化和生态化改善人和自然的关系，增值绿色资产，提高人的绿色福利，实现生态、经济和社会的绿色发展，最终提高生态环境最大容量和可再生资源承载力的过程。商迪等（2020）认为绿色经济特别关注了社会公平问题，强调经济发展应兼顾分配的公平性，而绿色发展特别关注了工业、科学和城市，注重产业、科技知识和区域一体化，强调通过科学的发展模式促进工业发展的转型升级和城镇化建设。张素兰等（2022）认为资源环境与经济社会协调可持续发展是中国绿色发展的核心内涵。

（二）绿色发展评价研究

早期国外学者及研究机构对绿色经济、绿色增长、可持续发展等评价体系进行研究。Zaim和Taskin（2000）基于1980—1990年间24个OECD成员国的面板数据测算各国环境绩效指数进行研究，结果发现环境绩效在考察期呈现U型变化特征，即先下降至最低点，然后扭头逐步提高。Färe等（2004）、Arcelus等（2005）利用DEA（数据包络分析）模型分别测算各OECD国家的环境效率指数、绿色生产效率及生态效率指数，其中Arcelus等（2005）还进一步研究了最小化污染物排放量、最大化期望产出、增加期望产出的同时减少污染物排放，以及完全忽略非期望产出4种策略对各国绿色生产效率的影响。Zhou等（2007）利用非径向的DEA模型，测度并比较了26个OECD成员国1995—1997年的环境绩效指数大小，并发现技术进步能有效推动环境绩效提升。省份层面，Coli等（2011）采用DEA模型测算意大利各省份的环境效率，发现意大利各省的环境效率值普遍较高，从区域均值可以发现东北部的环境效率大于南部。Satbyul等（2014）基于OECD提出的评价体系分析韩国30个城市的绿色增长情况。国家层面，Nahman等（2016）、Kasztelan（2017）分别通过构建多维度多指标的绿色经济绩效综合指标体系和绿色发展指标体系，比较了全球多个国家的绿色经济发展水平。前者发现碳足迹高或过于依靠矿产资源开发的国家的绿色经济绩效普遍比较低，后者通过采用Hellwig分类法对所属不同绿色发展水平的国家进行归类后发现研究对象的绿色发展水平整体较低，基本处于第四梯队。城市层面，Brito等（2019）对绿色城市转型进行界定，并基于现有评价指标提出绿色城市发展的具体措施。

国内学术界对绿色发展的研究起步较晚，但近年来对其的重视程度越来越高。具体到评价上，相关研究可以分为国家级、省级、城乡级3个层面。国家级层面，曾贤刚等（2014）依据联合国规划署提出的绿色经济指标框架，采用主成分分析、聚类分析和多元线性回归等方法，从纵、横两个维度构建了我国绿色经济发展状况。郭玲玲等（2016）选取中国2001—2012年数据进行实证研究，从社会经济、资源环境、自然资产、生活质量与政策支持5个方面制定海选指标，并利用相关分析与变精度粗糙集进行指标的定量筛选。黄跃等（2017）以中国城市群为研究对象，构建绿色发展综合评价体系，采用投影寻踪模型、Pearson相关、变异系数、Theil指数等方法，综合分析中国城市群绿色发展时空特征及异质性。魏琦等（2018）通过构建资源节约、环境友好、生态保育、质量高效4个一级指标、14个二级指标，利用主客观赋权相结合的方法确立了中国农业绿色发展指数。刘杨等（2019）从时间维度和空间维度分析了中国19个城市群的绿色发展时空特征及主要形态。刘曙光等（2020）基于2007—2016年中国东部沿海四大城市群42个城市的面板数据，运用包含非期望产出的超效率SBM模型测算了城市群及各城市的绿色发展效率。徐小鹰等（2022）构建了科技创新、经济增长、资源利用、环境治理、环境质量、绿色生活六个维度的绿色发展指标评价体系，采用熵值法、时间序列预测模型等，测算和分析了2006—2019年长三角城市群的绿色发展水平及其时空演变特征和未来变化趋势。杨新梅等（2023）基于2003—2019年中国286个地级及以上城市的面板数据，从绿色生产、绿色生态和绿色生活三个方面构建城市绿色发展水平评价指标体系，测算中国城市绿色发展水平，然后通过空间相关分析、热点分析、Dagum基尼系数分解等方法揭示城市绿色发展水平的时空演变特征。

省级层面，刘明广（2017）认为绿色发展就是均衡、协调的可持续发展，各项测量指标的重要性应该彼此相当，通过构建绿色生产、绿色生活、绿色环境、绿色新政4个一级维度共42项二级指标，采用等权重法构建省域绿色发展水平测量指标体系。刘冰等（2017）通过借鉴《2015中国绿色发展指数报告》以及国家《绿色发展指标体系》和《生态文明建设考核体系》所提供的指标体系，从经济增长绿色化程度、资源环境承载力、政策支持力度3个维度，采用综合评价法评价了山东省的绿色发展水平。马骍（2018）从资源、环境、经济、社会四个方面系统剖析，构建适用于云南省的绿色经济发展评价指标体系。朱帮助等（2019）运用主客观组合赋权法，并引入定基极差法，通过构建资源利用、环境治理、生态保护、环境质量、增长质量、绿色生活6个一级指标、33个二级指标测算了广西壮族自治区绿色发展指数。赵奥等（2020）从经济发展、资源环境、居民福祉、社会进步四个构面，科学构建省域绿色增长能力的系统评价模型，运用三角模糊数与标准离差相集成的组合赋权方法以及改进的VIKOR模型对中国省域层面2007—2017年间绿色增长能力进行系统评价。程萌勋等（2020）、耿刘利等（2021）运用非角度非径向超效率SBM模型和Malmquist-Luenberger指数模型、基于熵值-层次的绿色发展水平评价模型分别对江苏省、安徽省的绿色发展的差距及提升路径进行探究。段茜茜等（2021）从经济发展质量与潜力、资源利用与环境保护、绿色政策与民生保障3个维度，选取31个二级指标构建中国绿色发展综合评价体系，并采用熵值法对30个省（区、市）2013—2018年的绿色发展水平进行评估，同时对各省各区域间的发展差异程度展开分析。王家珉（2022）利用DEA-SBM模型测算绿色发展效率作为省域绿色发展水平的测度标准。程清雅（2022）对2020年我国31个省份的高质量发展情况进行分项和综合评价，构建创新、协调、绿色、开放、共享5个一级指标、8个二级指标、21个三级指标，结合LASSO（Least Absolute Shrinkage and Selection Operator）筛选变量法，最终选定16个三级指标进入模型，引入二次加权因子分析法，指标的权重依照因子方差贡献率确定。李建瑞等（2022）通过构建污染排放和能源消费2个二级负面指标和生态建设1个二级正面指标共14个三级指标，采用主成分分析法评价了各省的绿色发展水平。

在城乡级层面，黄羿等（2012）从宏观城市建设、中观产业发展和微观技术创新三个层次出发，全面系统构建了城市绿色发展评价指标体系，并通过熵权法确定指标权重系数综合评价了广州市绿色发展的现状。马丽梅等（2017）从环境规制视角，引入空间环境库兹涅茨曲线分析研究京津冀城市群的绿色发展进程。高红贵等（2019）以长江经济带产业绿色发展为研究视角，从产业转型升级、自主创新能力、资源利用效率和环境保护四个方面构建长江经济带产业绿色发展评价指标体系。张仁杰等（2022）从经济发展、社会福利、生态建设与制度供给四个维度选取了44个相关指标通过熵权-TOPSIS（逼近理想解）模型对长江经济带城市绿色发展水平进行了评价。

（三）绿色发展影响机制与提升路径研究

开展绿色发展内涵研究一定会涉及实现路径和机制研究，两者是一个有机整体。学界对绿色发展实现路径和机制进行了广泛的研究。刘纪远等（2013）对中国西部地区绿色发展进行了深入研究，认为推进绿色发展需要从环境友好型的经济发展、实现经济内生增长和提高社会包容性等三个方面着手。蒋南平等（2013）的观点是，绿色发展要从不同方面推进，一是加快树立与自然和谐共存的意识；二是明确资源环境消耗的费用，改变原有不合理发展模式；三是要通过预防资本对资源环境无限制索取，避免生态环境遭受无法修复的破坏；四是通过鼓励企业和高校投入更多研发资金推进绿色技术发展，以此加速环境修复和绿色经济增长。庄友刚（2016）的观点是推进绿色发展的根本立足点在于不断发展和提升生产力，提升的生产力又能反过来促进经济社会的绿色化和生态化以及人和自然的和谐共存。何爱平等（2019）认为环境规制对绿色发展效率提高有显著的促进作用，地方政府的竞争对其有抑制作用。周亮等（2019）对中国城市绿色发展效率时空分异特征及演化进行了测度与分析，发现中国城市绿色发展效率整体稳定提升，不同区域、不同类型城市呈现出显著差异，且空间集聚效应显著，高效率城市呈现正向溢出效应，而低效率城市呈现负向溢出效应。Khattak等（2022）认为地方政府创新支持对绿色发展效率有正向影响，且滞后期对当期的绿色发展效率有显著影响，固定资产投资和环境规制对绿色发展效率有抑制作用，而产业结构和外商直接投资可以改善地区的绿色发展效率。Tufail等（2022）将消费的二氧化碳排放量作为绿色经济重要指标，发现金融包容性、进口规模及GDP提高了二氧化碳排放量，而能源效率和出口规模降低了二氧化碳排放量，并建议增加金融包容以控制污染。马海涛等（2022）发现在创新高度一体化的城市群，城市的技术创新与对外技术合作对绿色发展产生了正向群体效应。Kousar等（2022）以南亚经济体为例（巴基斯坦、印度、斯里兰卡、尼泊尔和孟加拉国）开展研究，认为传统经济增长和绿色经济增长均对贫困和不平等具有负面影响，但绿色经济增长对减少贫困和不平等的贡献超过了传统经济增长，绿色经济增长与环境退化具有消极和显著的长期关系。窦睿音等（2023）通过对西部资源型城市绿色发展效率测算发现其呈正态分布特征，但空间非均衡问题较为严重。刘斌等（2023）认为人力资本提升可通过提高企业生产效率降低企业污染产生强度，有利于激励企业绿色生产。李宝值等（2023）认为基于绿色发展的政策显著缩小了城乡收入差距。Sharma等（2023）以美国为例，考察绿色经济、可持续性、比特币、石油价格和股票市场之间的动态联系，发现绿色经济或机构绿色融资对经济冲击、油价变化和整体可持续性变化非常敏感。朱洁西等（2023）认为数字经济显著提高了城市绿色发展水平，且可以通过正向空间溢出带动邻近城市的绿色发展，而区域创新产出增加和资本要素配置效率优化是数字经济赋能城市绿色发展的重要中介渠道。Raihan（2023）考察了能源消费、城市化、工业化、经济发展和技术创新对韩国温室气体排放的影响。采用完全修正普通最小二乘法（FMOLS）、动态普通最小二乘法（DOLS）和典型协整回归（CCR）技术验证了韩国可再生能源和技术创新对绿色发展的影响。高星等（2023）认为数字经济是构建国家竞争新优势的先导力量，是经济绿色发展的重要推动力。

三、高质量绿色发展研究

在国外学者和各类国际组织报告中，与高质量绿色发展相近的关键词有可持续发展、经济增长质量、绿色发展等，绿色发展也可表述为绿色经济或绿色增长，虽然这些提法的边界相对来说较为模糊，但其本质上并无太大区别。国外对相关方面的研究已经比较成熟，有一定的借鉴意义。当前我国学者对高质量绿色发展的研究仍处于起步阶段，还需要不断进行丰富与完善；而对于可持续发展、绿色发展、绿色经济、高质量发展等的研究较为全面系统，这为高质量绿色发展理论内涵的丰富和高质量绿色发展评价指标体系的构建奠定了强大的理论基础，当前与高质量绿色发展相关的研究成果主要分为内涵研究、影响因素及评价体系研究、实现路径和对策研究三个方面。

（一）高质量绿色发展内涵研究

绿色发展和可持续发展理论是不断前进发展的，英国经济学家皮尔斯（1989）在《绿色经济蓝图》中主张建立"可承受的经济"，即"绿色经济"概念，就是在充分考虑生态环境承载能力的前提下发展经济。Ekins（2000）认为可持续发展的核心是实现生态效率以及环境绩效的提升，在环境成本最小化的前提下实现经济持续增长。Paterson（2007）认为绿色创新是可持续发展的核心内容。Reardon（2007）站在资源的视角，提出了"绿色经济"是在自然资源和生态环境的节制内满足人类最大化的幸福需求。Fabio（2008）认为经济发展质量受制于人类、自然和社会三大因素，并探讨了目前已经确定的三种类型的社会资本（即联系、桥梁和连接）与经济发展的"质量"之间的关系。James等（2009）认为产业要想走绿色发展之路，就必须兼顾环境保护和产业发展两方面。Natarajan等（2011）认为实现绿色经济应通过改变高污染、低效率的能源资源和生产技术，转变为低污染、高效率的模式。Mark等（2014）认为环境能力以及可持续性是衡量经济发展质量的重要标准，提出要利用环境评估方法来评估城市发展的可持续性。林兆木（2018）、杨伟民（2018）、田秋生（2018）等学者认为高质量发展的内涵是五大发展理念的高度概括，是通过创新、协调、绿色、开放、共享进而实现更高水平的经济形态、更低成本和更高效率的协调稳健的发展方式。张旭等（2020）认为高质量绿色发展是通过提升创新驱动水平，提高自然资源全要素生产率等方式，使能源结构更低碳、生产过程更循环、消费结构更绿色，进而实现经济发展与自然资源消耗、生态环境污染"脱钩"的发展模式。梁凤翔（2020）阐明了环境高质量发展的内涵是改善生态环境、节约能源资源、控制污染物排放，指出环境高质量发展的目标是实现经济与环境的"双赢"。李敏敏等（2023）认为经济高质量绿色发展要求人与物的协调统一，是主客体间需求与供给的平衡，深刻反映了经济发展与资源环境和谐统一，最终达到人与自然和谐共生的绿色发展目标。

（二）影响因素及评价体系研究

Hall与Kerr（1991）基于绿色指数的内涵，通过多指标综合评价方法，衡量了美国各州的绿色发展指数，并对美国各州的生态环境质量进行了评价与比较。Wang等（2010）运用PSR（压力-状态-响应）模型构建了包含四个维度的绿色制造业评价指标体系，包括环境、能源、资源、经济。OECD（2011）构建了包含人、经济、生态环境在内的绿色增长指标体系，其一级指标包括经济活动中的环境和资源生产率、自然资产基础、生活质量的环境因素、政策响应与经济机遇。Chiou等（2011）首先通过问卷调查收集到研究所需数据，再使用结构方程模型对其建模，得出绿色创新等对环境绩效的提升具有显著的带动作用的结论。Yang等（2015）通过构建模型对中国各省（区、市）绿色发展效率变化进行研究，论证了环境规制等因素对我国各地区绿色发展水平的影响。Shironitta（2016）和Walz等（2017）分别论证了产业结构和创新技术对绿色发展水平的驱动作用，证明对两者进行科学调控能够有效减少经济生产造成的能源消耗和二氧化碳排放，提升绿色发展水平。Laura等（2020）站在投入与产出视角，检验了经济生产与技术创新等对绿色发展产生的影响。Ru等（2020）构建了评价经济增长质量的评价指标体系，其生产构建的指标主要包括劳动、物质资本、教育、医疗卫生、环境资源和社会保障，而产出指标则包括国内生产总值、就业率、收入差距和环境污染，并通过全要素生产率方法对中国的经济增长质量进行了研究。Cao等（2021）采用熵权多维综合评价方法，构建出经济增长质量指标，研究技术创新对经济增长数量和质量的影响，并指出技术创新对于经济增长的数量和质量方面都有较为明显的积极影响。

国内学者从不同角度建立了绿色发展评价指标体系，胡书芳（2016）从绿色指标（资源消耗指标、环境影响指标）和发展指标（总量指标、发展效率指标、发展潜力指标）两个方面，构建了制造业绿色发展评价体系，并对浙江省制造业进行了绿色发展综合评价。此外，对于绿色发展的评价按照不同的评价模型及评价方法可分为层次分析（AHP）法（郝汉舟等，2017）、主成分分析法（王珂等，2018）、熵值法与灰色关联分析法（孟秀萍，2019）、DEA模型（傅春等，2020）、PSR模型（柳晓娟等，2021）以及熵权TOPSIS模型（余永琦等，2022）等。其他学者从不同的角度构建了高质量绿色发展评价指标体系，沈晓梅等（2020）以淮河生态经济带28座设区市为研究对象，构建了包含经济、社会、生态三个维度的高质量绿色发展评价指标体系，运用容量耦合协调模型对其高质量绿色发展水平进行了全面的评价。窦若愚（2020）以高质量绿色发展的内涵作为出发点，从高质量的绿色发展、绿色创新发展、绿色协调发展、绿色开放发展以及绿色共享发展五大维度构建了高质量绿色发展评价指标体系，并使用时空极差熵权法对中国31个省（区、市）的高质量绿色发展水平进行了评价与比较。俞树毅等（2020）采用超效率SBM模型评价了黄河上游18个地级以上城市的传统经济效率、资源经济效率、狭义绿色发展效率和高质量绿色发展效率。张建威等（2021）从整体和省域两个尺度，采用熵权法评价了黄河流域经济高质量发展和生态环境的耦合协调发展状况。王淑婧等（2022）从高质量绿色核心动力、高质量绿色创新产业、高质量绿色环境基底、高质量绿色发展绩效四个维度构建评价体系，探讨长三角城市群高质量绿色发展的均衡状况，并分析了其影响因素。黄敦平等（2022）采用因子分析和聚类分析方法，从新发展理念的五个维度构建了淮河生态经济带高质量绿色发展评价指标体系并进行了综合评价。王春娟等（2024）基于数字经济赋能绿色物流高质量发展的理论体系，构建绿色物流高质量发展评价指标体系，结合2011—2020年中国地级市面板数据，探析数字经济赋能绿色物流高质量发展的直接效应、间接效应及非线性效应。

（三）实现路径和对策研究

Ploeg等（2013）认为结合使用研发补贴和碳排税，是实现绿色经济发展加速向无碳时代过渡的最佳方法，如果碳税不可行，可再生能源补贴可能也是遏制碳排放的较好选择。Grover（2013）考虑仅靠可再生能源无法满足印度未来的能源需求，重申必须加快发展核能和其他清洁能源技术以满足印度对于能源的需求。Gaudin等（2014）认为在过去十年中，中美洲决策者越来越认识到科学、技术和创新对提高生产力以及实现包容性和可持续经济的增长至关重要，认为科技创新力能有效地助推绿色经济发展。Mlachila等（2017）提出了一个涉及内在性质和社会层面的增长质量指数，并提出可以通过维持政治稳定、保证体质质量、推进金融发展等途径提升增长质量。王会等（2017）认为在生态功能区的高质量发展应是高质量绿色发展，从理论角度提出其实现路径，树立"绿水青山就是金山银山"的理论观念，加强绿色发展，利用新技术的研发和推广扶持绿水青山资源，加强社会公众对生态环境重要性和价值的认识。金乐琴（2018）提出在我国新发展阶段，高质量绿色发展新理念具有丰富的理论内涵和多种多样的实践模式，认为我国需要从发挥体制规划优势、加快科技创新驱动、实现产业和能源体系转型、构筑强劲的治理制度等方面探索提升高质量绿色发展的具体路径。秦昌波等（2018）认为实现高质量绿色发展的路径是建立"两山"理论实践机制，即保护机制、转化机制、生态核算机制、反哺机制等。于浩等（2019）以国家生态文明试验区为研究对象，建立古典经济增长模型，研究如何发挥生态比较优势，发展生态文明经济，构建绿色的高质量发展。董延涛等（2019）论述了江西省矿产资源概况和开发利用现状，并提出了要加强地方政府推动、统筹矿产资源规划、完善政策支撑体系、推广典型经验及宣传引导、加强矿山开发利用的监督管理等改进性建议。任平等（2019）从经济发展、生态文明、社会和谐三个维度建立了高质量绿色发展的评价体系，提出中国高质量绿色发展的三条实现路径：一是要提升自主创新能力，培育高质量绿色发展新动力；二是以"生态+"理念，增强高质量绿色发展的底色；三是尊重社会规律，完善高质量绿色发展的反馈机制。Vatn（2020）强调了政治体制对于实现可持续发展的重要性，同时也提出了环境监管战略对于实现绿色发展有着重要意义。Yang等（2020）认为提高长三角地区的城市区域高质量绿色发展的水平主要在于经济的高质量发展，同时要切实解决好高能耗、高污染和高排放产业存在的问题。张翼飞等（2021）指出要将生态环境从制约因素转变为动力源泉，提出要构建生态系统、产业系统、人类福利的理论框架，考虑从人力和生态方面提升我国经济高质量发展水平。任保平等（2021）从理论、问题、经验、路径等角度出发，分析了黄河流域生态保护和高质量发展研究存在的问题，总结出要从经济、文化、生态等方面提升黄河流域高质量发展和生态环境保护水平。连兆大（2023）提出促进三明市绿色经济高质量发展需要加强绿色经济基础体系建设，扩大绿色产业发展规模，激活绿色经济发展创新动能，提升绿色经济发展支持与保障能力。孙文远等（2023）提出高质量绿色发展要以数字技术赋能绿色发展的理念为逻辑起点，以产业数字化、数字产业化、数字化治理和数据要素价值化为数字经济的实践路径。

第三节 主 要 内 容

一、研究内容

本书以经济增长理论、可持续发展理论、生态与经济协调理论以及区域发展理论为基础，运用DPSIR理论、改进的熵权法、探索性空间数据分析方法等相关方法，从现状分析、基本模式、水平评价、时空特征、经验借鉴、路径对策等角度深入研究经济高质量绿色发展问题，提出符合经济高质量发展要求的绿色发展提升路径与实施策略。本书研究的具体内容如下：

第一章为绪论。主要阐述本书的研究背景与意义，对国内外相关文献进行梳理和概述，介绍本书的研究内容及技术路线。

第二章为高质量绿色发展相关理论与方法。对经济增长、可持续发展、生态经济、区域发展等相关理论进行总结梳理，并介绍水平评价、探索性空间数据分析和系统动力学仿真等研究方法。

第三章为高质量绿色发展水平评价指标与方法。首先以文献研究为基础，对高质量绿色发展的内涵进行系统梳理与提炼，从目标取向、要素结构（人力资本、实物资本和自然资本）、实现方式上分析其独特之处，明确相应的模式框架与影响因素。然后，运用DPSIR方法从驱动力（D）、压力（P）、状态（S）、影响（I）、响应（R）五个方面设计高质量绿色发展水平评价指标体系。最后，设计考虑时间变量的熵权法，明确数据来源与处理方式，为水平评价与时空演化分析提供方法与数据支撑。

第四章为高质量绿色发展水平评价与时空演化分析。首先，以确定的评价指标为标准，在大数据技术支持下收集2012—2021年中国30个省（区、市）（不含西藏和港澳台地区）的面板数据，运用改进的熵权法对省域经济高质量绿色发展水平进行评价，分析考察期内各年份发展水平的演化规律与时序特征，计算各省（区、市）发展的侧重与难度。其次，基于发展水平综合评价结果，结合空间自相关和空间面板模型，采用GIS技术分析省域经济高质量绿色发展的全局空间格局与局部空间格局，探索各省（区、市）经济高质量绿色发展水平在空间上的集聚效应和分异特征。

第五章为国外城市经济绿色发展案例借鉴。本章从经济绿色发展概况、经济绿色发展政策、经济绿色发展做法与成效等方面对日本东京、荷兰奈梅亨、瑞典马尔默、澳大利亚悉尼绿色发展进行梳理，通过对比研究总结其发展经验与不足，为经济高质量绿色发展路径设计提供国际参考。

第六章为国内城市经济绿色发展案例借鉴。本章从经济绿色发展概况、政策、做法、成效与经验等角度对深圳、上海、杭州、沈阳等代表性城市的绿色发展案例进行深度剖析及经验总结，为经济高质量绿色发展路径设计提供本土参考。

第七章为高质量绿色发展水平提升路径仿真。本章在前述内涵与框架分析的基础上，确定高质量背景下绿色发展的系统边界与构成，基于系统动力学模型研究省域经济高质量绿色发展的提升路径。

第八章为高质量绿色发展水平提升对策。结合发展水平评价和演化分析结果以及国内外相关案例提供的国际经验与本土参考，从源头管控、科技创新、产业升级、统筹协调方面提出相应的提升路径与具体策略，为推进经济高质量绿色发展提供借鉴，为政府相关部门决策提供参考。

二、技术路线

本书以省域经济高质量绿色发展水平为研究对象，围绕"框架构建及指标体系设计—水平评价及时空演化分析—案例借鉴及经验总结对比—路径设计及提升对策建议"的主线展开研究。具体技术路线如图1-1所示。

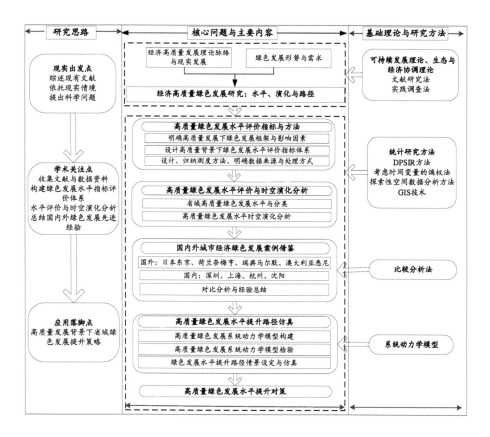

图1-1 技术路线图

第二章 高质量绿色发展相关理论与方法

第一节 相 关 理 论

一、经济增长理论

经济增长问题一直是经济学家们关心的重要问题之一。相应地，经济增长也就成为经济学研究中古老而又时髦的论题。经济增长理论是研究经济增长过程、原因及其效应的经济学理论。这些理论试图解释经济为何及如何增长，并探讨各种可能影响增长的因素，经济增长理论由亚当·斯密提出并逐渐发展，目前已有200多年的历史，其研究问题涉及范围较广且相当复杂，并在不同行业领域衍生出不同的经济增长问题，呈现出意见纷呈的局面（潘士远和史晋川，2002）。

数百年来，关于经济增长理论的探索大致经过以下几个阶段。

第一阶段，古典政治经济学阶段。此阶段的经济增长理论认为土地、资本、劳动等物资因素以及科学技术和制度因素是影响经济增长的重要因子，对促进经济发展具有基础性作用。亚当·斯密（1972）在《国富论》中开宗明义地提出"劳动生产力的最大提高，以及在任何引导或应用劳动的地方的技能、熟练程度和判断力，都是劳动分工的结果""分工起因于交换能力，分工的程度总要受交换能力大小的限制，换言之要受市场广狭的限制"，斯密定理即"分工受市场范围的限制"也由此而来。亚当·斯密认为，分工是财富增长的源泉，分工和专业化的程度取决于市场范围的大小。因此，斯密在论述如何增加国民财富时指出,财富的增长主要有两种途径:一是通过劳动分工提高生产率。斯密把因分工而带来的劳动生产率的惊人提高归结为三种因素,即熟练的劳动技能、时间的节约和机器的采用。现代工业技术制度中的系统化、标准化、通用化以及基于企业内工序分工的管理革命都是建立在斯密分工理论基础之上的。二是增加生产性劳动的人数。斯密认为增加生产性劳动完全取决于把这种劳动推动起来的资本的增加,因此,资本积累就成为决定财富生产最关键的因素。这里斯密实际上阐述了经济增长与劳动分工、技术进步和资本积累之间的内在联系,并且把资本积累看作是引致劳动分工和技术进步的决定性因素。

受亚当·斯密的影响,古典经济增长理论十分强调物质资本的作用,把资本存量的规模,尤其是资本积累的速度,看作是促进或限制经济发展的首要因素。20世纪40年代后期,英国经济学家哈罗德和美国经济学家多马分别提出了含义完全相同的经济增长模型,称为哈罗德-多马模型。哈罗德-多马模型是古典经济增长理论的典型代表,其标准表达式为$G=S\sigma$,式中G代表经济增长率,S代表储蓄率即资本积累率,σ是资本产出系数,即资本的生产率。由于σ被假定为不变,S就成为决定经济增长的唯一因素。这种对资本积累作用的强调形成了经济增长理论中的"资本决定论"(虞晓红,2005)。

第二阶段,马克思经济学阶段。马克思通过科学的价值理论,从资本主义生产中抽象出剩余价值的概念,这使得经济增长问题的分析和研究变得极为简单和明确。马克思的经济学来源于古典政治经济学,认为在一个典型的资本主义生产方式的社会中,如果国民生产是$C+V+M$,那么,剩余价值M就是国民生产中超过预支的增加部分(理查德·R.纳尔森,2001)。马克思的《资本论》这一宏伟论著就是围绕着这一增加部分的实质以及现实生产中资本家是如何提高生产这一增加部分展开论述的。马克思的劳动价值理论、剩余价值理论、资本积累理论、资本主义再生产理论、社会总资本的再生产和流通理论,都是对经济增长有关问题的研究。以资本积累和劳动为主的物资性因素、科学技术和制度因素对经济增长的制约作用等,在马克思的学说中都得到充分的揭示和阐述(梁中堂和翟胜明,2004)。

第三阶段可分为前后两个部分,前期即古典经济学之后的约一百年里,经济学说史上称之为"静态的插曲",是资本主义站稳脚跟之后的相对平和发展时期，经济学的主要视线由关注资本积累的动态模型转向新古典经济学家对既定资源的静态配置，经济增长问题被主流经济学家摒弃而排除在研究视野之外。后期，主要是从20世纪50年代开始，经济增长理论重新捡起古典经济学有关资本积累的动态模型，从形式上重新回归古典经济学分析问题的理论框架，认为只要有资本积累和人口增长就会推动经济增长。50年代末，占主导地位的增长理论是美国经济学家索洛、斯旺和英国经济学家米德所提出的新古典经济增长模型。新古典经济增长模型又称索洛-斯旺模型。这一模型同哈罗德-多马模型的主要区别在于：（1）在哈罗德-多马模型中，资本-劳动比率和资本-产出比率都是固定不变的；在新古典增长模型中，这两个比率可以按需要进行调整和变化。（2）新古典增长模型假定资本和劳动可以相互替代，在完全竞争的条件下，工资和利润的水平由劳动和资本的边际生产率决定，充分就业均衡可以通过市场机制调整生产中劳动与资本的组合来实现，因而资本和劳动都可以充分利用；而哈罗德-多马模型则不包含这样的假定。（3）在新古典增长模型中，存在着技术进步，但它是一个具有固定趋势的常数。新古典经济增长模型的表达式为 $\frac{\Delta Y}{Y} = \lambda + \alpha\left(\frac{\Delta K}{K}\right) + \beta\left(\frac{\Delta L}{L}\right)$，其中 $\frac{\Delta Y}{Y}$、$\frac{\Delta K}{K}$、$\frac{\Delta L}{L}$ 分别为经济增长率、资本增长率和劳动力增长率，λ 表示技术进步的增长贡献率，α 是资本的产出弹性因素（或权数），β 是劳动力的产出弹性系数（或权数）。在新古典增长模型中，经济增长率取决于资本和劳动力的增长率以及这些生产要素对产量增长的相对贡献（即资本和劳动的产出弹性），还取决于技术进步，它通过提高生产率促进经济增长。由此，该模型将资本、劳动和技术甚至土地等生产要素都引入经济增长模型来分析经济增长，提供了一个较为全面的视角。

第四阶段，即从20世纪80年代至今，新经济增长理论和新制度经济学越来越受到人们的欢迎。新经济增长理论更重视知识、教育和科学技术在经济增长中所发挥的作用，新制度经济学则认为是围绕技术进步所发生的制度变迁推动了经济增长。80年代中期出现的"新增长理论"把新古典增长模型中对劳动力的定义扩大为人力资本（梁中堂和翟胜明，2004），不仅包括绝对的劳动力数量和该国所处的平均技术水平，而且包括劳动力的教育水平、生产技能和相互协作能力等，并将这些统称为"人力资本"。Change（1990）提出技术进步内生增长模型，把经济增长建立在内生技术进步上。该模型认为，技术进步是经济增长的核心，大部分技术进步是出于市场激励而导致的有意识行为的结果，知识商品可反复使用，无须追加成本，从资本投资中获得的外部收益和技术扩散有效避免了资本积累的规模报酬递减，成为经济长期增长的源泉。除此之外，还有其他侧重经济增长不同方面的理论模型，例如知识传播内生增长模型（King和Robson，1993）、模仿与创造性消化内生增长模型（Aghion和Howitt，1992）以及国际贸易内生增长模型（Young，1991）等。这类模型往往认为，企业是经济增长的推动力，企业积累了经济增长所需的知识，表现为增加人力资本、生产新产品和提高产品质量，而知识的积累过程需要政府政策的干预。

多年来，经济增长理论的发展取得了长足进步，但也有一些不尽如人意之处，值得深入探讨。第一，在不均衡为常态的现实经济中，为何一定要建立"均衡"下的经济增长模型，再试图进行动态化？现有的模型以推导均衡条件下的增长路径为目标，路径上的每个点均对应某个时间点的均衡状态。而现实情况中，所谓的均衡状态往往是一种理想情形，要素市场与产品市场都不一定出清，整个经济往往不在均衡状态下运行，由模型推导出的路径与实际情况差距很大，现有的经济增长模型不符合现实情况。第二，过于偏重对潜在经济增长率的研究。潜在增长率不同于实际增长率，当前主流经济增长理论主要探讨的是一种存在于理论中的潜在增长率，应更多以实际经济增长为直接研究对象。第三，未充分考虑政府作用对经济增长影响的途径与方式。现有的经济增长理论模型普遍是从生产要素出发构建生产函数，从供给侧这一视角研究全社会总供给，鲜有把市场和政府综合起来考虑其对经济增长的作用，政府对总供给和总需求的影响未得到充分重视。事实证明，政府作用可对一国经济增长带来显著影响，应得到经济增长模型的关注。一个可能合理的方式是让凯恩斯理论关于政府对经济增长发挥重要作用的观点在模型中得到体现。第四，关于内生变量与外生变量的考量。索洛增长模型认为，长期经济增长是由理论模型中的外生因素决定的，政府财政政策等因素对经济增长只有短期效应，而不能影响长期增长。内生增长理论则认为，一国的经济长期增长是由一系列内生变量决定的，这些内生变量对政策因素（特别是财政政策）是敏感的，会深受政府政策的影响。如果增长率是由内生因素决定的，那么应深入研究政府如何影响增长率、财政政策对经济增长的影响方式。尽管目前的经济增长理论提供了众多重要见解，但它们也暴露出一些关键缺陷，这正引导我们向更先进的理论探索迈进，特别是在解释复杂经济动态和响应当代挑战方面的新思路和方法。

关于现代经济增长理论变革的新思路，现代经济增长理论直接从现实出发，研究动态的实际经济增长、影响经济增长的因素以及政策效果，从而实现理论和经济实践上的统一。以下方面值得深入探讨。第一，可考虑用一个较为简洁的数学公式来表达经济的动态增长，让假设基本接近现实，并改变过去从静态模型推广至动态模型的思路，将动态的经济增长直接用动态模型表达。让经济增长理论回归真实面目，切实研究实际经济增长，而不是重点研究反映基本趋势的潜在增长。第二，要能够体现政府在经济增长中所发挥的重要作用。若依照传统观点，政府支出只能影响短期的有效需求，不能产生长期效果，那么许多重要问题便难以得到解释。考虑到政府能够深刻影响经济增长，从理论上论证供给侧结构性改革具有重要意义，有助于更好地理解改革开放以来我国劳动生产率出现巨大提升的内在原因，理顺"有效市场"和"有为政府"的理论逻辑。将政府与市场的关系由对立转化为统一，有助于实现经济增长理论的重要突破，成为中国故事影响经济学理论的重要起点，促进经济理论的模型化和规范化，为中国特色市场经济模式提供坚实的理论支撑。第三，认真思考内生变量和外生因素的关系。重要变量应该内生于理论体系之中，这样的经济模型才是较为完善且有效的，否则就难以对经济增长进行合理解释。如果一种增长理论过于依赖利用特殊外生变量来解释现实经济增长，那么该经济增长理论是不完备的。第四，研究如何将经济增长的理论研究和应用研究有效结合起来。经济增长理论不能就理论说理论（宗良等，2022），须能够较好地解释现实，两者之间应基本一致，理论模型应能够较好地解释现实经济增长数据。

二、可持续发展理论

可持续发展理论形成的历史过程相当长久。20世纪50—60年代，人们迫于经济增长、人口、城市化、资源等环境压力，开始质疑"增长等于发展"的模式。20世纪60年代以来，环境问题逐渐成为世界各国在经济发展政策制定和执行时必须考虑的问题之一。1962年《寂静的春天》问世，该书论述了杀虫剂对鸟类和生态环境毁灭性的危害，并提出人类应该与自然界中的其他生物和谐相处、共享地球资源的思想。环境问题从此由一个边缘问题逐渐走向全球政治经济议程的中心。之后，全球可持续发展的先驱"罗马俱乐部"在20世纪70年代相继发布了《增长的极限》《只有一个地球》《濒临失衡的地球》等相关报告，进一步对全球传统发展模式敲响了警钟，从"自然平衡"进一步引发更加积极的"可持续发展"理论，把对人类生存与环境保护的认识提高到可持续发展的境界。为缓解经济发展与环境破坏之间的矛盾，1972年联合国召开人类环境会议，正式讨论了可持续发展概念，明确了生态问题下各国均需承担相应的保护环境责任。1980年《世界自然保护大纲》中首次提出"可持续发展"一词，在后续发展历程中被广泛应用于经济学和社会学研究范畴，并不断加入新的内涵，使可持续发展成为一个涉及经济、社会、文化、技术和自然环境的综合且动态的概念。1987年世界环境与发展委员会在《我们共同的未来》中正式提出可持续发展的概念及其发展模式，并对其内涵进行深刻阐述，此纲领性文件奠定了可持续发展的框架基础。20世纪90年代以后，可持续发展正式进入国际社会的研究议程。1992年6月在巴西里约热内卢举行的联合国环境与发展大会，来自世界178个国家和地区的领导人通过了《21世纪议程》《气候变化框架公约》等一系列文件，明确把发展与环境密切联系在一起，响亮地提出了可持续发展战略，并将之付诸为全球行动（张晓玲，2018），使可持续发展走出了仅停留于理论探索的阶段。迈入21世纪后，可持续发展理论得到了广泛的发展和应用，成为国际制定全球性政策的一个出发点。2015年9月25日，联合国可持续发展峰会在纽约总部召开，联合国193个成员国在峰会上正式通过17个可持续发展目标，旨在从2015到2030年间以综合方式彻底解决社会、经济和环境三个维度的发展问题，使各国发展成功转向可持续发展道路。2023年11月16日，国家主席习近平在亚太经合组织领导人同东道主嘉宾非正式对话会暨工作午宴中指出，可持续发展是解决当前全球性问题的"金钥匙"，当前形势下要进一步凝聚共识，聚焦行动，为全球可持续发展事业注入更大动力。

国内外研究界对于可持续发展定义阐释的侧重点大致有以下三类：一是认为可持续发展的最终目标仍在于发展，是尽可能保证更多人类的生存；二是认为可持续发展的侧重点在于寻求经济发展与自然资源之间的动态平衡；三是认为可持续发展的关键在于处理人类代际之间的公平性问题，以维持当代人与后代人的利益和生存发展为目标。国际学界广泛认可的可持续发展定义来源于在上文所提及的《我们共同的未来》的研究报告，其认为可持续发展是既满足当代人的需要，又不对后代人满足其需要的能力构成危害的发展。我国学者对这一定义作了补充，认为可持续发展是"不断提高人群生活质量和环境承载能力的、满足当代人需求又不损害子孙后代满足其需求能力的、满足一个地区或者一个国家需求又未损害别国或地区的人群满足其需求能力的发展"。

可持续发展思想的生成与发展，正是在上述定义的拓广和丰富为基础形成的。在明确全球普遍认可的可持续发展概念后，针对全球所面临的"可持续发展"宏大命题，还需要辨析可持续发展强调的内涵认知，进行可持续发展理论的内涵提取，这将有助于我们理解发展的深层次因果关系。人们对可持续发展理论的内涵认知，经过了从生存到发展，再从发展到可持续发展的漫长过程。现有研究强调可持续发展理论的"外部响应"应当是处理好"人与自然"之间的关系，这是可持续能力的"硬支撑"。人类的生产和生活离不开自然界所提供的基础环境，离不开各类物质与能量的资源保证，离不开环境容量和生态服务的供给。如果没有人与自然的和谐与协同进化，就不可能有人的生存和发展，更谈不上可持续发展。至于"内部响应"，应当是处理好"人与人"之间的关系，这是可持续能力的"软支撑"。可持续发展作为人类文明进程的一个新阶段，所体现的一个核心内容是社会的有序程度、组织水平、理性认知和生产效益的推进能力。一个和谐社会的建立，从人自身各类关系的处理到当代人与后代人的关系、本地区和其他地区乃至全球之间的关系等必须在和衷共济、和平发展的氛围中，求得整个社会的可持续进步（牛文元，2012）。与可持续发展的内外部响应相对应，形成两条围绕理论核心的基础主线：其一，努力把握人与自然之间关系的平衡，寻求人与自然的和谐发展及其关系的合理性。把人的发展同资源的消耗、环境的退化、生态的胁迫等联系在一起，体现了人与自然之间关系的和谐与发展的协同演进目标。其二，努力实现人与人之间关系的协调。一方面通过舆论引导、伦理规范、道德感召等方式觉醒人类意识，另一方面通过法制约束、社会规范、文化导向等人类活动的有效组织，逐步达到人与人之间关系（包括代际之间关系）的调适与公正。结合可持续发展理论的"外部响应"与"内部响应"，总结人与自然之间和人与人之间关系的总协调：有效协同"人与自然"的关系，是保障可持续发展的基础；正确处理"人与人"之间的关系，是实现可持续发展的核心。因此，概括可持续发展的内涵认知为：只有当人类对自然的索取与人类向自然的回馈相平衡，只有当人类在当代的努力与对后代的贡献相平衡，只有当人类思考本区域的发展能同时考虑到其他区域乃至全球的利益时，三者的共同交集才使得可持续发展理论具备坚实的基础（牛文元，2012）。

　　基于以上在可持续发展的突破性贡献中所进行的内涵认知提取，可持续发展的内涵才具备了坚实的基础。结合环境问题与发展问题，可持续发展作为一种新的发展模式和发展理念，作为一个有关社会经济发展的全面性战略，从不同的出发点和侧重点，对其内涵有不同的理解，有从发展观、发展目标和环境与发展关系方面分析的，有从系统论角度阐述的，但无论从哪个视角，都离不开经济、生态、社会这三大系统，可持续经济、可持续生态和可持续社会三方面的协调统一，构成可持续概念的基本内涵，如图2-1所示。具体来看：（1）在经济可持续发展方面，可持续发展鼓励经济增长而不是以环境保护为名取消经济增长，因为经济发展是国家实力和社会财富的基础。但可持续发展不仅重视经济增长的数量，更追求经济发展的质量，要求改变传统的以"高投入、高消耗、高污染"为特征的生产模式和消费模式，实施清洁生产和文明消费，以提高经济活动效益、节约资源和减少废物排放量。可持续发展大力支持绿色科技创新，强调发挥科技创新的强劲动力，换言之，集约型的经济增长方式是可持续发展在经济方面的体现。（2）在生态可持续发展方面，可持续发展要求经济建设和社会发展要与自然承载能力相协调。在发展的同时必须保护地球生态环境，保证以可持续的方式使用自然资源并降低环境成本，使人类的发展被控制在地球承载能力之内。生态可持续发展同样强调环境保护，但不同于以往将环境保护与社会发展对立的做法，要求通过转变发展模式，从人类发展的源头、从根本上解决环境问题，如倡导绿色生活、加强绿色基础设施建设以及创新绿色金融等。（3）在社会可持续发展方面，可持续发展强调社会公平是环境保护得以实现的机制和目标，指出世界各国所处的发展阶段和想要达到的具体发展目标各不相同，但发展的本质均应包括改善人类生活质量，提高人类健康水平，创造一个保障人们平等、自由、教育、人权和免受暴力的社会环境。综上，在人类可持续发展系统中，生态可持续是基础，经济可持续是条件，社会可持续是目的，与可持续发展基本内涵相对应，人类应该共同追求的是以人为本位的"自然-经济-社会"复合系统的持续、稳定、健康发展，世界各国在发展中应注重经济效率、关注生态和追求社会和平，最终实现协调、公平、高效、多维的发展（曹利军，1997）。

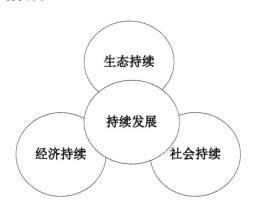

图2-1 可持续发展的三大系统

近年来，可持续发展的概念与内涵不断拓展和延伸，发展中融入了新的内涵，构成一个综合的动态概念。然而，无论从世界层面、国家层面，还是区域层面，贯彻可持续发展战略都必须遵从一些基本原则。基于对可持续发展内涵的不同理解视角，学者们对于可持续发展应该坚持的原则也持不同观点，其中受学界广泛认可和普遍运用的仍是《我们共同的未来》报告中提出的三大基本原则，即共同性原则、公平性原则、持续性原则（罗慧等，2004）。一是共同性原则，该原则包含两层意思，首先是共同的发展目标，即以合理、公平的发展方式维护人类长远发展的目标；其次是共同的发展行动，即自然生态资源是没有国界的，必须全球人民齐心协力，共同开展行动，才能保障可持续发展的顺利进行。二是公平性原则，该原则的"公平"包含两层意思，一方面是当代人与人之间的公平，应避免当代不同国家不同地区的人们之间贫富悬殊、两极分化；另一方面是代际之间的公平，应同时满足当代人以及后代人的发展需求。

三是持续性原则，其核心要求是当代社会的发展需求和消耗不能超越自然资源的未来承载能力，人们需要依据实践认知采取理性的行为满足社会生产活动的需要，从而实现可持续性的发展。

可持续发展思想是人类社会发展的产物，体现着对外部自然环境与人类发展关系的反思，表明人们逐步认识到"过去的发展道路是不可持续的、具有一定的局限性、是不可取的，唯一可供选择的道路是走可持续发展之路"（李龙熙，2005）。一方面，可持续发展揭示了时代在演化共趋性下的系统本质，即发展、协调、持续，国家和地区的发展战略构想不仅需要考虑绩效，包括经济社会等方面，还要考虑人类文明进步和自然等理性化目标；另一方面，可持续发展创造了和谐稳定的人文环境，这是经济发展和社会进步的前提条件，也是对政府在演化过程中构建一个完整且连续的系统，是构建稳定社会最有力的支撑。

三、生态经济理论

马克思主义认为"自然界有着自身的客观规律，对自然规律，人们既无法创造，又无法毁灭，只能尊重、遵循和利用"。在党的二十大报告中，习近平总书记指出，大自然是人类赖以生存发展的基本条件，尊重自然、顺应自然、保护自然，是全面建设社会主义现代化国家的内在要求。人与自然是生命共同体，无止境地向自然索取甚至破坏自然必然会遭到大自然的报复，这与马克思主义指出的经济建设必须遵循自然界客观规律相一致，说明了人类经济社会发展和自然生态环境保护之间的辩证统一关系。生态经济是人类追求的一种理想化的经济模式或经济形态，目的是实现经济发展与生态保护的协调，即将经济的粗放型增长转变为集约型增长，将生态的恶性循环转变为良性循环，建立一个高效率、多功能的生态经济系统，在保持生态平衡、资源充分利用的前提下争取最佳经济效益。生态经济这一概念的产生并走向成熟是伴随着生态经济学的形成和发展而实现的。因此，要深刻理解和准确把握生态经济的基本内涵，有必要首先了解国内外学者对生态经济学的定义及其相关研究。

二战以后，科学技术的不断进步和社会文化的发展直接导致劳动生产率的提高和世界经济的快速增长，这在充分显示人类逐渐增强的干预和改造自然能力的同时，也给人类带来了严重的"后遗症"：从部分区域向全球扩散的环境问题超出了人们的想象，资源大量短缺、生态退化、能源危机、人口激增等问题的出现，不仅影响了人类的正常生产生活，而且阻碍了社会前进的步伐，减缓了经济增长的速度。这期间的经济学家对环境污染产生的经济根源看法分歧很大，主要分为乐观派、悲观派和中间派（温洁心，2022）。

生态经济学创始人、美国佛蒙特州大学生态经济研究所所长罗伯特·科斯坦塔认为"生态经济学是一门全面研究生态系统与经济系统之间关系的科学，两者之间的关系是当今人类所面临的许多紧迫问题的根源，如可持续性发展、酸雨、全球变暖和物种消失等生态危机以及财富分配等社会问题，但现有的学科均未能对生态系统与经济系统之间的这些关系予以很好的解释与研究。生态经济学既包括利用经济学方法研究经济活动对环境与生态的影响，同时也包括用新的方法研究生态系统与经济系统之间的联系"。科斯坦塔等学者又将生态经济学定义为"可持续性的科学和管理"，并认为生态经济学将人类经济系统视为更大的整体系统的一部分，其研究范围是经济部门与生态部门之间相互作用的网络（蔡侃，2010）。世界著名环境经济学家、德国海德堡大学教授Malte Fabor等认为"生态经济学研究生态系统与经济活动之间的相互作用"，具体地说，"生态经济学的研究主题涵盖了人类所面临的许多最紧迫的问题，这些紧迫的全球环境问题亟待用生态经济学方法加以解决。"综上，国外学者对生态经济学的定义及其内涵的认识和剖析表明：第一，摒弃了经济系统和生态系统各自独立的传统观念，高度强调了经济系统和生态系统内在的统一性和有机性，从而确立了经济和生态互为融合、互为作用、互为影响的一体化理念；第二，对经济社会发展过程中的诸多问题如人口问题、经济问题、社会问题、资源问题和环境问题等，不能孤立地认识和对待，而必须用生态经济学的理念、理论和方法去认识和对待，并加以统筹解决。

中国对生态经济学最早的研究是由著名的马克思主义经济学家、中国生态经济学奠基人许涤新发起的，他提出了社会主义生产与生态环境关系的理论。多年来大量学者、专家分别从不同视角诠释了生态经济学的含义。如生态经济学家滕有正认为"生态经济学是研究生态经济系统的运动发展规律及其机理的科学，是一门兼有理论和应用二重性的学科。任何一门独立的理论学科都应有自己的范畴体系，即有自己全面系统的、抽象程度很高的基本概念，并在此基础上建立起完整的学科体系。生态经济学的独立性和理论性首先就体现在其范畴体系上"。同时，他还指出"生态经济学是一门具有边缘性质的经济科学，是由生态学和经济学相互渗透、有机结合形成的新兴边缘学科，是一门跨自然科学和社会科学'远缘杂交'的交叉学科。它和政治经济学、生产力经济学、生态学、环境科学、人口科学、资源科学、国土科学等均存在着密切关系，与部分相邻学科有许多相同的范畴和概念，如经济系统、生态系统、环境、资源、人口、自然生产力、社会生产力等"。中国生态经济学会理事长滕藤认为"生态经济学是在适应资源保护、环境管理和经济发展需要的过程中不断加以拓展的"。经过无数次的拓展，生态经济学已逐步形成一个能为生态经济形态的发育提供理论和方法的学科体系（于法稳，2021）。综合以上几位学者从不同视角阐释各自对生态经济学的认识和理解，国内研究对生态经济学的认识和理解为：生态经济学是在综合借鉴经济学和生态学的理论和方法的基础上予以进一步深化和拓展并加以重新架构的一门新兴学科，是研究整个地球生态系统和人类经济系统如何保持动态平衡和协调并达到可持续发展的科学。

根据国内外学者对生态经济学的定义及其相关研究成果可以发现：生态经济既是生态经济学的基本研究对象，也是生态经济学中一个极为重要的范畴。生态经济学是一门跨生态学和经济学、自然科学和社会科学相互交叉、渗透且有机结合形成的一门新兴的交叉边缘学科，具有综合性、整体性、战略性和实用性的特点，其主要内容除了经济发展与环境保护之间的关系外，还包括环境污染、生态退化、资源浪费等环境恶化问题的产生原因和控制方法、环境治理的经济评价、经济活动的环境效应等。生态经济学理论强调在经济活动中，节约资源和保护环境具有同等重要性，要求从根本上改变以资源和能源的高消耗和环境的严重污染为基本特征的传统经济增长模式，追求以节约资源和能源和减少污染为前提的生态经济高效率发展模式，呼吁人类在追求经济效率的同时保护和维护生态环境，在保护和维护生态环境的前提下实现和提高经济效率，从而使人类从控制、占有和破坏自然、谋求自身发展最大化的思想走向合理开发利用自然的经济思想。在生态经济学的理论框架里，大自然并不是一个永不枯竭的资源和能源宝库，生态环境承受人类经济活动的能力是有限的。毫无疑问，这种理念对于解决当前世界各国普遍存在的人口、资源、环境和发展的问题具有重要的意义。

伴随着生态经济学理论的不断发展，其在各个层面的研究也取得了不同程度的推进：在产业层面，生态经济研究从农业逐步拓展到工业、服务业等不同领域；在地域层面，生态经济研究从生态村逐步拓展到生态乡、生态县、生态市和生态省；在协调层面，从生产行为研究逐步拓展到消费行为研究、资源生态、经济研究和区域生态经济研究。

生态环境与经济协调发展对于国民经济的提升以及国民生活质量的改善有着重大意义，生态环境与经济协调发展理论是指在生态环境能够承受的前提下，提高经济发展水平和人民生活水平。该理论指出生态环境承载力与人民经济生活水平之间的关系的发展主要包括三个阶段：第一，在生态环境承载力的控制之下，经济不断增长、人民生活水平不断提高；第二，生态环境承载力处于相对可控的状态，经济的快速发展、人民生活得到极大提高；第三，经济的快速发展已经超出生态环境承载力，经济发展缓慢、停滞，人民生活质量明显下降。对此，习近平总书记曾明确指出，要着力推动循环经济的发展，促进资源的再利用，并进一步强调要推动绿色技术创新，通过科技创新来解决生态环境与经济协调发展中存在的困难。

综上，真正的高质量发展是以提高生态文明为目标，利用生态环境与经济协调发展理论实现经济质量和效率的有效增长，高质量绿色发展不是以破坏环境为代价，而是在保护好生态环境的情况下促进经济的发展、社会的进步和人民生活水平的改善。

四、区域发展理论

区域发展理论兴起于二战后的欧洲大陆，它的形成可以追溯到早期的区位理论，如韦伯的工业区位论、杜能的农业区位论、克里斯托勒和廖什的中心地理论等。但由于传统的区位理论是从经济人的角度分析经济活动的空间分布，因而具有静态性与均衡性的特征，与动态非均衡的区域发展问题缺乏必然联系。随着经济发展，到20世纪50年代的新古典经济理论时期，区域发展理论大致可以分为区域均衡发展理论和区域非均衡发展理论。均衡与非均衡的基本含义可以用来表述西方发达国家和发展中国家在经济发展过程中的一般特征和本质差别。在西方经济学中，均衡被认为是实际经济状态的"理想"状态，主张区域内的经济活动应均匀分布，以实现资源的最优配置和经济效益最大化的目标，且在经济活动运行过程中，如果让市场力量自由运作，则各地区之间的差异会逐渐缩小，最终达到均衡状态（Salvati等，2016）。非均衡的概念来源于各种因素的影响以及区域内经济活动分布的不均匀性，并从理论上分析实际经济如何从非均衡走向均衡，从而较好地探究经济动态发展过程的基本特征，其中某些地区可能会因为其特有的优势而优先发展，而其他地区发展则可能相对滞后。这种不均衡的发展模式可以刺激经济增长和创新，提高整体的经济效益（Alhowaish，2016）。总而言之，这两种理论并不是互斥的，而是可以相互补充和协调的。在实际应用中，应根据具体的区域条件和经济发展阶段来选择合适的理论指导实践。

（1）区域均衡发展理论。区域均衡发展理论认为经济的发展是一个连接性的整体，各个生产部门是相互制约、相互影响的，且在市场竞争的条件下，价格机制和竞争机制在促使社会资源实现最优配置方面发挥着至关重要的作用，相关理论主要包括贫困恶性循环理论、临界最小努力理论等。经济的均衡发展一方面是指要在区域内部和外部均形成具有稳定需求的市场，同时在供给端降低成本、扩大投资，使其处于健康积极的供需平衡状态，以期提供源源不断的发展动力；另一方面要在各个产业、各个地区之间实现平衡发展，强调不同地区的优势互补，投资、供给体系的完善和资源配置的合理优化能够实现区域经济的协调发展（李自如等，2002）。均衡发展理论不仅关注各产业部门的发展进程，更对其他产业部门、其他资源配置予以关注，强调产业、地区的协调发展，且广泛存在于对发展中国家经济发展模式的探索。

为了实现区域经济的均衡发展，区域均衡理论主张在区域内均衡布局生产力，空间上均衡投资，各产业均衡发展、齐头并进。然而，这种理论往往过于理想化，采用静态分析方法无法充分考虑现实经济中的复杂性和动态变化。我国在第一个五年计划阶段，即计划经济时期的区域均衡发展阶段，更注重区域本身的完整性和地缘性关系，因此多基于地区方位和经济格局确定区域政策执行单元，如七大区域、内陆与沿海区域等。受国际关系紧张和国内工业基础薄弱因素的影响，中国将"内地"确定为工业建设的重点，在恢复如上海等工业基础较好的东部沿海地区生产的同时，调集资源和资金对中西部地区进行投资和建设，满足国防建设和产业布局调整的需求。这项实现区域均衡发展的措施，一方面有助于改变中国过去不合理的产业布局，促进中西部地区的发展；另一方面能够应对变化的国际环境，战略性地布局国防工业，夯实我国工业基础（孙久文等，2020）。然而，其违背了市场资源自由流向的安排，不仅没有缩小地区差距，反而使部分沿海城市的经济呈现负增长。由此看出，区域均衡理论难以有效解决发展中国家的区域发展问题。从供需角度来看，欠发达地区经济的乏力主要源于需求和供给的恶性循环。在需求端，低收入会导致低消费，低消费又导致低投资，进一步导致收入水平下降；在供给端，低收入导致低储蓄，低储蓄又导致低资本存量，造成生产率下降。最终的结果是导致贫困的恶性循环。为了摆脱这种恶性循环，发展中国家需要按照不同比率在国民经济发展的各部门进行资金和资源配置投资，以促进经济的均衡增长（孟越男等，2020）。例如，对于基础设施、教育、科技等方面发展较为落后的地区，相关政府部门应当加大投资力度，以改善当地的发展条件，推动经济的均衡增长。同时，通过政策引导和市场机制的双重手段给予帮助，鼓励企业向这些地区投资，进一步推动区域经济的协调发展。综上，均衡发展理论虽不适用于发展中国家经济增长，但经济的均衡增长能够促进可持续发展目标的实现，且其理论强调产业间和地区间的关联性和互补性，主张在各产业、各地区之间均衡部署生产力和相应的资金和资源，是实现产业和区域经济的协调发展的良剂。

（2）区域非均衡发展理论。区域非均衡发展理论认为区域经济的均衡发展是不合理的，具体到时空角度，一方面，时间上经济发展水平和速度在同一区域、不同时间具有不同的状态；另一方面，空间上经济发展水平和速度在同一时间、不同区域也存在不同的趋势（杨秋宝，2000）。该理论强调的区域经济的增长在时空上呈现发达和不发达共存现象，并不是全部地区的所有部门或者同一时间、同一水平的增长，而是有目标且侧重地培养一些增长极或核心区域，相关理论主要包括增长极理论、区位理论等。非均衡发展理论最早可以追溯到约瑟夫·熊彼特在1912年出版的《经济发展理论》中提出的创新理论，并认为在经济发展过程中，由于创新理论的激励机制作用，经济资源配置得到优化的同时能够极大提高生产效率，经济增长随时间呈现起伏状态，即螺旋式、非均衡状态（Amos，1988）。随着相关理论的不断深入发展，增长极理论、核心区-边缘区理论、梯度推移理论以及产业集群理论等非均衡发展理论均认为在经济增长过程中，理想的平衡状态是不现实的，经济发展的本质是在经济不断增长的基础上，一个国家或地区经济结构和社会结构会处于持续高级化的创新过程或变化过程，这个过程是一个不平衡的运动状态。非均衡发展理论已经多次被政府引用和借鉴在区域经济发展方面，并利用其进行相关政策和发展建议的提出与改进。

当前处于二元经济发展时期，区域经济的增长必然伴随一个非均衡的过程，该理论主张一个国家应将有限的资源集中优先投入经济基础较好、效益较大的产业或部门，以获取区域经济的高速增长，进而带动并促进周边区域经济的增长，以此引导和推进整个区域经济的发展。中国是最大的发展中国家，实现均衡发展会造成大量的资源浪费并阻碍经济的快速发展，因而在非均衡发展战略的指导下，我国在经历了快速发展的20年后逐渐形成区域非均衡发展的格局。正如我国经济发展的第七个五年计划，即区域不均衡发展阶段，根据邓小平同志主张的发展沿海地区，先富地区带动后富地区等两大关键点，实行重大举措的精准化管理和分类措施，为不同地区制定具有本地区发展特色且有针对性的政策，在促进区域极速发展的同时缩小区域发展差距。如，将有限的资源投向效益较高的经济特区、沿海经济开放区等区域和产业，并形成了以环渤海、长三角、珠三角为核心的发达经济带，直接带来了东部地区的经济繁荣，同时带动了其他周边区域、其他落后产业的发展，促进了国家整体的经济发展。在市场机制下，经济增长依赖于区域间的非平衡性，市场机制并不能使区域差距自动消失。如今我国在经济发展中更多地运用非均衡增长理论，由于各地区要素禀赋不同且资源差异较大，因此优先发展主导产业、重点部门，发挥虹吸和扩散效应，推动区域间产业结构和区域结构的优化协调发展。

区域经济的非均衡发展是发展中国家实现经济快速增长的有效路径，但是非均衡发展"绝不是机械地等待建设好一块再建设另一块"，而是一种有重点的寻求效率与平等目标相统一的"边增长、边协调"的思想。因此，在经济转型期提出高质量绿色发展就要重视经济结构，推动产业结构转型升级，协调区域结构并发挥区域间联动作用，实现经济稳定增长和综合国力的不断增强。

（3）动态均衡发展理论。随着新增长理论的发展，动态均衡发展理论开始兴起并逐渐得到丰富，其认为区域发展演化是一个不断变化的动态过程，即实现区域由低级均衡发展经非均衡阶段向高级均衡发展的演化。非均衡发展理论主要以新古典经济增长理论为基础，而动态均衡发展理论是以新增长理论为基础，后者更具主动性，更加强调自身的目标（取向），能够随着时间不断进化，在与环境的交流和互动中，有目的、有方向性地改变自己的行为方式和结构，以适应环境要求（孙可奇，2012）。动态均衡发展理论更加强调在非均衡发展的基础上实现区域的跨越式发展，通过资源的重新构建、主动开拓能力（主要体现在技术和市场两个方面）和组织学习（包括干中学、用中学和研发中学），缩小区域差距，实现区域经济协调发展。

第二节　研究方法

一、水平评价方法

评价活动被认为是一切基于多个因素来综合判断评价对象水平、状态或类型的认识过程。从统计基础方法角度看，传统的各种对比分析法是最经典的单指标统计评价方法。随着评价理论与方法的发展，结合对多项指标综合对比分析的统计需要，多指标定量分析作为一种社会经济统计方法被纳入统计学的视野并展开相应研究。20世纪60—70年代，国内相关学界在环境评价、科技评价、矿产资源评价、土地资源评价等领域均存在着多指标评价的思想，但尚没有形成系统的方法研究。自20世纪80年代开始，有关经济效果或经济效益的衡量与评价问题的讨论成为学术界的一大热点。关于经济效益的评价问题，大多数学者提出的思路是寻找一个最具有综合性的指标（即某一个指标可否最大限度地写成更多指标的乘积关系）或通过几个效益指标的组合而设计出综合性经济效益系数。随着对经济效益评价问题讨论的深入，越来越多的评价方法得到了应用，对经济效益评价问题的研究直接催化了多指标评价理论研究的兴起与发展。越来越多不同学术背景的专家、学者关注并研究多指标评价理论、方法及其应用。评价方法的应用领域也日益扩展，已经涵盖到社会、经济、教育、科技、文化、工程、医学、农业、军事等各个领域。

从统计学角度对多指标评价理论进行深入系统的研究，始于经济效益评价，并在20世纪80年代逐步兴起。部分学者针对经济指标间数据单位不可公度性，提出或引用了一些不完全相同的无量纲化方法，如"极差变换法""高中差变换法""低中差变换法""标准化方法"等。同时，学术领域涌现出一大批运用多元统计方法（主成分分析法、聚类分析法及判别分析法的应用问题）、模糊数学方法进行具体领域综合评价的实证研究成果，以及探讨权数构造、指标体系确定、专家评分、加权主成分综合评价方法、模糊评价方法（最大隶属度的有效性问题，模糊数学自身理论问题）等方面的理论研究成果。

20世纪90年代是多指标评价理论与方法研究的全面开展阶段，有关评价权数构造方法、功效系数法的改进思路（如对数型功效系数法、指数型功效系数法、修正指数型功效系数法）、评价指标体系设计与筛选方法、主成分综合评价方法局限性及改进思路、组合评价及评价方法优选、模糊评价中的模糊算子选择以及模糊分类原则等领域均取得了不少出色的研究成果。其间，有学者提出采用BP神经网络方法、遗传算法进行综合评价，灰色系统、DEA方法也被更多的学者应用于综合评价。在这个阶段，统计学界很多专家学者参与了对评价理论、方法与应用的研究，同时也吸引了一批系统工程学科背景的学者进行评价方法的研究。不同背景的学者从自己的学术视角与活动领域开展了评价方法的总结与创新研究。

2000年以来是多指标评价理论与方法研究的立体创新阶段。统计学界的学者对评价理论的关注度开始下降，而系统科学界、管理决策学界的学者对评价理论与方法的关注与研究却在快速增加。胡永宏、贺思辉的《综合评价方法》（科学出版社，2000年）是统计界最早以教材形式出现的介绍评价方法的著作之一，较为全面系统地讨论了综合评价中的有关理论与方法。此后，来自不同学术背景的学者们对多指标评价理论与方法的研究日益深入且系统。新的评价方法与新的评价思想层出不穷，呈现出以下特点或趋势：（1）评价理论多样化。不同背景的学者给出了不同的评价概念体系与方法体系。统计学界习惯称为多指标评价，但系统科学或管理工程领域一般称多属性评价，在决策领域，又称为多目标决策。虽然三者之间存在一些重要差别，但共性的内容不少，相互吸收的空间很大。（2）指标数据复杂化。随着现实情境的逐渐复杂多样，学者们基于多层嵌套数据、区间数据、混合型数据、残缺数据等不同的指标数据类型进行评价研究。（3）评价过程动态化。从动态角度设计评价模型与参数，包括基于函数型数据的评价思想。（4）评价应用广泛化。评价技术已经演化为一种多属性技术，广泛应用于各种类型的现象评价分析之中。（5）评价方法智能化。各类人工智能工具、统计学习理论、数据挖掘等学科方法被引入到评价领域。（6）评价工具软件化。已经有团队在开发评价专用软件，使得评价计算过程自动便捷、评价结果实时可视。（7）研究力量团队化。国内学术界已经形成了若干个评价理论研究团队与应用团队，研究成果的学术影响与社会影响日益扩大。（8）研究领域交叉化。评价方法与多目标（属性）决策方法、运筹优化技术、应用数学方法等学科之间的结合日益密切，评价方法更加复杂。

综上，目前评价理论与方法研究开始迅速升温，以综合评价为主题的学术成果数量呈跳跃式骤增。从学科领域看，评价方法不仅是理工、农、医、电子信息等自然科学领域重要的综合定量分析方法，也是社会经济领域的重要分析手段。在社会科学领域，大部分的评价类文献集中在"经济与管理"学科。从研究主题看，评价方法的热点应用领域是社会发展评价、经济效益评价、环境质量评价、科技成果评价、绩效评价、风险评价、各类资源评价、项目评价、竞争力评价、技术评价、教育评价、各类安全评价、财务评价等领域，这些领域的评价分析是各界关注的重大问题，且在理论与方法研究上具有较大可探索的空间。从评价方法看，应用与关注最多的方法依然是多元统计综合评价方法与运筹优化方法，主要包括熵权法、因子分析、主成分分析、AHP法、模糊评价、判别分析、功效系数、DEA、灰色系统评价等。评价方法的选择没有绝对的优劣之分，不同方法各有其优缺点。例如，主成分分析法主要适合指标数量多、相关性密切而复杂的研究对象，通过降维选用更具有代表性的指标以反映原本具有较大信息量的数据，但是其丧失了部分原始数据；熵权法是根据原始数据的离散程度，确定指标层对目标层的影响程度，离散程度越大，指标所赋予的熵值越小，表明该指标对目标层所起到的作用越大，对其赋予的权重也会越大。目前，熵权法因其数据计算简单易行在学术界得到广泛应用。

在综合评价中，熵权法主要用于评价体系中变量的无序程度，如果系统中的熵值越小，则说明该系统中的元素是有序的，具有一定的规律性，可以提供更多的规律性信息；相反，如果在一个系统中熵值越大，说明该系统的要素呈无序状态，则该系统能够提供的规律性信息量就越少。据此可知，熵值的大小是指依靠系统数据的分布状态来判断系统中所包含的信息量，从而确定要素信息对系统信息的贡献程度。因此，熵权法不是直接根据变量本身的数据大小进行数学运算，而是一种客观的赋权方法，可以有效避免赋权的主观性和随机性，计算结果也相对客观可靠。

二、探索性空间数据分析方法

探索性空间数据分析方法（Exploratory Spatial Data Analysis，ESDA）是一系列空间分析方法和技术的集合，通过对事物或者现象空间分布格局的描述和可视化，能够挖掘空间关联、集聚或热点模式等特征。这种方法在地理学、统计学和计算机科学等领域均有着广泛应用。空间数据中普遍存在的空间自相关结合时间维度的随机性和复杂性，导致时空数据具有多维度、语义和动态相关的特性，进而在衍生更多应用方向的同时帮助人类有效地进行辅助决策及应用管理。

（一）地理信息系统

古往今来，几乎人类所有活动都是发生在地球上，都与地球表面位置（即地理空间位置）息息相关，随着计算机技术的日益发展和普及，地理信息系统（Geography Information System，GIS）以及在此基础上发展起来的"数字地球""数字城市"在人们的生产和生活中起着越来越重要的作用。1962年加拿大学者Roger Tomlinson提出地理信息系统的概念并建立了国际上首个具有实用价值的加拿大地理信息系统（Canada Geographic Information System，CGIS）。地理信息系统是一种为了检索、储存、分析和显示空间上的定位数据而形成的数据库管理系统（1998年，美国国家地理信息与分析中心定义），能够使人类工作者更好地将空间数据与其他行业技术相结合。

具体来说，地理信息系统（GIS）是一门综合性学科，结合了地理学与地图学以及遥感和计算机科学，已经广泛于不同领域，在计算机硬、软件系统支持下，能够对整个或部分地球表层（包括大气层）空间中的有关地理分布的数据进行采集、储存、管理、运算、分析、显示和描述。在数据大爆发时代，一个单纯的经纬度坐标只有置于特定的地理信息中，代表某个地点、标志、方位后，才会被用户认识和理解。与此同时，用户在通过相关技术获取到位置信息之后，还需要了解所处的地理环境，GIS查询和分析环境信息，从而为用户活动提供信息支持与服务。数据收集与输入是GIS实现其价值的重要组成部分，能够对收集的数据进行数据处理和可视化分析。近五年内，GIS被广泛应用在经济研究方面，当需要研究某些变量在各地的分布和动态变化趋势时，运用GIS软件能够将指标数据结果进行可视化呈现，反映出邻近省（区、市）的空间关系的同时使研究结果更加客观准确。基于地理特征数据库建立GIS模型可以用于分析经济的时空特征，在定义、功能以及使用等方面均具有自身的特点。GIS主要分为软件、硬件、数据、用户四个要素，具体如图2-2所示。

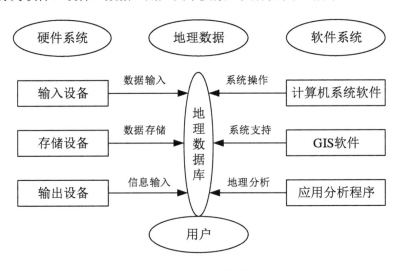

图2-2 GIS组成要素图

　　GIS系统不同于普通的自动化设计系统或管理信息系统。第一，GIS是一个空间信息系统。在GIS系统中，所有的对象、关系和过程均被描述为地理和空间的方位。GIS在组织数据、功能计算和数据显示方面具有独特优势。第二，GIS是一种特殊的空间信息处理系统，能够保存和更新所有数据，并对其进行深入分析和模式创建，从而产生了大量新颖和实用的空间信息。总而言之，GIS是一个能够理解、利用和改造客观世界的可用系统，具有明确界定的具体任务。

　　近年来，GIS的应用领域、应用模式在不断拓展，相关技术和软件也获得日益发展，然而传统GIS的空间尺度具有一定界定条件，全空间三维立体模型构建的效率问题、多种数据类型和复杂关系的整合难题、大规模多源异构数据的渲染等问题仍未能得到很好的解决。全空间信息系统有助于打破传统GIS的限制，其是一种面向从微观到宏观的动态复杂世界的空间信息系统，其理论基础是多粒度时空对象数据模型，同时将GIS的空间尺度扩展到微观和宏观空间，实现了跨尺度的空间数据管理和分析，为空间信息系统构建提供了新的解决方案（周成虎，2015）。全空间信息系统能够处理复杂、动态的现实世界时空信息，为数据分析提供了新方法，在全域数字孪生战场、智慧城市、时空大数据演化管理等领域均起着关键作用。目前，全空间信息系统已在理论认知、关键技术研究、平台开发等各个方面取得了显著进步，引领空间信息系统技术革新，推动其向更灵活的空间分析方向发展。

（二）空间自相关分析方法

　　应用空间相关性分析方法可以对相关指标进行量化。通常先使用空间权重矩阵来评估研究对象空间位置的相关性，矩阵中各个元素映射空间单元的邻接关系，而后进一步由空间自相关模型衡量空间中被解释变量的相关程度，根据空间要素位置和空间要素值来度量空间自相关程度（韩叙等，2023）。本书通过两类空间自相关方法分析2012—2021年间中国省域高质量绿色发展水平的时空演化特征。首先，运用全局空间自相关指数来识别这一时期内所选研究区域内空间数据的整体关联性和依赖性。其次，运用局部空间自相关指数来识别绿色发展水平的热点与冷点区域。通过这种方法，能够更好地理解中国省域高质量发展时期绿色发展水平的时空演化特征，为未来的研究和决策提供有价值的参考。

1.全局空间自相关

全局空间自相关分析方法能够衡量区域间空间关联和空间差异程度，通过使用全局莫兰指数（Global Moran's I）、盖瑞指数（Global Geary's C）和高/低聚类（Getis-Ord General G）指数等指标来评估空间自相关程度。这些指标可以用来判断是否存在空间聚集模式以及这种聚集模式的类型和程度。全局探索性空间数据分析方法还可以用来评估空间的不稳定性，即是否存在空间分布异常的区域。全局Moran's I是最早提出的全局空间自相关分析方法，由Moran提出，其基本思路是通过空间位置关系和协方差原理对邻接单元进行计算，具体见式（2-1）：

$$I = \frac{n\sum_{i=1}^{n}\sum_{j=1}^{n}W_{ij}(x_i - \bar{x})(x_j - \bar{x})}{\sum_{i=1}^{n}\sum_{j=1}^{n}W_{ij}\sum_{i=1}^{n}(x_i - \bar{x})^2} \qquad (2\text{-}1)$$

其中 n 为空间分布数量，x_i 为第 i 个，$\bar{x}$ 为各研究对象在不同属性下的均值，W_{ij} 为定义的空间权重矩阵 W 的对应值，I 的值域为 $[-1,1]$，当 I 值趋近于1时，空间分布存在正相关关系；当 I 值趋近于 -1 时，空间分布存在负相关关系；当 I 值为0时，空间单元属性分布不相关，呈现随机分布。

由于Moran's I表征渐进正态分布，故可通过计算莫兰指数值、Z 得分和 P 值来对显著性进行评估。以标准分数检验量 $Z(I)$ 为例，其能够检验空间分布是否显著以及数据集的离散程度，表达式如下：

$$Z(I) = \frac{I - E(I)}{\sqrt{\text{Var}(I)}} \qquad (2\text{-}2)$$

其中 $E(I)$ 表示 I 的预期指数，$\text{Var}(I)$ 表示 I 的方差，具体公式见式（2-3）—（2-7）：

$$E(I) = \frac{-1}{n-1} \qquad (2\text{-}3)$$

$$\mathrm{Var}(I) = \frac{n^2 W_1 - n W_2 + 3W_0^2}{W_0^2 (n^2 - 1)} - E(I)^2 \tag{2-4}$$

$$W_0 = \sum_{i=1}^{n} \sum_{j=1}^{n} W_{ij} \tag{2-5}$$

$$W_1 = \frac{1}{2} \sum_{i=1}^{n} \sum_{j=1}^{n} (W_{ij} + W_{ji})^2 \tag{2-6}$$

$$W_2 = \sum_{i=1}^{n} (\sum_{j=1}^{n} W_{ij} + \sum_{j=1}^{n} W_{ji})^2 \tag{2-7}$$

表2-1 $Z(I)$检验示意表

$Z(I)$（标准差）	p值（概率）	置信度
< -1.65或$> +1.65$	< 0.10	90%
< -1.96或$> +1.96$	< 0.05	95%
< -2.58或$> +2.58$	< 0.01	99%

2.局部空间自相关

全局空间自相关模型界定的范围相对广阔且空间分布特征会有一定的规律性，只能分析空间域内自相关情况，而差异较大的空间域情况与其邻域可能构成不同的空间分布状态，因此需要局部空间自相关来统计刻画局部情形的空间单元属性分布情况。局部探索性空间数据分析方法可以回答区域的具体地理分布问题，能够探测研究区域的局域空间关联结构模式，识别出哪些区域具有相似的空间分布和空间关系。局部探索性空间数据分析还可以用来识别高值和低值的局部聚集区域，以及这些区域对于全局空间自相关的贡献程度，揭示出全局评估下可能掩盖的局部状况或小范围的局部不稳定性。

（1）局部Moran's I

局部Moran's I是由Anselin在1995年提出的一种用于对研究区域中不同地区或单元的空间数据进行分析的指数，其主要作用是反映每个地区或单元与其周围区域之间的空间差异程度及其显著性，从而更加精确地了解观测值在局部空间的聚集现象。由于局部莫兰指数能够捕捉到空间的异质性，因此它能够进一步分析研究对象的局部空间自相关性，有助于更好理解空间数据的结构和特征，以作出更准确的预测和决策。该方法在空间关联领域应用较广，计算公式见式（2-8）：

$$I_i = \frac{n(x_i - \bar{x})\sum\limits_{j=1}^{n} W_{ij}(x_i - \bar{x})}{\sum\limits_{i=1}^{n}(x_i - \bar{x})^2} \tag{2-8}$$

其中，$I_i > 0$ 表示一个高的属性值被高的属性值包围（"高—高"聚集区），或者一个低的属性值被低的属性值包围（"低—低"聚集区）；$I_i < 0$ 表示一个高的属性值被低的属性值包围（"高—低"聚集区），或者一个低的属性值被高的属性值包围（"低—高"聚集区）。

（2）局部Getis-Ord G_i*指数

局部Getis-Ord G_i*指数是一种空间自相关分析方法，能够测量空间性质是否呈现集聚或分散的趋势。该方法通过计算每个地理单元（例如网格或区域）与其邻近地理单元之间的空间联系强度来确定地理单元的集群。为了反映研究对象的局部集聚性，识别其中簇集的热点和冷点区，局部Getis-Ord G_i*指数被引入，其公式如下：

$$G_i = \frac{\sum\limits_{i} W_{ij} x_j}{\sum\limits_{i} x_j} \tag{2-9}$$

（3）空间联系的局部指标（LISA）

局部空间关联指数（Local Indicators of Spatial Association，LISA）反映空间单元与其邻域内属性单元的局部空间关联程度，在满足显著性水平达到5%的临界情况下所呈现的标准化后的结果，具体如公式（2-10）所示。

$$L_i = f(x_i, x_j), j \in U(i, \delta) \tag{2-10}$$

其中 L_i 表示空间关联局部指数，由属性值 x_i 及其邻接的所有空间域 x_j 的属性所观测的函数值（包含其他附加参数），在实际运算过程中，x_i 可以是原始的属性值，也可以是标准化后的结果。

对于L_i的统计显著性，用式（2-11）的P值范围表示：

$$P(L_i > \varphi_i) \leqslant \partial \qquad (2\text{-}11)$$

其中φ_i表示临界值，∂表示局部空间自相关的显著性水平（一般情况下认为*** $p < 0.01$，** $p < 0.05$，* $p < 0.1$，*表征显著程度），当不等式一般情况满足时，认为该空间域单元与其邻域之间存在显著性的空间关联。

3.空间权重矩阵

空间权重矩阵是空间自相关研究中经常使用的工具，可以用来探究空间中各种现象之间的关系，并揭示这些现象在空间上的分布规律。通常，空间权重矩阵包括邻接空间权重矩阵（W）、地理距离空间权重矩阵（W^d）、经济距离空间权重矩阵（W^e）、地理与经济距离的嵌套权重矩阵（W^q）。

（1）邻接空间权重矩阵（W）

邻接空间权重矩阵W是探索性空间数据分析的前提和基础，目前应用比较广泛的空间权重矩阵有两种，分别为车式（Rook，二进制式）邻接和后式（Queen）邻接。Rook型的空间权重矩阵是Moran在初始进行量化分析空间自相关性使用的方法，应用0和1来标记属性间在空间上的相邻情况，归于定性界定。当所研究区域具有长度大于0的共同边界，则认为两者是相邻的，取值为1；否则认为区域不相邻，取值为0。其函数形式如式（2-12）所示：

$$W_{ij} = \begin{cases} 1, i, j\text{存在长度不为0的边界}, i \neq j \\ 0, \text{其他} \end{cases} \qquad (2\text{-}12)$$

通常定义一个二元对称空间权重矩阵来表达所研究的n个区域之间的相互关联程度，为$n \times n$矩阵，即$W = \begin{bmatrix} W_{11} & W_{12} & \cdots & W_{1n} \\ W_{21} & W_{22} & \cdots & W_{2n} \\ \vdots & \vdots & & \vdots \\ W_{n1} & W_{n2} & \cdots & W_{nn} \end{bmatrix}$，其中，$W_{ij}$为第$i$个区域与第$j$个区域链接程度的权重值，$W_{ij} = 0$时表示不考虑空间单元对自身的影响。

（2）地理距离空间权重矩阵（W^d）

地理距离空间权重矩阵是利用经纬度坐标计算区域间地表距离的倒数，区域i，j间地理距离空间权重矩阵的计算公式如式（2-13）所示：

$$W_{ij}^d = \frac{1}{d_{ij}} \qquad (2\text{-}13)$$

对其进行标准化，得到标准化后的地理距离空间权重矩阵 $W_{ij}^{d'}$，见式（2-14）：

$$W_{ij}^{d'} = \begin{cases} \dfrac{W_{ij}^d}{\sum\limits_j W_{ij}^d} & ,i \neq j \\[2mm] 0 & ,i = j \end{cases} \qquad (2\text{-}14)$$

其中，d_{ij} 表示根据经纬度坐标计算的区域间的地表距离。

（3）经济距离空间权重矩阵（W^e）

本书所研究的高质量绿色发展不仅与区域间的地理距离有关，还与地区经济发展水平相关。高质量绿色发展的空间溢出效应需要综合考虑地理距离空间效应和经济距离空间效应（石华平，2022），仅采用地理距离空间权重矩阵测度可能会导致估计结果缺乏足够的说服力。通常利用研究对象之差的绝对值的倒数来设定经济距离空间权重矩阵（W^e），见式（2-15）：

$$W_{ij}^e = \begin{cases} \dfrac{1}{\left| \overline{Y_i} - \overline{Y_j} \right|} & ,i \neq j \\[2mm] 0 & ,i = j \end{cases} \qquad (2\text{-}15)$$

其中，$\overline{Y_i}$ 表示基期，研究对象的实际值。$\overline{Y_j}$ 表示一定时间段内实际均值，标准化后的经济距离空间权重矩阵（$W_{ij}^{e'}$）见式（2-16）：

$$W_{ij}^{e'} = \begin{cases} \dfrac{W_{ij}^e}{\sum\limits_j W_{ij}^e} & ,i \neq j \\[2mm] 0 & ,i = j \end{cases} \qquad (2\text{-}16)$$

（4）地理与经济距离的嵌套权重矩阵（W^q）

空间相关性检验是展开空间溢出效应分析的基础，考虑到单纯以地理距离或经济距离构造权重矩阵均会存在一定的局限性，因此需构造地理与经济距离的嵌套权重矩阵（刘丹阳和黄志刚，2023），如式（2-17）所示：

$$W^q = \varphi W^d + (1-\varphi) W^e \qquad (2\text{-}17)$$

其中，W^d 为地理距离矩阵，W^e 为经济距离矩阵，φ 介于0到1之间，表示地理距离权重矩阵所占比重，通常 $\varphi = 0.5$。W^a 既考虑了地理距离的空间影响，又反映了经济活动存在区域溢出效应和辐射效应的事实，能全面客观地体现不同区域之间的空间关联程度。

（三）标准差椭圆法

标准差椭圆法（SDE）能够在应用Moran's I 分析了空间集聚分布特征后，描述研究对象的动态时空演化过程。标准差椭圆法是一种空间统计方法，主要由长轴、短轴、中心坐标以及转角等参数构成，能够从多个角度对经济地理要素分布的总体特征进行展示，识别地理中心位置变化与移动走势，通常采用中心性、方位和形状特征等进行表达（赵璐和赵作权，2014）。标准差椭圆中的椭圆形状反映了空间点集的分布情况，其大小表示空间数据的离散度，方向则表示了空间数据的变化趋势，椭圆的面积能够较好反映地理要素空间上的集聚程度，长半轴表征的是地理要素空间分布的主要方向，短半轴反映了地理要素空间分布的次要方向。

运用标准差椭圆法的具体计算公式如式（2-18）—（2-21）所示：

$$X = \sum_{i=1}^{n} D_i x_i \Big/ \sum_{i=1}^{n} D_i y_i \qquad Y = \sum_{i=1}^{n} D_i y_i \Big/ \sum_{i=1}^{n} D_i \qquad (2\text{-}18)$$

$$\tan\theta = \frac{\left(\sum_{i=1}^{n} \widetilde{x_i}^2 - \sum_{i=1}^{n} \widetilde{y_i}^2 \right) + \sqrt{\left(\sum_{i=1}^{n} \widetilde{x_i}^2 - \sum_{i=1}^{n} \widetilde{y_i}^2 \right) + 4\left(\sum_{i=1}^{n} \widetilde{x_i}\widetilde{y_i} \right)^2}}{2\sum_{i=1}^{n} \widetilde{x_i}\widetilde{y_i}} \qquad (2\text{-}19)$$

$$\delta_x = \sqrt{\sum_{i=1}^{n} \left(\widetilde{x_i}\cos\theta - \widetilde{y_i}\sin\theta \right)^2 \Big/ n} \qquad (2\text{-}20)$$

$$\delta_y = \sqrt{\sum_{i=1}^{n} \left(\widetilde{x_i}\sin\theta - \widetilde{y_i}\cos\theta \right)^2 \Big/ n} \qquad (2\text{-}21)$$

式（2-18）中，X 和 Y 为研究对象水平的中心坐标，x_i 和 y_i 为研究区域的地理坐标与重心坐标；式（2-19）—（2-21）中椭圆方位角 θ 为从北面顺时针转动到椭圆长轴的角度，$\widetilde{x_i}$ 和 $\widetilde{y_i}$ 分别为研究区域的地理坐标与重心坐标的偏差，δ_x 和 δ_y 分别为沿 x 轴、y 轴的标准差。

三、系统动力学仿真

（一）系统动力学概述

系统动力学（System Dynamics）被誉为实际系统的实验室，是美国麻省理工学院的福瑞斯特（Jay W. Forrester）教授于1956年首创的一种运用结构、功能、历史相结合的方法，同时也是借助计算机仿真定量研究非线性（Non-Linearity）、多重反馈（Multi Feedback）、复杂时变（Complex Time-Varying）系统的系统分析技术（Forrester，1958）。系统动力学方法可用于处理社会、经济、生态和生物等复杂系统研究问题，能够在宏观层次和微观层次上对复杂、多层次、多部门、非线性的大规模系统进行综合研究，是目前常用的一种定性与定量相结合的研究方法之一。系统动力学最大的特色是以现实世界的存在为前提，不追求"最佳解"，而是从整体出发寻求改善系统行为的机会和途径。具体来说，系统动力学将研究对象视为一个复杂的整体系统，并强调系统内部结构和功能的统一，依据对系统的实际观测信息建立动态的仿真模型，并通过计算机试验来寻找系统影响因素之间的关系，从而挖掘出研究对象的内在规律性。简言之，系统动力学是研究社会系统动态行为的计算机仿真方法，可研究存在于社会领域中的多层次信息反馈问题，并且所使用的数据较少，具有较强的社会适应性。

（二）系统动力学理论基础与相关概念

（1）反馈控制理论

反馈控制理论是系统动力学最核心的理论基础。该理论认为某一系统中的各个环节、变量因素之间能够通过相互作用形成一种首尾相顾的因果反馈回路，即在所建立模型中的各条因果关系链条两端，当左端输入口要素发生变化时会随即经过系统逻辑反馈结构流往至右端要素输出口，而右端输出口的结果同样也会经过一系列因果交叉的动态反馈对左端输入口造成影响。由此可以清晰预见，假若其中任一环节或任一变量因素发生变化，随之产生的蝴蝶效应可以影响整个系统结构的运行。反馈控制理论认为，对各类复杂系统运行行为起关键影响作用的三大因素为：结构关系、信息反馈与时间滞延。这些特征因素来源于系统结构的本质属性，即系统运行过程往往具有的高度非线性特征：一方面，系统中每个环节、每个因素都是整个系统结构关系链条的组成部分之一，它们之间相互影响、相互作用；另一方面，随着时间的推移，系统中各项信息在进行反馈时会产生一种信息扩大的效应，并最终对整个系统运行产生影响。

反馈是指系统从外部环境中得到的输入与系统自身内部输出之间的联系。根据系统不同的输入和输出的情况，反馈具有两种形式，即正反馈和负反馈。具有正向性质的反馈强化了原有倾向增加变量的偏差，而负向的反馈则对某一特定的对象持续作出反应，抵消或纠正系统的偏差或变化，使得该变量逐步趋于稳定。

（2）因果关系图

因果关系图（Casual Loop Diagram，CLD）也称为因果回路图，是一种表达系统内部因果关系和反馈回路的图示工具。在因果关系图中，"+"（正号）与"－"（负号）代表着每条因果链的极性，即当箭尾端变量变化时，箭头端变量会如何变化。极性为正则两个变量的变化趋势相同，极性为负则两个变量的变化趋势相反。例如，某一模型中存在两个具有因果关系的变量A和B，当A是B产生的原因时，用$A \to^+ B$或$A \to^- B$表示二者的逻辑关系。"+"（正号）表明二者存在正相关关系，即由于A的增加导致B的增加，"－"（负号）表示二者为负相关关系，即由于A的增加导致B的减少。

反馈回路由具有因果关系的多个变量组合形成，如图2-3和图2-4。每条反馈回路都具有极性并由因果链进行累积相加决定。当反馈回路中的负相关关系因果链的个数为偶数时，整个回路的总相关关系为正，即该反馈回路的极性为正，说明回路中具有较强的偏离变量，同时会增加反馈的作用；当反馈回路中的负相关关系因果链的个数为奇数时，整个回路的总相关关系为负，即该反馈回路的极性为负，说明对回路变量的控制性较弱。

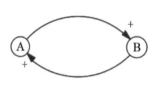

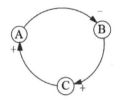

图2-3 正反馈回路图　　　　　　　图2-4 负反馈回路图

（3）存量流量图

存量流量图是基于因果关系图绘制的，用于区分变量的性质并建立变量之间的数学逻辑关系，通常包括状态变量、速率变量、辅助变量和常量，其构成如图2-5所示。

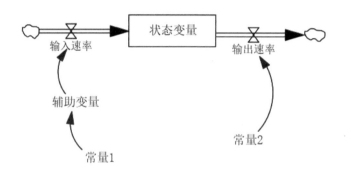

图2-5 存量流量图

状态变量（Level）：即存量，又称水平变量，是表征系统状态的内部变量，可以表示系统中的物质、人员等的稳定或增减的状况。状态变量的流图符号是一个方框，方框内填写状态变量的名字。显然，能够对状态变量产生影响的只是速率变量。状态方程可根据相关基本定律来建立，如连续性原理、能量质量守恒原理等。状态方程有三种最基本的表达方式：微分方程表达、差分方程表达和积分方程表达。在一定的条件下，这三种表达方式可以互相转化。

速率变量（Rate）：又叫流量，速率变量的流图符号像一个阀门，用来表示状态变量随时间变化的方式和速度。速率方程的构成比较灵活，没有固定的形式。一般来说，速率方程可以是状态变量、辅助变量、外生变量等变量的代数组合。但是需要特别注意的是，状态变量对速率变量的作用关系不是通过物质的直接转移来实现的，而是通过状态变量变化的信息传递来实现的。

辅助变量（Auxiliary）：速率方程函数关系的确定是一个比较困难的过程，因此引入辅助变量对速率方程进行分解，以使构模的思路更加清晰。辅助变量是为了构模方便而人为引入的信息反馈变量，是状态信息变量的函数。

常量（Constant）：在系统研究中，常量是不随时间而改变的量。外生变量是系统边界以外对系统发生作用或产生影响的环境因素，外生变量也可以是政策变量。外生变量呈现出固定不变的状态时就会退化为常量。

（三）系统动力学模型构建步骤

系统动力学模型的构建是一个反复修改验证并逐步实现目标的过程，可分为定性模型和定量模型。由于模型是由实际系统抽象化和简化而来的，因此在构建模型的过程中需要对其实用性进行详细评估，即，模型是否提高了对模拟系统的理解；模型的元素和方程是否能代表现实系统；在同样的条件下能否在现实系统中产生同样的影响等。一般而言，系统动力学模型的构建主要包含以下五个步骤，如图2-6所示。

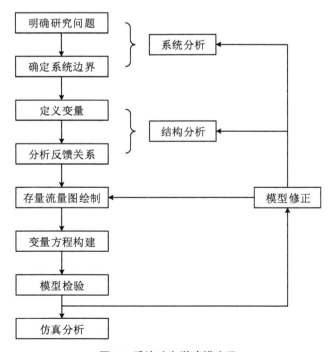

图2-6 系统动力学建模步骤

（1）系统分析

系统分析包括明确研究问题和确定系统边界两个步骤。首先要对研究问题作深入、广泛的调查研究，确定研究问题的主要矛盾，从而确定系统目标及方向。然而，由于知识水平、思想水平等因素的限制，所构建的模型中不可能包含所有要素，也无法对一个包含所有要素的模型进行研究。因此，在确定研究问题后需进一步划定研究问题的范围，即界定系统边界。具体来说，可以基于系统的等级观点并结合确定的研究问题与可收集到的资料，将系统分解为多个相对独立且存在明显因果关系的子系统，选取其中的关键变量进行分析以确定各子系统的边界，进而确定整个系统的边界。

（2）结构分析

结构分析主要有两大方面的内容，即定义变量和分析反馈关系。在定义变量前，首先需要明晰什么是系统的基本问题和主要问题，什么是系统的基本矛盾和主要矛盾，什么是主要变量和重要变量。变量的定义要少而精，在能够反映系统状况的前提下尽可能精简变量。变量的定义也是一个由粗到细、由浅入深的过程，根据实际情况的需要在每个子系统中定义出各类变量。进一步地，将所定义的各个变量的因果关系链组织起来构成系统的因果回路图。在因果回路中可以确定系统结构方面的一些性质，如反馈回路的极性、各回路之间的反馈耦合关系、系统局部与总体之间的反馈机制、系统的主回路及其主回路的变化特性等。

（3）存量流量图绘制

存量流量图是整个系统的核心部分，是编写变量方程的重要依据，需要通过提炼系统中的核心变量予以绘制。系统动力学模型主要包含两个核心变量：水平变量与速率变量。水平变量又可以称作状态变量，它是由系统内部各要素之间的信息循环流动积累形成的；速率变量主要用来表明信息流动的状态，即信息的流入和流出。通过绘制系统的存量流量图，利用存量、流量等要素来明确区分系统变量，能够全面地反映出各项变量间的性质差异，能够更好地展现出系统结构的变化机制。

（4）变量方程构建

存量流量图能够明确描绘系统中各变量的类型及其因果关系，但无法表示各变量的定量关系，因此需要利用相关函数方程来表明各变量因素的数学关系，从而使模型结构更为可靠有效。变量方程是系统动力学量化分析的重要工具，其由一组一阶常微分方程组构成，它们又可以分解成状态变量方程、速率方程、辅助变量方程、初始方程、常数方程和表函数方程等类型。变量方程的构建过程也是一个由定性转向定量分析的过程。

（5）模型检验

为确保系统的准确性、科学性和可靠性，需对系统模型的变量误差、敏感度和异常行为进行检验。变量误差检验旨在识别并量化模型中各变量预测值与实际观测值之间的差异，确保模型输出在可接受的误差范围内。敏感度分析则通过调整模型参数，观察系统行为变化的程度，以评估模型参数对系统整体动态的影响，从而揭示模型的关键驱动因素。异常行为检验能够识别并解释模型在特定条件下产生的非预期或极端行为，以确保模型在所有相关情景下都能保持逻辑一致性和物理真实性。

（6）模型修正

基于模型检验的结果，模型修正过程是一个不断迭代、逐步完善模型以更好地匹配现实系统的关键环节。这一阶段涉及对模型结构、参数假设、存量流量图等内容的调整，以消除模型误差，提高模型的预测精度和适用性。通过反复检验与修正，模型逐步逼近真实系统的运作机制，直至通过所有预定的检验标准。

（7）仿真分析

模型通过了检验和修正，就可以进行仿真分析，这是将系统动力学模型应用于实际问题解决的关键步骤。通过为模型参数赋值，模拟并预测整个系统在不同情境下的运行状态，得以深入了解研究对象的行为模式、发展趋势及潜在风险。仿真结果不仅为理解系统内部机制提供了直观的展示，还能通过与现实情况的比对分析，评估模型的有效性及预测的准确性，能够为策略制定、资源配置优化、政策效果预测等提供科学依据。

第三章　高质量绿色发展水平
评价指标与方法

第一节　高质量绿色发展框架与影响因素

一、高质量绿色发展机理与框架

中国坚持创新、协调、绿色、开放、共享的新发展理念，以创新驱动为引领塑造经济发展新动能新优势，以资源环境刚性约束推动产业结构深度调整，以强化区域协作持续优化产业空间布局，使经济发展既保持了量的合理增长，也实现了质的稳步提升，开创了高质量发展的新局面。高质量发展是能够满足人民日益增长的美好生活需要的发展，是体现新发展理念的发展，在此背景下绿色发展成为突破资源环境瓶颈、转变发展方式、实现可持续增长、推动高质量发展的必然选择，是关系我国发展全局的重要理念。绿色发展的本质在于对经济发展及生态环境间的关系进行重新界定与构建，是以人为核心所形成的环境保护、资源利用、经济发展一体化的发展模式，以期实现人、环境和社会等系统协调统一的可持续发展目标。

区别于传统绿色发展方式，高质量绿色发展更加强调通过绿色技术创新、体制机制创新和资源配置优化、结构调整来实现经济发展的动力变革、质量变革和效率变革，是一种以生态经济理论、可持续发展理论、经济增长理论等为基础，以创新驱动与产业升级以及人力、实物、自然资本全要素生产率提升为手段，推动能源结构低碳化、生产过程循环化、消费结构绿色化，实现经济增长与关键自然资源消耗、生态环境破坏"脱钩"的发展模式。高质量绿色发展对经济社会平稳运行和生态环境可持续发展具有重要意义。本书构建图3-1所示的高质量绿色发展基本框架，为提出高质量绿色发展的影响因素与评价指标奠定基础。

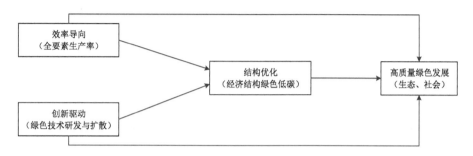

图3-1　高质量绿色发展基本框架

（1）全要素生产率是实现高质量绿色发展的基本物质保障与动力支持。全要素生产率即总产量与全部要素投入量之比，是衡量资源开发利用效率的指标，主要包含要素投入数量和要素配置效率两种经济增长途径。改革开放以来，我国经济增长长期受益于资本和劳动力"双高"投入的要素驱动方式。如今，我国经济正处于高质量发展的新时期，依靠大量投入资源和消耗环境的经济发展方式已难以为继，需要将关注点转向要素配置效率。要素资源配置是将生产要素的各部分按照一定的比例结合，使投入产出比趋于合理化发展，期望产出增多、非期望产出减少，其能够加快推动经济结构调整与转型，实现经济的高质量发展。提高要素配置效率能够使科技创新、现代金融、人力资源等现代生产要素实现从低质低效领域向优质高效领域流动，引导各类要素协同向先进生产力集聚，在推动经济发展质量变革、效率变革、动力变革的同时实现经济结构低碳化、生产循环化、消费结构绿色化的可持续发展模式。

（2）创新驱动是实现高质量绿色发展的关键引擎，绿色研发投入是推动绿色创新不可或缺的重要因素。加大绿色研发投入可以推动经济发展的结构向更高级的方向发展：一方面，绿色研发活动可以推动某些产品从原有产业分离出来，形成新兴产业部分，部分传统"黑色技术"产业也会逐渐被新兴绿色产业代替，达到优化经济发展结构的目的；另一方面，绿色研发投入会推动新兴产业的迅速发展，促进经济收益迅速提高的同时进一步实现优化经济发展结构；此外，绿色研发活动可以提高各生产要素的使用效率，减少资源浪费和环境污染，推动经济结构向集约化方向发展。

（3）经济结构绿色低碳是高质量绿色发展的重要组成部分和关键主力。经济结构绿色低碳是指发展建立在高效利用资源、严格保护生态环境、有效控制温室气体排放的基础上，统筹推进经济的高质量发展和环境的高水平保护，实现产业结构、能源结构、运输结构明显优化，绿色产业比重、基础设施绿色化水平、清洁生产水平持续提高等绿色低碳目标。由于依靠能源的高投入、高消耗的粗放式发展模式已不再适应当前的经济社会发展需求，经济发展需要向集约增长模式转变，提高生产效率和资源利用效率，同时实现经济结构绿色化、可持续化发展。经济结构绿色低碳对高质量绿色发展的促进作用主要体现在两个方面，一是经济结构绿色低碳转型能够孕育经济增长新空间，将节能环保、清洁能源、清洁生产等绿色低碳产业与互联网、大数据、人工智能等新兴技术深度融合，加快提升投入产出效率的同时降低能源资源消耗率，进而为高质量绿色发展注入强大发展动能。二是经济结构绿色低碳转型能够通过平衡供需结构、优化资源配置来促进社会和谐发展和生态环境改善，具体来说，如控制化石能源消费总量，增加非化石能源消费比例，以推动能源消费结构调整转变；改变传统运输工具的能耗和排放方式，倡导和推广绿色低碳的出行方式，以加快交通运输结构调整优化等，在经济结构得到调整与优化的同时加快生产要素（如劳动、资本、技术等）在产业之间的流动，促进不同产业部门之间的资源分配与有效利用，实现经济发展的质量变革、效率变革、动力变革，进而对高质量绿色发展水平产生正向推动作用。

综上所述，高质量绿色发展的目标是寻求生态系统和社会经济系统的平衡，即合理配置各项要素，并与绿色技术创新相互配合，实现生态经济系统的良性循环。其中，生态系统为社会经济系统提供物质基础；社会经济系统为生态系统以及自然资源的开发利用与保护创造条件。区别于传统绿色发展，高质量绿色发展是建立在生态环境容量和资源承载力的约束条件下，将环境保护作为实现可持续发展重要支柱的一种发展模式，即将环境资源作为社会经济发展的内在要素，在经济发展过程中注重提高能源利用效率，减少对环境的负面影响。其中，要素配置优化与绿色技术创新是实现高质量绿色发展目标的两大基础动能，效率导向为绿色低碳化转型和生态经济系统良性发展明确了路径和方向，创新驱动为能源结构优化和可持续发展提供了源源不断的动力与技术支持，二者协同发展是促进经济结构优化、赋能区域高质量绿色发展的重要渠道。

二、高质量绿色发展影响因素

基于前述框架与机理分析，高质量绿色发展要求发展与资源的高消耗和环境的高破坏"脱钩"，避免或减少发展带来的生态代价，引领经济发展向着适应社会的方向前进，更好地满足人民对"美好生活"的期待和向往，同时要求经济发展与高效发展、低碳发展、循环发展等"挂钩"，在经济持续发展的同时实现人与自然和谐共生。对高质量绿色发展的影响因素等进行研究将有助于进一步发挥新发展理念的制度变革、结构优化、要素升级、创新驱动等作用，解决绿色发展所侧重的自然资源节约和环境保护的问题和高质量发展所侧重的发展的驱动力、发展的目的和途径等问题。本书主要从生态环境、能源、社会经济三个方面分析影响高质量绿色发展水平的因素。

（1）生态环境因素

高质量绿色发展的生态环境影响因素能够反映经济增长质量与生态环境承载能力之间的关系，良好的生态环境能够为经济和社会的发展提供资源和生存条件，是经济实现可持续发展的重要保障。2017年习近平总书记在党的十九大报告中提出"绿水青山就是金山银山"的理念，强调了生态环境的重要性，同时指出以牺牲环境为代价的经济发展是不健康的，必须坚持可持续发展、坚持对生态环境的保护，从而促进高质量发展。中国作为世界第二大经济体，过去几十年依靠传统粗放型经济发展模式取得了令人瞩目的成就，但同时也为其"绿色化"缺失和"包容性"不强等特征付出了沉重的环境代价。随着人们生活水平的提高，各省（区、市）也更加注重环境保护，加强环境监督和环境治理，以实际行动来降低对环境的污染，以高品质生态环境提高区域高质量绿色发展水平。保护生态环境、建设生态友好型社会已经成为人们的共识。因此，生态环境因素对于提升高质量绿色发展水平具有重要影响。

（2）能源因素

高质量绿色发展的能源影响因素用来反映经济增长质量与资源可供发展能力之间的协调性，满足人类生产生活需求的同时达到使用最少的资源和产生最少的污染物的目标。能源是经济社会发展的重要物质基础，也是碳排放的最主要来源。在绿色低碳发展的大背景下，完善能源低碳转型，优化能源消费结构，对经济社会发展全面绿色转型具有重要意义。能源生产与消费作为人与自然之间物质变换的重要载体，在其中发挥着集约牵引的作用。一方面，建立合理的能源消费观念，有利于实现高质量绿色发展。推动能源消费方式观念的转变，大力促进煤炭的有效利用，改善资源配置和能源利用水平，尤其是煤炭燃料的使用和转化，实现可再生能源与煤炭能源的耦合转化，是从源头克服高能耗和高排放的有效途径，也是实现高质量绿色发展的有效方式。另一方面，合理调整能源结构，推动节能降碳是提升高质量绿色发展的一种重要途径。通过调整能源结构、产业结构等，能够加速能源清洁化、高效化发展，提升能源系统减污降碳和环境健康的协同作用，同时能源、交通领域的低碳转型可有效引导公众选择合理的绿色生活方式，有助于减轻对自然环境的压力，保护生态系统，维持生物多样性，从而为高质量绿色发展提供良好的生态环境基础。综上，能源低碳转型能够赋能高质量绿色发展，在激发高效节能产品、新能源汽车等消费潜力的同时进一步推动清洁能源占比的增加和居民消费的绿色升级，故将能源影响因素作为分析高质量绿色发展的主要影响因素。

（3）社会经济因素

高质量绿色发展坚持以人民为中心的发展思想，从消费、卫生、科教、社会保障、文化休闲等方面不断促进人的全面发展，以解决对人民最重要、最直接和最现实的利益问题。社会经济发展因素是推动高质量绿色发展的物质基础，其反映了各地区在经济增长过程中的经济增长质量和效益，同时确保了经济发展与环境保护、社会公正和可持续发展的协调。由于各省（区、市）所处的发展阶段不同，社会经济对高质量绿色发展的影响方向和程度亦存在差异。通常，社会经济发展主要通过对外贸易、投资水平、市场化程度等对高质量绿色发展产生影响。从对外开放贸易来看，自进入21世纪以来，中国积极加入国际市场，使得对外开放贸易快速发展，在扩大产品和服务的销售范围的同时吸引国外资本和技术并提高生产效率，促进经济的快速发展，对外开放贸易从而成为促进高质量绿色发展的重要驱动力；从投资水平看，投资水平的提高为各产业转型以及进一步发展提供了技术与资金保障，从而促使高质量绿色发展的稳步推进；从市场化程度来看，不同区域的市场化转型促进了资源配置效率的进一步提高以及非国有化经济的快速发展，这将增强区域经济的竞争力，提高吸引外资的实力，在一定程度上有助于高质量绿色发展。综上，国际贸易摩擦不断升级、区域一体化和经济全球化发展呈现新形势与新特点，对外开放贸易的深化、投资水平的拓宽和市场化程度的优化均会对高质量绿色发展产生深远影响，社会经济发展是本项目所探究的高质量绿色发展的重要影响因素。

第二节 高质量绿色发展评价指标

一、评价指标设计原则

本书广泛借鉴近年来学者们在绿色发展和高质量发展评价研究方面的成果，基于生态与经济协调理论、可持续发展理论和DPSIR模型，构建评价指标体系。为了全面客观地反映当前高质量绿色发展的水平及其存在的优势与不足，在设计评价指标体系时，本书遵循科学性与可操作性、代表性与易测性、整体性与层次性以及地域性等原则，以确保评价指标体系的科学性、合理性和有效性。

（1）科学性与可操作性原则

为了对高质量绿色发展水平进行合理、全面的评价，需要科学合理地选择评价指标，并确保这些指标能够全面准确地反映高质量绿色发展实际情况。在选择指标时，本书借鉴其他学者在选取指标方面的经验，并遵循客观规律和实际情况，在对高质量绿色发展现状进行充分认知和系统研究的基础上进行。本书选取易于获得且数据科学有效的指标，以确保评价指标构建的科学性、严谨性和可操作性。此外，对于每个指标的命名、权重的计算以及分类的方法，本书基于可靠的依据并遵循严谨的方法，以确保评价指标体系的科学性和有效性，助力准确把握研究对象的实质。

（2）代表性与易测性原则

代表性原则能够确保在构建评价指标体系时覆盖到评价对象的各个方面，在反映评价对象真实情况的同时提高评价结果的可比性和准确性。为建立一套科学、有效的高质量绿色发展指标体系，本书在构建高质量绿色发展评价指标体系时选择综合性强且最具有代表性的指标。如，绿色发展驱动力（D）方面，选取了人均GDP、城镇居民可支配收入等具有代表性的统计指标，以确保能够准确衡量区域的经济活力。同时，为避免单个维度指标选取过多导致多重共线性等问题，特别关注各指标之间的独立性，以确保得到的指标体系不仅可以准确地反映高质量绿色发展状况，还能够有效地避免因指标间高度相关而产生的数据冗余和误差。此外，建立指标体系的另一个原则是方便评价且易于分析，故本书多选取能通过统计方法进行量化的指标，为水平评价提供可靠且有力的支持。

（3）整体性与层次性原则

一个国家的高质量绿色发展水平是其社会、经济、环境和文化等多个方面因素的综合体现，且各因素对高质量绿色发展影响都起到举足轻重的作用。指标体系应该是一个完整的整体，能够全面地反映高质量绿色发展水平。因此，高质量绿色发展评价指标体系的构建需要综合考虑其整体性和层次性。一方面，整体性原则要求在评价时从宏观角度出发，将高质量绿色发展视为一个整体来考虑其特性和功能，如考虑从高质量绿色发展的生态环境、能源及社会经济等各个方面建立指标体系，从而得出更为全面和准确的评价结果；另一方面，层次性原则要求高质量绿色发展评价指标体系具有清晰的层次结构，从宏观到微观，从总体到细节，逐级细化，从而更加系统地理解和分析评价对象，本书将一级指标进一步细化为二级指标，以反映高质量绿色发展在驱动力（D）、压力（P）、状态（S）、影响（I）、响应（R）等不同维度的具体表现。

（4）地域性原则

地域性原则是指在建立指标体系时，不仅应选取那些较为常用和普遍适用的评价指标，还要充分考虑研究区域的地域差异和文化特色。为了更准确地评价不同省（区、市）高质量绿色发展水平，需要从经济、社会、资源、环境等多个方面进行深入调查并进行数据收集和整理，选取那些能够真实反映该地区特点和实际情况的评价指标。我国国土面积广阔，各省（区、市）在经济发展水平、生态环境和资源禀赋等方面各不相同，不同地区高质量绿色发展的优势和劣势也存在较大差异，例如，有一些省（区、市）可能比较关注生态环境的保护和修复，而另一些省（区、市）则更加注重资源的可持续利用和发展。本书在选取评价指标时充分考虑了这些差异，选取能够反映不同区域发展特点和实际情况的评价指标，以期能够更加准确地评价区域高质量绿色发展水平，为后续数据分析提供更加严谨可靠的决策依据。

二、基于DPSIR的指标构成与内涵

本书运用DPSIR模型，从驱动力（D）、压力（P）、状态（S）、影响（I）、响应（R）五个方面设计高质量绿色发展评价指标体系，如图3-2所示，其中包括居民收入增长弹性指数、城镇（登记）失业率、人均GDP、城镇居民可支配收入、能源消费价格弹性系数、天然气消费增长率、环境空气质量综合指数、人均公园绿地面积、全要素生产率等三级指标，具体指标结构、指标类型及其单位等如表3-1所示。

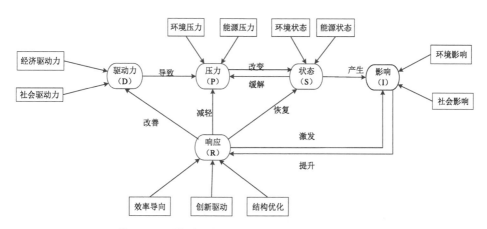

图3-2 基于DPSIR模型的省域高质量绿色发展水平评价体系框架

表3-1 高质量绿色发展水平评价指标体系

一级指标	二级指标	三级指标	指标方向	单位
驱动力（D）	经济驱动力	人均GDP	+	元
		城镇居民可支配收入	+	元/人
	社会驱动力	人均用水量	−	立方米/人
		人口自然增长率	−	%
		民用汽车拥有量	−	辆
压力（P）	能源压力	能源消费价格弹性系数	−	吨标准煤/万元
		能源消耗总量	−	万吨标准煤
	环境压力	单位废水排放量	−	万吨
		单位废气排放量	−	万吨
状态（S）	能源状态	煤炭消费增长率	−	%
		天然气消费增长率	+	%
		电力消费增长率	−	%
	环境状态	环境空气质量综合指数	−	—
		森林覆盖率	+	%
影响（I）	社会影响	居民收入增长弹性指数	+	—
		城镇（登记）失业率	−	%
	环境影响	人均公园绿地面积	+	平方米
		空气质量好于二级的天数	+	天
		人均水资源量	+	立方米/人
		湿地面积占国土面积比率	+	%
响应（R）	效率导向	全社会劳动生产率	+	元/人
		全要素生产率	+	%
	创新驱动	研发投入强度	+	%
		技术交易活跃度	+	人/年
	结构优化	产业结构	+	%
		需求结构	+	%
		城乡结构	+	%

（1）驱动力

驱动力（D）是指推动高质量绿色发展实现的因素集合。经济和社会发展水平的高低直接决定着高质量绿色发展的可行性与实施效果，经济因素与社会因素的作用机制与时空演化是引起高质量绿色发展最基础、最直接的驱动力要素。因此，在驱动力（D）维度下，本书主要从经济驱动力和社会驱动力两个方面考虑。

经济驱动力通常是指推动实现高质量绿色发展的经济因素集合，主要包括资本投资和消费等因素，能够通过GDP增长进行综合衡量。GDP的增长主要体现在居民消费水平提升和城镇居民可支配收入增加两个方面，能够引发市场结构、资源利用结构和规模的变化，最终对自然环境产生影响，具体包括人均GDP和城镇居民可支配收入两个三级指标。其中，人均GDP是指一个国家或地区的总GDP（国内生产总值）除以该国家或地区的总人口数量，能够反映每个人在该国家或地区的平均生产、支出与收入的情况；城镇居民可支配收入是指居民可以用来自由支配的收入，能够反映居民的消费力和购买力。

社会驱动力是指推动实现高质量绿色发展的社会变革、发展和进步等社会因素集合，主要包含基础设施建设、医疗条件、教育水平以及社会福利等。基础设施建设主要体现在人均用水量和民用汽车拥有量两个指标上，人均用水量是衡量一个区域可利用水资源的指标之一，能够反映水资源的供需情况；民用汽车拥有量是指在报告末期，已注册登记领有民用车辆牌照的全部汽车数量。医疗条件、教育水平等则体现在人口自然增长率这个指标上，它是反映人口发展速度以及制定人口计划的重要指标，表明人口自然增长的程度和趋势，较高的人口自然增长率表明社会年轻且充满活力，但也可能带来资源分配和环境压力的问题；相反，较低的人口自然增长率可能意味着人口老龄化，对社会动力和经济发展构成挑战。

（2）压力

压力（P）反映了高质量绿色发展进程中人类生产生活对环境的负荷，本书从能源压力和环境压力两个方面予以衡量。能源压力包含能源消费价格弹性系数和能源消费总量两个指标。能源消费价格弹性系数是指一定时期能源消费平均增长率与同期国民生产总值平均增长率或工农业生产总值平均增长率的比值，是对资源或能源消耗最直接的体现，也能反映能源与国民经济发展关系，其值较大时说明该地区主要依靠消耗增加生产总值，需进一步优化产业结构、降低能源消耗强度；能源消费总量是一定时期内物质生产部门、非物质生产部门消费的各种能源（原煤和原油及其制品、天然气、电力等）的总和，是体现能源消费水平、构成和增长速度的指标。环境压力主要体现在对大气和水资源等主要环境构成要素的影响上，指标包含单位废水排放量和单位废气排放量。

（3）状态

状态（S）是指在各种复杂动力和压力的共同作用下高质量绿色发展所处的状况，与压力维度相对应，本书从能源状态和环境状态两个维度进行衡量。

能源是影响高质量绿色发展可持续性的关键影响因素，但传统的能源生产和消费模式往往伴随着环境污染和生态破坏。高质量绿色发展要求在保障经济增长的同时实现环境保护，这就需要优化能源结构，发展清洁能源，减少对环境的负面影响。其中，煤炭、天然气、电力的消费增长率等是衡量能源结构是否处于高质量绿色发展状态的重要指标。具体来说，如果某一省（区、市）的煤炭消费增长率较高，那么该地区的能源结构可能较为依赖传统能源，对环境的压力可能会比较大；相反，如果天然气和电力消费增长率较高，那么这一省（区、市）的能源结构可能更加绿色化和清洁化。

环境是高质量绿色发展不可或缺的组成部分，它关系到人类社会的长远福祉和地球生态系统的健康。森林覆盖率和环境空气质量综合指数构成反映高质量绿色发展环境状态的重要指标。其中，森林覆盖率是指一个国家或地区森林面积占其总土地面积的百分比，是衡量一个地区生态环境状况和生物多样性的重要标志，如果一个省（区、市）的森林覆盖率较高，那么该省（区、市）的生态环境可能更加健康和稳定；环境空气质量综合指数可以反映出一个地区的环境状况是否良好。

（4）影响

影响（I）是指由于人类的各种活动，如工业生产、交通运输、农业活动等，对环境造成的压力，从而导致环境状态发生改变，进而对人类健康、自然资源等产生的影响。

本书中影响这一概念涵盖了人类活动对环境的作用和环境对人类的反作用两个层面。一方面，人类活动对环境的作用是指认识和评价人类活动使环境发生或将发生哪些变化。例如，工业生产过程中排放的废气、废水等污染物会对环境造成污染，使得环境中的有害物质增加，从而改变环境状态。另一方面，环境对人类的反作用是指认识和评价这些变化会对人类社会产生什么样的效应。例如，环境污染可能导致居民健康状况下降、自然资源的枯竭等，从而对社会经济产生负面影响。这种影响既体现为直接的环境影响，如空气质量、水资源状况等，也体现为间接的经济社会影响，如居民收入、就业情况等。在直接的环境影响方面，空气质量和水资源通过人均公园绿地面积、空气质量好于二级的天数、人均水资源量和湿地面积占国土面积比率等指标进行衡量。其中，人均公园绿地面积是展示城市地区环境水平和居民生活质量的重要指标；空气质量好于二级的天数是客观反映一定空间范围内环境空气质量水平和变化规律的重要指标；人均水资源量能够反映一个国家或地区拥有和可利用的水资源规模，会对人口规模和经济规模产生影响，进而影响经济结构和竞争实力；湿地面积占国土面积比率是衡量一个国家或地区生态系统完整性和生物多样性保护状况的关键指标。其数值高低直接影响到国土的生态安全格局，是生态文明建设不可或缺的部分。在间接的经济社会影响方面，居民收入和就业情况通过居民收入增长弹性指数、城镇（登记）失业率等指标进行衡量。其中，居民收入增长弹性指数既可以体现市场主体的运行情况，又能够反映社会消费潜力的基本情况；城镇（登记）失业率是失业人口占劳动力人口的百分比，是反映一个国家或地区劳动力资源利用程度的核心指标。这些指标虽然不是直接的环境指标，但它们与环境状况密切相关，是环境对经济社会影响的重要体现。

（5）响应

响应（R）是指个人、团体或政府等为防止生态环境受到破坏和污染，为改善环境质量、弥补损失或适应新环境变化趋势而采取的积极主动的措施与对策。在高质量绿色发展的评价指标体系中，响应是其区别于传统绿色发展指标的关键所在，具体衡量指标包括效率导向、创新驱动和结构优化三个方面，其综合提升将有助于高质量绿色发展目标的实现，促进经济的可持续发展和生态环境的保护。

效率导向是高质量绿色发展的重要体现，包括全社会劳动生产率和全要素生产率。其中，全社会劳动生产率是指全部劳动者在一定时期内创造的全部劳动成果与其相适应的劳动消耗量的比值，主要取决于生产中的各种经济和技术因素，如生产技术水平、生产组织管理、劳动者积极性等；全要素生产率能够反映资源配置的状况、生产手段的技术水平、生产对象的变化、生产的组织管理水平、劳动者对生产经营活动的积极性，以及经济制度与各种社会因素对生产活动的影响程度等。

创新驱动是高质量绿色发展的重要标志之一。创新是推动高质量绿色发展的重要动力，可以从研发投入强度和技术交易活跃度两个方面来衡量。研发投入强度从总量和比值两个角度反映科技创新投入的总规模和发展水平，技术交易活跃度体现了创新对经济发展的支撑和推动情况。

结构优化是高质量绿色发展的必然要求，产业结构、需求结构和城乡结构等的优化将有助于高质量绿色发展目标的实现。产业结构的优化可以促进资源的高效利用和减少对环境的污染；需求结构的优化可以通过引导消费者改变消费习惯和需求结构来促进绿色消费；城乡结构的优化可以通过推进城乡一体化和改善农村环境等方面来实现绿色发展目标。

第三节　评价方法与数据来源

一、考虑时间变量的熵权法

熵的概念起源于热力学，由德国数学家克劳修斯首次提出，是用来描述"能量退化"的物质状态参数之一。美国数学家香农最早将熵的概念引申到通信理论中，并用其表示信息事件出现的不确定程度，开创了"信息论"学科。当信源发出信息时，信息事件的不确定性越大，熵值就越大；相反，信息事件的不确定性越小，熵值就越小。随着研究与应用的不断扩展，熵逐渐成为衡量系统无序程度的一个重要指标，在物理学、信息论及统计学等不同领域具有不同的内涵与作用。在通信领域中，熵被广泛应用于数据压缩、加密和解密等问题中。如在数据压缩中，通过去除冗余信息并减少数据的不确定性，从而降低熵值；在加密和解密中，熵用于衡量密文的不确定性程度，帮助确定加密算法的安全性。此外，在人工智能领域，熵也被用于决策树、神经网络等算法中，以衡量特征的不确定性程度并帮助进行决策和预测。

熵权法是一种基于信息论中的信息熵提出的数学方法，以熵值判断某个指标的离散程度，能够对指标进行较为客观的赋权和计算，其基本思路是根据指标提供的信息量为指标赋权。具体来说，对于一项指标，其熵值越小，离散程度越大，所能够提供的信息就越多，在综合评价结果中的影响也就越大，分配的权重也随之增加；相反，如果熵值越大，离散程度越小，所提供的信息就越少，在综合评价中起到的影响越小，分配权重就越小。这种方法避免了专家评审带来的非客观性，能够较为合理地反映各项指标在综合评价中的重要程度，计算结果精度较高。然而，熵权法也存在缺点，如其测度的权重随着数据变化而变化，缺乏对时间变化的分析，容易造成权重计算结果可靠性低的问题。由此，本书考虑各指标在不同年份之间的可比性，将时间序列与指标熵值相结合，提出一种考虑时间变量的熵权法，能够更加准确地确定各个指标的权重值。该方法在传统熵权法的基础上，融入时间（年份）因素，通过逐年累加求和来确定各个评价指标的权重，能够助力高质量绿色发展水平的综合评价与动态变化分析。该方法的具体计算与操作步骤如下。

第一步：考虑到高质量绿色发展各指标性质、量纲的不一致性，基于所收集到的数据对正向指标和负向指标分别进行标准化处理，见式（3-1）和式（3-2）；

$$x'_{\theta ij} = \frac{x_{\theta j} - x_{\theta j}^{\min}}{x_{\theta j}^{\max} - x_{\theta j}^{\min}} \tag{3-1}$$

$$x'_{\theta ij} = \frac{x_{\theta j}^{\max} - x_{\theta ij}}{x_{\theta j}^{\max} - x_{\theta j}^{\min}} \tag{3-2}$$

式中，$x'_{\theta ij}$ 表示第 θ 年省份 i 的第 j 项指标标准化后的数值；$x_{\theta j}^{\max}$ 和 $x_{\theta j}^{\min}$ 表示第 θ 年第 j 项指标下的最大值和最小值。

第二步：为了满足对数运算中对底数的要求，按照特定的幅度 H 对指标数据作平移处理，见式（3-3）；

$$x''_{\theta ij} = H + x'_{\theta ij} \tag{3-3}$$

式中，H 为指标平移的幅度，为更可能减少原始数据误差，一般取0.0001；$x''_{\theta ij}$ 表示第 θ 年省份 i 的第 j 项指标标准化后的数值 $x'_{\theta ij}$ 经过平移处理后的数值。

第三步：基于公式（3-4）确定指标权重：

$$y_{\theta ij} = \frac{x''_{\theta ij}}{\sum_{\theta} \sum_{i} x''_{\theta ij}} \qquad (\theta = 1, 2, \cdots, r;\ i = 1, 2, \cdots, n) \tag{3-4}$$

式中，$x''_{\theta ij}$ 表示第 θ 年省份 i 的第 j 项指标进行平移处理后的数值，r 和 n 分别表示样本中年份的个数和省（区、市）的个数。

第四步：基于公式（3-5）计算第 j 项指标的熵值：

$$e_j = -k \sum_{\theta} \sum_{i} y_{\theta ij} \ln(y_{\theta ij}) \tag{3-5}$$

式中，$k > 0$，$k = \ln(r \times n)$，$e_j \geqslant 0$。

第五步：基于公式（3-6）计算各指标的权重：

$$w_j = \frac{1 - e_j}{\sum_{j}(1 - e_j)} \qquad (j = 1, 2, \cdots, m) \tag{3-6}$$

第六步：根据各指标的权重和标准化后的指标值计算各省（区、市）的高质量绿色发展水平。

二、数据来源

本书实证研究对象为中国30个省（区、市）（不含西藏和港澳台地区），在进行高质量绿色发展水平评价时，为了保障数据的科学性与准确性，同时考虑到土地数据与相关统计数据获取的实际情况，采用的原始数据全部来源于2013—2022年间的《中国统计年鉴》《中国统计摘要》《中国城市统计年鉴》《中国人口和就业统计年鉴》《中国能源统计年鉴》《中国环境统计年鉴》《中国第三产业统计年鉴》以及生态环境部发布的《中国生态环境状况公报》等统计数据与资料，部分缺失数据通过移动平均法加以补全。此外，环境空气质量综合指数、全社会劳动生产率、全要素生产率三个指标需要在公开统计数据的基础上通过计算与整理后得到，具体如下。

（1）环境空气质量综合指数

环境综合指数（Environmental Comprehensive Index，ECI）是一项重要的

环境评估工具，它包括空气质量指数（AQI）、地表水质量指数（WQI）以及污染源监控指数（PMI）等多个环境指标，为环境保护部门提供了一个综合性的评估工具，可以更全面、更准确地评估环境质量状况和趋势。同时，也为公众提供了一个可以直观理解环境质量的指标，有助于提高公众对环境保护的关注度和参与度。

为支撑高质量绿色发展中环境状态下的二级指标，本书引入环境空气质量综合指数，综合考虑SO_2、NO_2、PM_{10}、$PM_{2.5}$、CO、O_3六项污染物的污染程度，具体计算如式（3-7）所示：

$$环境空气质量综合指数 = \sum I_i = \sum \frac{C_i}{S_i} \qquad (3-7)$$

其中，I_i为污染物i的单项指标，$i=1,2,\cdots,6$分别代表SO_2、NO_2、PM_{10}、$PM_{2.5}$、CO、O_3等六项污染物；C_i为第i种污染物的浓度，S_i为根据《环境空气质量标准》确定的第i种污染物的年均二级标准。

现有的数据资料并没有对全国30个省（区、市）的污染物排放情况进行详细的统计和汇总，而是仅公布了全国113个环保重点城市的数据。因此，为了全面了解各省（区、市）的空气质量情况，本书将113个城市按照省份进行划分，并使用（式3-7）的方法来计算每个城市的环境空气质量综合指数，然后将这些城市的指数进行平均，得到各省（区、市）的空气质量综合指数。通过这种方法能够更准确地了解各省（区、市）的空气质量情况。省域空气质量好于二级的天数数据的获取方法与此类似，不再赘述。

（2）全社会劳动生产率

全社会劳动生产率（Productivity of Social Labour，PSL）是指一定时期内全社会劳动者（从业人员）的劳动效率，它反映了人类通过劳动与自然界进行物质变换的能力，是衡量社会经济发展质量和效益的关键指标。具体来说，全社会劳动生产率表现为物质生产部门或整个国民经济中平均每个劳动者所创造的产值（或国民生产总额）或国民收入的份额。该指标可以清晰地揭示社会总产品（产出量）与总劳动消耗量（投入量）之间的对比关系。

（3）全要素生产率

全要素生产率（Total Factor Productivity，TFP）是衡量生产活动效率的重要指标，表示除劳动和资本之外的其他生产要素带来的产出增长率，是经济从高速增长阶段转向高质量发展阶段的动力源泉。其数值大小不仅体现了投入要素的单要素生产率的变化，也反映了诸如管理经验、知识能力等无形生产要素对生产活动的影响。

本书采用索洛经济增长模型计算各省（区、市）的TFP，具体如式（3-8）所示：

$$TFP = GY - \alpha GL - \beta GK, (\alpha + \beta = 1) \qquad （3-8）$$

其中，GY为经济增长率，可以用地区GDP增长率表示；GL为劳动力增长率，可以用研究地区从业人员数量增长率表示；GK为固定资本存量增长率，本书按照单豪杰教授（2008）提出的永续盘存法计算固定资本存量，如式（3-9）。

固定资本存量=名义固定资本形成额/平减指数（实际固定资本存量）+

$$（1 - 0.1096）\times 上一期资本存量 \qquad （3-9）$$

其中，α和β分别为劳动和资本的产出弹性，本书根据《中国全要素生产率的估算：1979—2004》（郭庆旺和贾俊雪，2005）的结果，将α确定为0.6921，β确定为0.3079。

第四章　高质量绿色发展水平
评价与时空演化分析

第一节　省域高质量绿色发展水平与分类

一、中国省域高质量绿色发展总体水平

根据前述考虑时间变量的熵权法计算中国2012—2021年各年高质量绿色发展水平，结果如表4-1所示。

表4-1　2012—2021年中国高质量绿色发展总体水平

年份	全国均值	驱动力	排名	压力	排名	状态	排名	影响	排名	响应	排名
2012	0.4539	0.0982	3	0.1020	2	0.1034	1	0.0654	5	0.0850	4
2013	0.4441	0.0980	2	0.0944	3	0.0987	1	0.0654	5	0.0876	4
2014	0.4446	0.0963	2	0.0889	4	0.0935	3	0.0673	5	0.0986	1
2015	0.4413	0.0945	2	0.0905	4	0.0913	3	0.0644	5	0.1005	1
2016	0.4306	0.0938	3	0.0875	4	0.0961	2	0.0552	5	0.0980	1
2017	0.4517	0.0936	3	0.0952	2	0.0910	4	0.0650	5	0.1069	1
2018	0.4464	0.0949	3	0.1033	1	0.0807	4	0.0654	5	0.1022	2
2019	0.4441	0.0964	3	0.0968	2	0.0834	4	0.0655	5	0.1020	1
2020	0.4437	0.0966	3	0.0981	2	0.0809	4	0.0691	5	0.0989	1
2021	0.4554	0.0993	2	0.0987	3	0.0870	4	0.0699	5	0.1006	1

由表4-1可知，中国高质量绿色发展总体水平在2012—2021年呈现先下降后曲折上升的趋势，2016年是总体水平变化的转折点。2012至2016年间，中

国高质量绿色发展水平以1.304%的年平均速率缓慢下降；2016年之后，中国高质量绿色发展水平迎来了发展的黄金时期，仅一年内增长速率就达到了1.914%，随后绿色发展水平以0.2144%的年平均速率波动上升，在2021年达到最大增长率。

从一级指标层（驱动力、压力、状态、影响、响应）的均值计算结果及排名来看，驱动力指标水平相对稳定，排名始终在第2位或第3位；压力指标水平先下降后曲折上升，排名在2018年达到第1位，之后基本稳定在第2—3位；状态指标与响应指标水平变化显著，前者在考察期内排名持续下降，最终稳定在第4位，而后者在考察期内排名明显上升，最终稳定在第1位；影响指标水平处于缓慢提升状态，在考察期内排名始终保持在第5位。从以上结果可知，各一级指标对中国省域高质量绿色发展水平具有不同程度的影响，随着时间的推进各指标影响力也发生改变。起初，绿色发展并未引起政府、企业、公众等的重视，相关政策措施落实不到位，以经济高速增长为导向的发展模式和产业结构给各地区的资源环境造成了潜在威胁，虽然此时绿色发展的状态相对稳定、自然环境压力并不显著，但从高质量绿色发展水平变化率来看，"状态"和"压力"维度均已呈现明显的下降趋势。在新发展理念提出后，绿色发展成为推动我国经济高质量发展的重要理念之一，各级地方政府高度重视，出台了一系列政策措施，从效率提升、创新驱动、结构优化等方面积极推进绿色转型，虽然转型过程中技术设施的更新、政策措施的调整产生了较高的成本损耗和资源浪费，但从国家经济的长期稳定发展来看，能源结构低碳化、生产循环化和消费结构绿色化促进了绿色要素的合理流动以及绿色产品市场发展，有力地推动了生态环境"高颜值"与经济发展"高素质"齐头并进。

根据表4-1中数据，绘制中国2012—2021年各年高质量绿色发展总体水平变化趋势，如图4-1所示。根据不同时期特点，将高质量绿色发展时期划分为四个阶段。

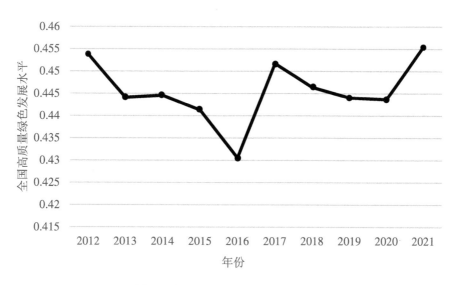

图4-1 中国高质量绿色发展总体水平

第一阶段是经济高速发展时期（2012—2015年）。随着人民生活水平的提高，消费需求逐渐增加，我国经济进入了快速发展时期。产业的飞速扩张在提升经济利润的同时，也给区域环境造成了严重的破坏。传统的生产技术不仅消耗了大量资源，还造成了生态环境的污染。面对经济发展与环境损耗之间的矛盾，各地区主要采取命令控制型的环境规制政策，地方政府作为这种命令型环境规制政策的制定者和执行者，强调依靠行政命令手段解决环境污染问题。但是，高质量绿色发展需要政府在内的多主体共同参与，仅仅依靠命令控制型手段不能解决环境污染问题。因此，高质量绿色发展水平在此期间呈现持续下降趋势。

第二阶段是经济高质量绿色发展积极响应期（2015—2017年）。2015年10月党的十八届五中全会提出创新、协调、绿色、开放、共享"五大发展理念"，将绿色发展作为关系我国发展全局的重要理念，作为"十三五"乃至更长时期我国经济社会发展的基础，为各省（区、市）发展绿色经济、创造绿色环境提供了新的思路和依据。此后，各地政府积极响应号召，相继出台了一系列政策措施以推动区域高质量绿色发展，包括推动产业绿色转型、鼓励绿色技术创新、构建绿色人才培养体系等，在政府部门的大力扶持下，高质量绿色发展进入快速提升期，区域绿色发展水平在短时间内获得了显著提升，平均增长率高达4.91%，各地区绿色发展措施成效显著。

第三阶段是经济高质量绿色发展产业调整期（2017—2020年）。2018年"五位一体"总体布局被写进《中华人民共和国宪法修正案》，"美丽"这一新要求被纳入社会主义现代化强国目标，从宪法高度明确了生态文明建设在社会主义事业总体布局中的战略地位，强调了绿色发展在新发展理念中的重要性。随着新发展理念的贯彻落实，各地政府逐渐意识到高质量发展追求的是一种长期的可持续的发展，政策重心开始由加大投资补贴向推动产业结构模式调整转移。从数据结果可知，产业结构调整虽然符合可持续发展要求、有利于行业长远发展，但是其短期见效慢且会耗费大量的人力物力成本。因此，产业结构模式调整也导致了高质量绿色发展在较高水平上出现缓慢的下降趋势。

第四阶段是经济高质量绿色发展稳步提升期（2020—2021年）。经过较长时间的产业结构调整，各地区政策措施、基础设施、能源结构等日趋成熟，转型带来的成本损耗逐渐降低，经济发展模式更加绿色、高效，在数智技术和低碳技术的推动下，资源损耗和污染排放大大降低，区域绿色发展水平迎来了稳步提升的新阶段，并在2021年达到十年来最高水平。由此可见，近年来我国在新发展理念的指引下，全国及省域高质量绿色发展取得了广泛而深入的进步。

二、各省（区、市）高质量绿色发展水平

基于考虑时间变量的熵权法，对2012—2021年中国30个省（区、市）的高质量绿色发展水平进行评价，计算各省（区、市）在五个一级指标下的得分和综合得分并排序，具体结果见表4-2，其中，*和#分别表示各省（区、市）高质量绿色发展的驱动因素和薄弱环节。

表4-2　2012—2021年省域高质量绿色发展水平及排序

	驱动力	排序	压力	排序	状态	排序	影响	排序	响应	排序	综合	排序
北京	0.158	2	0.136*	1	0.115	5	0.083	4	0.199*	1	0.691	1
天津	0.134	3	0.121	3	0.080	20	0.053#	24	0.153*	3	0.541	3
河北	0.073#	29	0.086	23	0.076	22	0.048	26	0.089	15	0.371	27
山西	0.093	14	0.082	25	0.069#	29	0.053	25	0.089	14	0.386	25
内蒙古	0.103	10	0.071#	29	0.073	24	0.087*	2	0.079	22	0.412	20
辽宁	0.113*	4	0.074#	28	0.090	15	0.058	20	0.103	10	0.438	13
吉林	0.106*	7	0.098	13	0.100	11	0.063	18	0.073#	27	0.440	12
黑龙江	0.095	13	0.090	21	0.097	12	0.057#	21	0.082	21	0.420	19
上海	0.168*	1	0.124	2	0.088#	16	0.081	5	0.174	2	0.634	2
江苏	0.106	8	0.097	14	0.081#	19	0.075	6	0.118*	6	0.477	8
浙江	0.111	5	0.094#	17	0.108	8	0.071	13	0.119*	5	0.504	5
安徽	0.086#	20	0.104*	8	0.086	18	0.062	19	0.097	12	0.434	16
福建	0.104	9	0.105	7	0.116*	4	0.071#	11	0.113	8	0.509	4
江西	0.085#	22	0.101	11	0.107*	9	0.071	12	0.089	16	0.453	11
山东	0.075#	28	0.080	26	0.074	23	0.063	17	0.101	11	0.392	24
河南	0.078	25	0.094	16	0.078	21	0.044#	29	0.077	24	0.371	28
湖北	0.095	12	0.106*	6	0.093	14	0.056#	23	0.109	9	0.459	10
湖南	0.090	15	0.102	10	0.103	10	0.047#	27	0.089	13	0.433	17
广东	0.080#	24	0.084	24	0.108	7	0.095*	1	0.121	4	0.488	7
广西	0.077	26	0.088	22	0.123*	1	0.074	8	0.067#	28	0.429	18
海南	0.089	17	0.108	5	0.114	6	0.086*	3	0.079#	23	0.476	9
重庆	0.110	6	0.110*	4	0.096#	13	0.074	9	0.114	7	0.503	6
四川	0.090	16	0.096	15	0.087	17	0.043#	30	0.088	17	0.404	23
贵州	0.085	21	0.094	18	0.117*	3	0.065	15	0.076#	25	0.438	14
云南	0.086	19	0.092	20	0.119*	2	0.064	16	0.074#	26	0.435	15
陕西	0.100	11	0.103*	9	0.070	27	0.045#	28	0.087	18	0.405	22
甘肃	0.085	23	0.099	12	0.071#	26	0.068	14	0.082	20	0.405	21
青海	0.086	18	0.090	20	0.069	28	0.075*	7	0.066#	29	0.386	26
宁夏	0.077	27	0.061#	30	0.073	25	0.071*	10	0.085	19	0.367	29
新疆	0.048#	30	0.075	27	0.039#	30	0.056	22	0.050	30	0.268	30

由表4-2，2012—2021年间中国各省（区、市）高质量绿色发展水平差异明显，排名第一位的北京市，高质量绿色发展水平综合得分为0.691，是最后一名新疆维吾尔自治区的2.58倍。在30个省（区、市）中，高质量绿色发展水平排

名前五位和后五位的分别是"北京、上海、天津、福建、浙江"和"新疆、宁夏、河南、河北、青海"，其在各个指标下的表现的具体分析如下。

（1）中国各省（区、市）在各一级指标下的平均水平存在显著差异，在"响应"指标下表现最为突出，其次为"驱动力"和"压力"，在"状态"和"影响"方面得分最低。具体来看，"响应"维度代表了个人、团体或政府等为防止生态环境破坏和污染、改善环境质量、弥补损失或适应新环境变化趋势而采取的措施与对策。"响应"维度在各省份表现都非常突出，说明在高质量发展背景下，各地区能够积极响应中央号召，制定绿色发展相关政策，及时针对环境污染、资源浪费等非绿色行为采取防治措施。"状态"和"影响"维度分别代表了省域高质量绿色发展的现状以及环境变化对人类活动的影响，这两个维度在上述省（区、市）中均表现不佳，说明在高质量发展转型初期，各地政府对高质量绿色发展模式的认识还处于初级阶段，效率导向、创新驱动、结构优化等响应措施未能从根本上解决长期存在的环境污染、自然资源保护等生态环境问题，相关部门仍需在具体实现方式上探索更加符合地方特色的高质量发展路径。

（2）排名前五的省（区、市）主要分布在经济发达地区，在五个一级指标下均有不俗表现，但其核心驱动因素与关键薄弱环节存在差异。在核心驱动因素方面，北京和上海的优势较为明显：北京主要表现在"压力"和"响应"上，如能源消费价格弹性系数、全社会劳动生产率，2017年北京市政府出台《北京市"十三五"时期能源发展规划》，定期对各区域单位节能减碳目标任务完成情况进行考核，有效降低了企业能源损耗，促进了当地经济与环境的平衡发展；上海主要表现在"驱动力"方面，即城镇居民可支配收入，作为经济中心和国际大都市，其高速增长的经济和社会需求成为践行高质量绿色发展的强大动力。在关键薄弱环节上，天津和福建主要体现在"影响"上，前者表现为人均公园绿地面积、空气质量好于二级的天数较低且城镇（登记）失业率较高，后者则是居民收入增长弹性指数、湿地面积占国土面积比率较低且城镇（登记）失业率较高，说明天津和福建政府绿色低碳措施虽有成效，但各项举措并未转化为实际的环境和经济收益，相关政策有待深入研究和探讨；上海体现在"状态"方面，主要为煤炭消费增长率较高而森林覆盖率较低，上海目前的煤炭消费量依然较大，应继续开发绿色低碳技术，减低资源消耗，同时，受到区域发展政策和地域特征的影响，上海绿化面积有限，在高质量绿色发展"状态"维度表现欠佳；浙江表现在"压力"方面，这主要是由能源消耗总量和单位废水排放量较高造成的，说明浙江依然面对较大的环境压力，这可能与相关部门的监管力度较低、绿色发展的相关规定和惩罚措施落实不到位有关。

（3）排名后五的省（区、市）在五个一级指标下的表现普遍低于全国平均水平，且无明显的核心驱动因素，青海、宁夏在"影响"指标下的"空气质量好于二级的天数""人均水资源量"方面表现略好，其相比内陆地区具有较为丰富的自然资源和良好的环境条件，高污染企业分散且相对较少，环境状态对人类健康及经济社会发展有一定的促进作用；河北在"响应"指标下排名第15位，其在全要素生产率方面表现略好、在研发投入方面有一定的力度，但绿色发展效果并不显著，说明河北积极响应了高质量绿色发展的相关要求，但各项措施应更具针对性和可行性；河南在"压力"指标下排名第16位，在节约资源和防污染方面成效显著，在能源消费价格弹性系数、单位废气排放量方面优于多数省（区、市）；新疆在各指标下均处于中等偏下水平，未见明显的驱动因素。

三、各省区高质量绿色发展水平分类

为进一步把握中国各省（区、市）高质量绿色发展的投入和效果情况，基于表4-1数据，从"响应"和"状态"两个维度将各省（区、市）高质量绿色发展水平分为"成熟发展型""趋于成熟型""快速发育型""雏形发育型"四类，具体如图4-2所示。

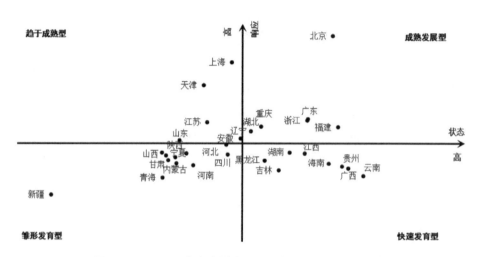

图4-2 2012—2021年各省域高质量绿色发展平均水平分类

（1）成熟发展型：发展质量优，环境状态好，包含北京、浙江、福建、湖北、广东、重庆。

（2）趋于成熟型：发展质量优，环境状态一般，其中包含天津、辽宁、上海、江苏、山东。

（3）快速发育型：发展质量一般，环境状态好，与传统绿色发展存在相似之处，其中包含吉林、黑龙江、江西、湖南、广西、海南、贵州、云南。

（4）雏形发育型：发展质量与环境状态均表现平平，包含河北、山西、内蒙古、安徽、河南、四川、陕西、甘肃、青海、宁夏、新疆。

具体来看，各省（区、市）所属发展类型在2012—2021年的变化情况如图4-3所示。伴随绿色发展理念的不断成熟以及高质量发展理念的提出和传播，我国各省（区、市）高质量绿色发展态势良好。2012—2021年间，成熟发展型与趋于成熟型省（区、市）的数量较为稳定，基本保持在12个左右，主要位于经济发达、创新突出的地区，其能够积极响应政府的各项政策措施；快速发育型与雏形发育型省（区、市）多位于人口稠密、经济社会发展程度一般的中部地区，但波动相对较大，快速发育型先上升后下降，在2017年达到峰值11个省（区、市），说明党的十八届五中全会后越来越多的省（区、市）有所觉醒，开始积极落实绿色发展理念，高质量绿色发展趋势良好；自2019年起，部分省（区、市）

开始由"快速发育型"向"雏形发育型"转变，这是由于新冠疫情暴发以来，政府对各行业的限制措施加大，区域经济发展受到限制；雏形发育型处于曲折下降状态，在2018年达到8个省（区、市），虽然2019年有所回升，但此类型地区经济社会发展和生态环境保护尚未摆脱持续落后的状态。

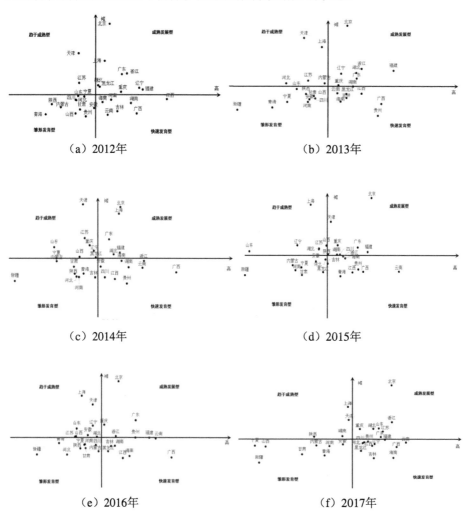

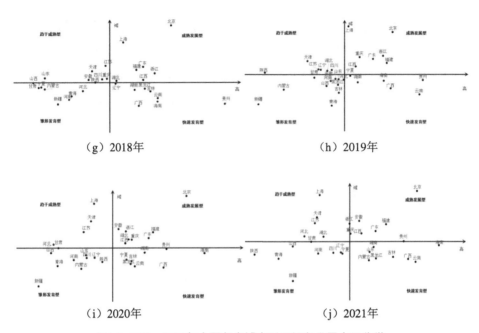

（g）2018年　　　　　　　　　（h）2019年

（i）2020年　　　　　　　　　（j）2021年

图4-3 2012—2021年中国各省域高质量绿色发展水平分类

第二节　高质量绿色发展水平时空演化分析

一、全局时空演化分析

基于探索性空间数据分析方法，利用GeoDa软件计算2012—2021年中国省域高质量绿色发展水平的全局莫兰（Moran's I）指数。莫兰指数的取值在-1到1之间，其绝对值大小能够反映出不同省（区、市）间指标的空间相关性，当指数为正数时，说明两个省（区、市）的指标在空间上呈正相关关系；若为负数，则说明两地在空间上为负相关关系。全局莫兰指数的计算结果如图4-4所示，其中各指数均为正值，满足Z值检验要求，说明中国各省（区、市）的高质量绿色发展水平存在正向空间自相关性。这意味着省域高质量绿色发展水平呈现典型的空间集聚特征，其空间分布呈现H-H型空间集聚模式与L-L型空间集聚模式的正向空间相关性。表明水平较高的地区，往往与其他水平较高的地区相邻，同理，水平较低的地区，往往被水平较低的其他省（区、市）包围。具体来说，全局Moran's I指数呈现先下降后回升再波动发展的趋势，可以分为2012—2016年、2016—2018年以及2018—2021年三个阶段。

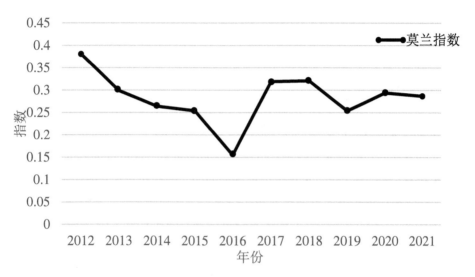

图4-4　2012—2021年中国省域高质量绿色发展水平的全局Moran's I指数

（1）2012—2016年，全局Moran's I指数下降显著，在2016年达到考察期内的最低值，这是由于2016年部分省（区、市）高质量绿色发展水平发生了较大的变动，如与其周围省（区、市）相比，河北、山西、四川、陕西分别降低了18.51%、17.39%、12.17%、13.76%，从而降低了观测值的整体聚集程度，区域失衡现象明显。高质量绿色发展出现明显异质性的原因可能有以下两点：一方面，地区产业结构及其转型状况不同。东北和华北地区存在较大比例的钢铁、水泥、化工和建材产业，这些地方产业均属于高碳高能耗的"两高"行业。尽管东北地区在努力降低重工业的依赖度，朝发展资源节约型和生态友好型道路迈出了较大的步伐，但其产业管理模式和地方政府发展理念落后，在推动经济绿色发展方面困难重重。同样地，京津冀区域在传统产业转型升级过程中也面临着类似的困难。相反，浙江和福建等地部分产业的绿色发展取得了明显进展。另一方面，技术创新水平存在差异。中部、东北和西部地区的地方政府从根本上激发企业创新活动的效果没有预期明显，实现绿色发展的预期效果和速度欠佳。由于创新资源和高技能人才不足，企业通过绿色创新优化资源结构、提高绿色竞争力的能力和动力也明显不足。综上，由于不同省（区、市）自然条件、产业结构、措施落实效果存在较大差异，导致个别省（区、市）发展水平"脱离"整体发展趋势，整体聚集程度大幅降低。

（2）2016—2018年，全局Moran's I指数快速上升至五年内的最高值，中国各省（区、市）高质量绿色发展水平地域性显著，如江苏、江西分别上升了16.21%、18.57%，与浙江、广东共同形成高水平带，而云南、甘肃分别下降了6.72%、6.61%，与青海、四川等省（区、市）形成大面积低水平带。随着绿色发展理念的贯彻实施，浙江、广东等沿海省（区、市）率先实现绿色转型，绿色发展成效显著，这可能与改革开放以来国家不均衡的经济发展有关，东部地区的京津冀、长三角、珠三角是中国最具活力的三大经济中心，地理位置优越，经济、社会和环境等方面资源投入相比中部和西部地区更多，导致绿色发展水平基础较好，同时其先进的技术经验通过区域交流合作等方式与周边地区共享，最终形成了紧密的高水平带。西部和西南部各省（区、市），资源投入不足，地理位置处于相对劣势，地广人稀的地理特点使得相关部门的绿色转型措施难以推进，进而导致聚集性的低水平带。在两个省（区、市）带的影响下，中国省域高质量绿色发展呈现出较高的空间聚集性。

（3）2018—2021年，全局Moran's I指数始终在较高水平上波动，空间聚集性的整体情况没有发生太大改变，贵州、甘肃、青海、宁夏等省（区、市）高质量绿色发展水平均有所回升。随着高质量发展理念持续推进，各地区绿色发展实践经验更加丰富，新技术、新模式在各地区间的传播也愈发频繁。近年来，西部地区积极完善数字基础设施，优化技术创新环境，推动绿色低碳技术应用和高新技术产业发展，给当地绿色发展迎来了新的机遇，使该地区的省（区、市）带的高质量绿色发展水平获得有效提升。然而，由于初始水平较低，加上区域资源禀赋、基础设施、工业化水平、经济发展程度、环境负荷、治理力度等的不同，不同省（区、市）间应对新政策与新形势的效果有所差异。综上，该时间段内虽然呈现出曲折发展的态势，但整体上空间聚集效果未发生明显改变。

二、局部时空演化分析

为进一步区分各省（区、市）局部的空间聚集程度，分析某一省域单元与其相邻省域单元高质量绿色发展水平的相似程度与空间分异特征，计算2012—2021年中国省域高质量绿色发展水平的局部Moran's I指数，输出Moran's I指数散点图和空间集聚图，如图4-5所示。根据图4-5的四个象限将各省区高质量绿色发展水平的集聚特征分为四类：

（1）扩散效应型：即本省（区、市）和相邻省（区、市）的高质量绿色发展水平均较高，呈现为"高—高"空间集聚特征；

（2）极化效应型：即本省（区、市）高质量绿色发展水平较高，而相邻省（区、市）较低，呈现为"高—低"空间分异特征；

（3）过渡型：即本省（区、市）高质量绿色发展水平较低，而相邻省（区、市）较高，呈现为"低—高"空间分异特征；

（4）低速增长型：即本省（区、市）和相邻省（区、市）的高质量绿色发展水平均较低，呈现为"低—低"空间集聚特征。

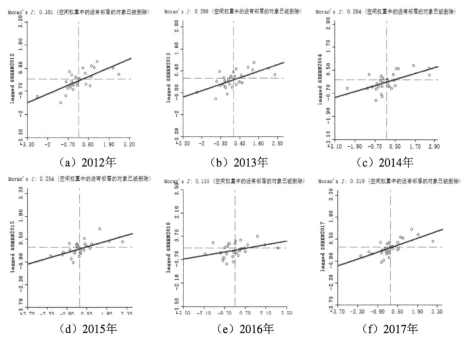

（a）2012年　　　　　（b）2013年　　　　　（c）2014年

（d）2015年　　　　　（e）2016年　　　　　（f）2017年

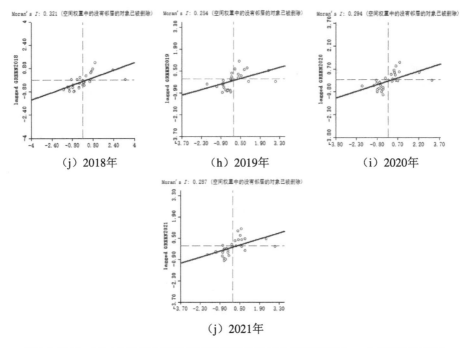

图4-5 2012—2021各年份中国省域高质量绿色发展水平的局部Moran's I指数散点图

总体来看，中国各省（区、市）的高质量绿色发展水平存在差异，整体呈现出"东高西低、南高北低、南快北慢"的空间格局。2012—2021年始终属于扩散效应型的省（区、市）包括天津、上海、江苏、浙江、福建，这些省（区、市）的高质量绿色发展具有显著的扩散效应，不仅自身绿色转型效果好，而且对于周边省（区、市）的绿色转型发展起到了辐射带动作用；2012—2018年属于过渡型的省（区、市）始终包括河北、湖南，2019年该类型减少了河北，2020年以后该类型减少了湖南，此类省（区、市）本身高质量绿色发展水平较低，但其相邻省份绿色转型效果良好，在周边城市的影响下其绿色发展水平逐渐提升；2012—2021年属于极化效应型的省（区、市）始终包括重庆，说明相比于周边地区，重庆市绿色发展具有显著优势，这与其自身政策、结构、模式、资源有关；2012—2021年属于低速增长型的省（区、市）依次为14个、12个、12个、11个、10个、13个、13个、16个、15个、15个，与属于扩散效应型的省（区、市）累计分别占样本总量的82.76%、68.97%、65.52%、62.07%、58.62%、72.41%、72.41%、82.76%、82.76%、79.31%。此结果也验证了2012—2021年中国省域高质量绿色发展水平存在着明显的空间依赖关系，即中国大部分省域高质量绿色发展水平与相邻地区表现出聚集特征。

进一步地，对2012—2021年中国各省（区、市）在0.05显著性水平下的高质量绿色发展水平空间聚集状态进行分析，结果表明：2012年中国各省份中新疆、青海、甘肃高质量绿色发展属于"低—低"型，其余研究省份均不显著；2013—2015年中国各省份中青海、甘肃依旧属于"低—低"型，新疆地区及其余研究省份不显著；2016年中国各省份中青海、甘肃、河南属于"低—低"型，其余研究省份均不显著；2017年中国各省份中青海、甘肃、内蒙古属于"低—低"型，其余研究省份均不显著；2018年中国高质量绿色发展水平空间聚集状态发生显著变化，青海、甘肃、内蒙古、陕西、山西均为"低—低"型，浙江为"高—高"型；2019年陕西和青海省高质量绿色发展由"低—低"型转变为不显著，其余省份所属类型不变；2020—2021年，青海省高质量绿色发展类型再次转变为"低—低"型。从空间上看，绿色发展不平衡问题在区域间表现得尤为突出，中国省域高质量绿色发展水平在空间上形成两个不同的集聚区，一个是由新疆、青海、甘肃、内蒙古、陕西组成的高质量绿色发展"低—低"型低速增长区，这些地区都地处偏远的西部和北部，幅员辽阔，地广人稀，工业化进程发展相对缓慢，高质量绿色发展创新动力不足。另一个是以浙江为代表的高质量绿色发展"高—高"型扩散效应区，在地方政府的高度重视和资金支持下，长三角地区凭借其区位优势、高效的物流运输网络和密切的区域经济合作，带动着周边区域的绿色物流发展，取得了显著成效，高质量发展理念得到充分落实。在考察期内，未出现在0.05显著性水平下的极化效应型的"高—低"聚集区和过渡型的"低—高"聚集区；从时间上看，高质量发展概念提出前后的空间聚集状态存在显著差异。2017年之前，全国"低—低"型低速增长区主要集中在西部地区，未出现明显的"高—高"型增长区，而2017年之后，全国"低—低"型低速增长区从西部地区扩散至山西、陕西等中部地区，"高—高"型增长区主要是长三角地区的沿海省（区、市）。这一变化说明新发展理念对经济基础较好的区域有较大的推动作用，加强了其与周边区域的经济沟通和贸易往来，为高质量绿色物流资源、人才、技术等的流通创造了条件；而对经济基础薄弱的区域，新发展理念所蕴含的巨大价值和潜力还未转化为绿色物流发展的现实动力，各项政策措施有待进一步落实、完善。

第五章　国外城市经济绿色发展案例借鉴

第一节　日　本　东　京

一、经济绿色发展概况

东京，日本首都，位于本州岛关东平原南端，大致处于日本列岛中心，东部以江户川为界与千叶县连接，西部以山地为界与山梨县连接，南部以多摩川为界与神奈川县连接，北部与埼玉县连接。总面积2155平方千米。

在绿色发展方面，日本作为科技强国，在全球节能与新能源开发领域占据领先地位，在海洋能、地热、太阳能、垃圾发电、风能、燃料电池等新能源领域，都处于世界顶尖水平，这为东京推广利用清洁能源、大规模清洁能源项目建设以及东京经济的可持续发展提供了无限动力。此外，东京不仅重视自身环境保护、可持续发展和低碳经济，还成功将城市低碳绿色发展的经验扩展到东京都市圈的其他县，坚定不移推动绿色发展，效果显著，逐渐形成独一无二的绿色发展模式。

二、经济绿色发展政策

东京对环境保护的认识是一个逐渐深入的过程，伴随着经济增长模式的不断改变，对应的环境管理及绿色发展政策也在变化中不断升级、完善。东京在2012年曾因气候变化影响巨大而出台了《东京气候变化策略》（Tokyo Climate

Change Strategy）。该策略计划通过一系列项目，达成绿色经济以及温室气体减排的目的，进而最终达成"世界低碳城市"的目标。在此基础上，东京于2019年提出了一系列更为完善的低碳政策体系框架《东京零碳排放战略》（Zero Emission Tokyo Strategy），提出了东京碳中和的发展愿景，即到2050年实现东京零碳排放。在此策略下，还提出涉及各领域的专项策略：《东京气候变化适应性政策》《东京塑料治理策略》《东京零排放车辆（ZEV）推广策略》。

在全球经济"绿色复苏"的趋势背景下，2020年10月，日本制定了2050年实现碳中和、2030年碳排放实现在2013年基础上削减46%的目标，从根本上转变产业和经济社会结构，在实现减排的同时实现新一轮经济大增长。2021年3月，东京政府制定了《"未来东京"战略》，提出在新冠危机中实现"可持续复苏"，并在灵活应对不断变化的环境的同时创造新的价值，此后每年发布一版，是未来东京的新指南针。考虑到未来城市的可持续恢复能力，2022年9月，东京出台了最新的《东京都环境基本计划》，旨在变危为机，同时解决能源安全保障与脱碳问题，保障能源安全与实现净零排放。近年来，东京出台和实施的绿色发展相关政策见表5-1。

表5-1　东京绿色发展政策

年份	政策名称	主要任务
2023年	《东京都岛屿振兴计划（2023—2032）》	明确各个岛屿的发展重点，制定符合各个岛屿资源禀赋与现实条件的发展计划，通过推进环保旅游、扩大可再生能源的使用等措施，打造可持续、有韧性的发展模式，推动岛屿地区的发展。
2023年	《未来东京：东京的长期战略（2023升级版）》	制定在东京都内安装太阳能发电设备的新目标，并加速安装；着眼于中长期扩大氢的使用，东京都内扩大绿色氢的制造和供应措施；促进利用氢能源的EV/FC卡车、船舶等新一代移动出行的普及。
2022年	《东京都环境基本计划》	提出变危为机，同时解决能源安全保障与脱碳问题；依靠能源脱碳与可持续资源利用手段，实现净零排放的目标等战略。以实现社会与经济的发展与存续。

（续表）

年份	政策名称	主要任务
2022年	《环境·循环型社会·生物多样性白皮书》	2030年是日本去碳化的关键年，届时温室气体排放量要比2013年度削减46%，新目标比以往扩大了削减幅度，且最大限度采用可再生能源的方针。
2021年	《未来东京：东京的长期战略》	对未来东京城市进行了整体描述，明确提出应当立足对长远期发展的思考，把握技术革新和全球化趋势为城市发展带来的机遇，推进"新东京"建设。
2021年	《塑料资源循环促进法》	每年向消费者提供5吨以上指定塑料制品的经营者有义务减少塑料的使用，通过建立"3R+可再生"机制，达到保护地球环境和社会可持续发展的目标。
2019年	《未来东京：东京的长期战略》	提出东京碳中和的发展愿景，即建立资源循环利用、环境舒适友好、对气候变化造成的灾害具有抵御能力的城市，到2050年实现东京零碳排放。

三、经济绿色发展做法与成效

在发达国家中，日本属于较早致力于环境保护与低碳绿色发展的国家。东京作为日本首都，是世界上人口与经济体最为密集的城市之一，但同时也是世界环境负担最低的城市之一。20世纪90年代，东京就已经启动对城市环境的总体治理，并持续不断完善城市环境政策与措施。随着日本"低碳社会"发展战略的确立，东京政府切实开展地方性的低碳建设创新与实践，在日本举国低碳绿色发展中走在前列，其主要举措包括以下几个方面。

1.聚焦重点领域的零碳排放

（1）重视清洁能源的开发与利用

在东京实施低碳发展政策的过程中，国民对高节能产品和可再生能源的需求也不断增长。东京推广利用清洁能源，包括太阳能、风能等可再生能源，大规模的清洁能源项目的建设不仅提供了可再生能源，也为东京经济的可持续发展提供了新的动力。在推广太阳能的过程中，东京政府召集设备制造商、建筑商、能源合同商、金融机构共同推进扩展太阳能使用方面的合作，并发布安装太阳能补贴的新方案。通过与公司及各商业实体的合作，结合各市区的不同补贴政策，东京在太阳能发电装置安装方面与日本全国相比增长了4倍。同时，东京政府确立了太阳能加热设备、保温性能认证方案，绿色加热认证体系等。

为发展新能源，东京先后出台了"阳光计划""月光计划""新阳光计划"，实施"七万屋顶计划"，从而使日本成为光伏产业大国。东京还开展了"让我们使用自然电力"的活动，鼓励居民购买可再生能源，引导无法安装太阳能电池板的家庭使用可再生能源。在能源供应方面，要求电力供应商降低二氧化碳排放因子，设定可再生能源目标，并提供环境能源报告。此外，东京政府为了在日本国内率先全面实现全氢能供应系统，引进氢管道、下一代氢燃料电池等新技术。

（2）推广可持续建筑

东京可持续建筑政策的核心是针对现有大型设施的"东京总量控制与交易计划"，针对中小型设施的"碳减排报告计划"，以及针对新建筑的"绿色建筑计划"。"东京总量控制与交易计划"涵盖了商业和工业部门，要求所涵盖设施的业主必须通过能源效益措施或排放交易，满足其减少排放的要求，还要进行测量、年度报告和验证；"碳减排报告计划"鼓励中小型设施的业主确定其二氧化碳排放量，并实施能源效率措施；"绿色建筑计划"要求区内大型新建筑进行强制性环境绩效评估并在网上进行公布，从合理使用能源、适当使用资源、保护自然环境和减轻热岛效应4个方面进行评估，旨在形成使环保建筑更具价值的市场。基于该计划，东京推动"绿色标识"管理，通过"绿色标识"评估公寓环境效能。

此外，东京政府通过资金支持、减税等方式鼓励房地产开发商开发低碳化住宅，鼓励住宅购买者选择低碳化住宅，建立确保住宅低碳性能的强制性基准。东京政府还对都市圈进行了全方位的统一规划，城市群采取多项节能环保举措，如将信息技术充分运用于写字楼、办公室等，有效实现了二氧化碳减排，创造了绿色办公环境，促进了绿色城市发展。

（3）大力发展绿色交通

东京政府设定目标，到2030年，将电动汽车、插电式混合动力车、燃料电池汽车等在驾驶过程中不排放任何二氧化碳或大气污染物的零排放机动车的市场份额提高到50%。为实现这一目标，政府加快了引进零排放车辆和基础设施发展。2017年，东京引入燃料电池公交车，成为日本首个线路公交运营商用市政燃料电池公交车的城市。东京消防部门在2018年推出了电动汽车、燃料电池汽车和电动摩托车，并在2019年将电动救护车、小型电动汽车和电动三轮车作为应急车辆。通过出台限制传统燃油汽车销售和使用的规划，引导机动车逐步向电气化转型。

为控制机动车增长带来的减排压力，东京采取差异化的停车收费价格和严格的违停执法，"以静制动"降低机动车的增长和使用。同时，东京大力提升更加绿色低碳的轨道交通服务，东京都市圈已建成由国铁、私铁、地铁等多种主体运营、高密度、立体化的轨道交通系统。都市圈内轨道网络以国铁为主体架构，实现同站多向换乘和列车跨线直通，使公众跨区域流动更加高效便捷。东京80%的区域实现车站步行10分钟可达，其中40%区域实现5分钟步行可达，有效保障市民公共出行需求的同时降低了碳排放。通过构建完善的综合运输服务网络、大力提升城市公共交通服务品质、优化慢行交通系统服务等来引导公众选择绿色出行方式，优化城市出行结构。

2.创新低碳转型模式

为解决高度集中型的城市化产生的各种经济社会问题，东京构建了项目引导、市场搭台和社会参与的低碳发展转型模式。该模式的独特之处在于将碳减排任务分解至家庭、企业、城市建筑、城市规划、交通出行等主体和部门，以构建起一个涵盖政府、社会公众、产业部门等多主体的综合性低碳社会建设体系。该模式以社会大众为低碳城市建设的重要主体，市场发挥传递信息和配置资源的功能，政府则以项目治理为抓手，同时起到引导和激励的作用。

东京的低碳城市发展模式与建设路径侧重于项目引导，以项目治理为核心，在地方政府的大力指导下，出台了如《东京气候变化战略——低碳东京十年计划的基本政策》《东京气候变化战略：进展与展望》等一系列战略规划，政府与企业在工商业机构、建筑、交通、家庭、循环利用与低碳信息化等多领域通力合作。

为将低碳理念贯穿于城市建设和发展的各个实践领域，东京大力研发与利用太阳能、生物质能源、风电、水电等绿色低碳能源，利用低碳信息化技术开拓了节能减排的低碳科技新领域，通过对现有建筑的节能翻新以及对"零耗能住宅"的推广来实现建筑节能，倡导低碳工商业、低碳交通体系与低碳家庭生活等以推进碳减排。这些都是东京在低碳城市建设方面提出并倾力打造的"低碳社会"战略构想的相应行动计划。因此，该模式呈现出"自上而下"的总体特征，通过实施这些计划，东京能源结构的清洁化程度呈现出逐步提高的趋势。

3.推动东京都市圈协同减排

除了促进城市发展过程中的低碳绿色化，东京非常注重与城市群在互动中实现协同减排。在绿色发展方面，伴随东京都市圈一体化的不断发展，逐渐形成了内层保护绿地、中间层保护农地、外层保护原生自然的功能性分圈。在东京都市圈的治理过程中，日本政府在保护自然环境、建设人与自然和谐共生首都圈的同时，确立了建设低碳城市的发展方针，通过创建优美舒适的居住环境，实现国土、都市、地域空间的绿色发展；在产业发展方面，东京都市圈不仅城市产业分工明确，而且是城乡协调发展的典范；在能源结构变革方面，除了实现东京内的能源结构清洁化，相关变革同样推广到了周边的千叶县、神奈川县等，如将周边现有老化电厂替代为先进的天然气轮机联合循环发电机组，实现了都市圈整体的电力高效化、低碳化。

4.科技创新赋能城市低碳绿色发展

东京在城市低碳绿色发展方面充分挖掘科技创新在统筹协调城市基础设施、产业体系、生态环保、公共服务、城市公共安全等领域的作用。在室内设置方面，东京将市内场所及公共设施赋予识别码，利用传感器及IPv6协议，将建筑内的空调、照明、电源、监控、安全设施等子系统打造为兼容性系统，并进行智能分析，对电能控制和消耗进行动态、有效的配置和管理；在交通方面，东京在"零排放东京"战略中，提出应用人工智能、物联网等先进信息通信技术，依托MaaS将各种交通方式（轨道交通、出租汽车、公共汽车等）整合实现无缝连接，再接入购物、旅游、医疗、物流等点对点服务信息，以及保险、维修、租赁、基础设施等汽车相关服务信息，整体打造一个便捷的出行和生活体系，提高交通运行效率、缓解交通拥堵、提升公众公共交通出行满意度，同时有效降低碳排放。东京在获得2020年夏季奥运会举办权后，将未来城市的发展与其结合，将健康产业、危机管理、新能源产业、信息传播产业、航空业及机器人作为重点发展产业，建设智慧能源城市，增强城市韧性，探索新的可持续发展模式。东京通过积极引入先进技术（如机器人、AI、自动驾驶、氢能源系统等），不仅提升产业经济产出率，还大大降低单位碳排放强度，实现多领域、全方位的节能减排，极大促进了城市低碳绿色发展。

第二节　荷兰奈梅亨

一、经济绿色发展概况

荷兰位于欧洲西北部，东邻德国，南接比利时，西、北濒北海。低平是荷兰地形最突出的特点，24%的面积低于海平面，1/3的面积仅高出海平面1米。从13世纪开始围海造田，增加土地面积约6000平方千米。奈梅亨（Nijmegen）是荷兰第十大城市，位于荷兰东部，瓦尔河沿岸，靠近德国边陲，是荷兰历史最悠久的城市，曾在21世纪初成功执行荷兰的"还地于河"（Room for the River）计划，成为各国都市规划与水利单位考察的重点对象。

在绿色发展方面，奈梅亨城区依莱茵河分支瓦尔河而建，占据重要的交通战略位置，不仅拥有便利的陆路交通，也是水运的重要节点。经济的快速发展造成了严重的环境破坏，再加上日益严重的洪泛问题，促使奈梅亨致力于寻找更永续的发展之道，自2008年起就逐步推进环境、社会和经济的可持续发展。其独特的地貌为大力发展公共交通提供了便利，奈梅亨对城市的可达性和宜居性进行了大量投资；不断推进能源结构转型，致力于2045年达到能源中性，也致力于循环经济的发展，已使73%的生活垃圾在源头就进行分类处理，4.7%的能源来自可再生资源。同时，在治水理念、绿色空间、水资源管理等方面均取得一定成效，2018年获得"欧洲绿色首都"（European Green Capital）的称号。

二、经济绿色发展政策

为实现可持续的经济增长，荷兰政府积极出台相关政策，鼓励绿色发展。可持续性和循环性已被置于荷兰经济发展的核心。奈梅亨也应国家可持续发展需要，结合城市具体情况制定了相关的发展政策，见表5-2。

表5-2　荷兰奈梅亨绿色发展政策

年份	政策/法律名称	主要任务
2023年	五边能源论坛（荷兰主持）	奥地利、比利时、法国、德国、卢森堡、荷兰和瑞士联合发布，计划到2035年实现其互联的电力系统脱碳，到2040年，欧洲电力系统预计将接近脱碳。
2023年	化石燃料补贴改革	该声明指出无碳的全球经济需要逐步取消化石燃料补贴必须与其他国家联手，将在2024年下一届联合国气候大会（COP29）之前发布其化石燃料补贴概述；确定并解决逐步取消化石补贴的国际障碍，还要开展国际对话，分享知识，制定逐步淘汰化石能源的国家战略，并寻求采取联合行动，尽量减少碳泄漏。
2022年	《联合国气候变化框架公约》（COP27）	到2025年将把年度气候融资增加到18亿欧元，将把公共适应资金增加一倍，并继续将一半以上资金用于适应气候变化，帮助适应能力较差的国家。
2021年	《气候协议》	该协议规定到2025年，荷兰至少30个城市必须实施城市物流零排放区，到2050年实现道路交通完全零排放。
2020年	《清洁空气协议》	该协议的目标是到2030年，健康收益相比2016年提高50%，其主要内容是减少颗粒物和二氧化氮的暴露。

三、经济绿色发展做法与成效

1.发展绿色交通

荷兰在《国家气候协议》中承诺到2050年实现所有道路交通的清洁，为此，奈梅亨市在发展绿色交通方面也采取了一系列行动。

（1）推广清洁交通

奈梅亨市的交通具有鲜明的特点，整个市区被河流、运河和铁路切割成七个区域，桥梁捆绑了主要交通流量，这种交通结构为自行车和步行的发展提供了便利。奈梅亨市提出建立自行车路网以提高公共交通服务质量，规划了79千米长的自行车高速公路，贯通七个分区并广设8700个停车位，刺激居民的自行车使用率提升到37%，还提出在2017—2027年期间将自行车使用量增加20%的目标。除此之外，奈梅亨市将"无障碍空间备忘录"和"停车空间备忘录"（即公交车快道和新的自行车道路系统连接在一起）纳入了交通结构愿景。

奈梅亨市政府要求到2030年实现公共交通零排放，倡导居民购买采用最新和最清洁技术的车辆，同时，禁止使用轻便摩托并考虑出台强制性头盔使用政策，呼吁摩托车使用者转变交通方式。此外，奈梅亨运用动态智能系统掌控城内交通设施，该系统全天候运作，并搭配路况监视器的人工控制中心以调整交通信号，进而调整奈梅亨环形干道的交通量。这一做法一方面能够透过动态信号标志告知道路使用者现在的路况，从而实现交通流量的优化；另一方面可以降低车辆的刹车和加速次数，从而改善空气品质，减少噪声干扰。

（2）减少船舶排放

奈梅亨附近的瓦尔河是欧洲最繁忙的河段之一，具有重要的经济功能，然而也带来了较为严重的空气污染。为响应欧盟委员会绿色协议中从公路运输转变为水路运输的倡议，奈梅亨市政府通过安装岸电、推广下游技术（如微粒过滤器）、使用更清洁的燃料、推广电力航行以及为清洁船舶提供港口和转运费折扣等措施进一步减少航运碳排放，从而减轻瓦尔河和默兹瓦尔运河沿线的环境负担。同时，奈梅亨市还正在参与欧洲CLINSH项目，该项目为实现更清洁的内陆航运在瓦尔河沿岸安装了测量空气污染的设备，并且为游轮提供岸电，减少其对柴油发电机的依赖。

（3）引入零碳排放区

奈梅亨希望城市物流变得更清洁，最终实现无排放。为了实现这一目标，其与艾德和阿纳姆的市政府合作建立三个城市物流零排放区（ZES）预计在2025年实现。在零碳排放区，只能驾驶无碳排放物的货车和卡车，到2030年，只有使用氢气或电力的物流车辆可在这些区域运行，企业家可以选择自己投资电动汽车或者使用电动汽车的中央送货服务。此类建设方案也将在荷兰其他地区实施，预计到2025年荷兰至少要有30个城市实施物理零排放，到2050年实现道路交通完全零排放。

2.调整能源结构

（1）推行住宅节能并推广清洁能源

2019年的气候协议中指出，到2030年奈梅亨建筑领域的碳排放量将减少3.4亿吨，同时约有150万户现有住宅必须实现可持续发展，现有公用事业建筑的碳排放必须减少100万吨。对此，奈梅亨市政府先后投资共450万欧元，改装节能照明工具并在公有建筑屋顶装设1300个太阳能板，已于2020年达到欧洲建筑能源证书B级以上的能源效率。为改善空气质量，奈梅亨市政府还指出不再燃烧天然气或其他化石燃料和木材，希望在2045年成为一个能源中性和无天然气的城市。在2004—2021年期间，奈梅亨家庭用户的天然气连接不断被拆除，之后太阳能电池板或太阳能热水器成为大多数居民和企业的选择，同时这些居民和企业选择进行区域供热。

（2）推进旧电厂转型

2014年，奈梅亨西北部焚烧发电厂实现区域供热的链接，覆盖用户3700余家，并且投资生物质发酵槽，从当地堆肥中回收绿色气体。2015年，奈梅亨商业协会开展了"为永续未来共同打拼"的项目，在西部工业区建立太阳能板农场及相连的电动汽、机车充电站，供园区员工和游客免费使用。另一个重点项目是将位于城区北方的ENGIE燃煤发电厂（前身为GDF Suez）转型为全新的"绿色能源三角洲"，目标是建立拥有8700片太阳能板的太阳能发电厂，可为附近家庭提供十亿瓦时的清洁能源。此外，奈梅亨市民还自发形成奈梅亨风力发电合作社，约有1100名成员认购了价值320万欧元的风电股份、投资四台风力发电机。自2018年以来，荷兰海岸附近的五个风电场已获得免补贴许可证，到2023年年底，荷兰已经将4.7GW的海上风电投入运营，超额完成2013年能源协议的发展规划。

3.转变治水理念，整合城市绿色空间

随着气候变化的加剧，荷兰的河流径流量逐年递增，其水患不仅来自海洋，也来自包括欧洲第一大河莱茵河在内的大小河流。为了防止洪水带来的巨大灾难，在2006年正式提出了"还河于地"（Room for the River）计划，该计划是出于生态环境保护的需要以及对加高堤坝抵挡洪水这一传统手段局限性的反思而提出的河流综合治理的新理念，为荷兰政府后来将其纳入国家发展计划奠定了基础。总体思路是改变堤防加固的传统单一手段，通过防洪安全、空间拓展和生态保护等综合治理手段改善境内主要河流的流域空间质量。该计划耗资23亿欧元，涉及荷兰境内的莱茵河、马斯河、瓦尔河和艾瑟尔河，由30多个工程项目组成，全部计划于2022年完成。

"还地于河"项目将城市打造成河流公园，为居民提供居住和娱乐休闲空间。在此计划中，奈梅亨的退堤设计是代表性项目之一。瓦尔河在流经奈梅亨市时急剧弯曲并变窄，不时会导致市中心洪水泛滥。1993年和1995年的洪灾之后，奈梅亨市意识到未来气候变化将造成更大的水患威胁，计划为瓦尔河拓展空间，并同时保护附近的自然栖息地和建设旅游休闲区。2012年，奈梅亨市启动了改造工程，将瓦尔河北岸堤坝向内陆移动350米，并新建一条宽150—200米、长3千米的平行辅助河道。2016年项目竣工后，河水峰值水位降低了35厘米，高水位期间能够辅助河道分流三分之一的水量。

除此之外，奈梅亨还进行绿色空间整合，通过打造品质绿地、生态廊道以及对城镇再造以实现整合绿色空间的目标。其中，品质绿地指自2011年以来，奈梅亨以"每户住家300米范围内可及半公顷的相邻绿地"作为目标；生态廊道指奈梅亨的北部的瓦尔河冲积平原和东南部的原始森林及侧向冰碛地形，带来了独特的自然景观以及丰富的生态资源，为强化该绿化区投入了大量资金进行建设和保护；城镇改造指奈梅亨市为保护城市内外的绿色和自然，与当地住宅公司和建筑开发公司合作，将村庄整合形成永续环保的区域。

4.支持循环经济

奈梅亨居民普遍对材料的再利用持积极态度，通过污染者支付和逆向收集的方式对资源进行再利用。

（1）污染者支付

奈梅亨市从1990年就开始向造成剩余废弃物（不可回收）的人员收费，促成了高度的垃圾分类和重复利用比率。从那时起，奈梅亨居民不再随意倾倒家庭废物，无法回收的垃圾则进行焚化转变为电力。

（2）逆向收集

对于废弃物的回收处理，奈梅亨为市民提供更多垃圾分类、资源再利用的服务，给居民传递"废弃物并不存在"的认知，让人们懂得废弃物的经济和社会价值，开展分类收集、重复利用、免费旧物翻新和置换、减少丢弃等活动。

自2011年起，奈梅亨市政府开始收集塑胶废弃物，住户可免费索取收集袋，每两周一次交给市政府，将之送入特定工厂处理、再制成包装生产原料。"全民共识"是该市废弃物战略的核心，近年来通过"看！废弃物=原材料"（Look！Waste＝Raw Material）等活动，使居民受益于他们的家庭废料产生的免费堆肥。2021年，奈梅亨市在源头上单独收集的家庭废物的份额增加到73%。生活垃圾则由附近Weurt镇处理，将焚化厂加入区域供热系统，善用了垃圾焚烧过程释放的热能，为家庭用户供暖，处理过程产生的有机废物还可以生产沼气，作为公交车的再生燃料。

5.水资源管理

被称为低地国的荷兰，有一半国土低于海平面，必须学会与海、与河、与水共存，在水资源管理方面（包括供水管理和废水处理）拥有亮眼成绩，荷兰的饮用水品质为欧盟最佳，奈梅亨市在雨水分流、节约用水和废水管理方面也做出了一系列成绩。

（1）雨水分流

荷兰的饮用水来源为60%的地下水，以及40%的地表河水与湖水，因此雨水与废水处理分离、雨水归回地表对荷兰是极为重要的工程。自2000年以来，奈梅亨市积极开展雨水与废水处理的断开工程，将雨水引到地下过滤，使雨水从源头分离，不再和废水混合净化，并且可以直接补充至地下水，让水资源的管理可以更为永续。除此之外，奈梅亨部分地区的雨水也会回收至附近的池塘。

（2）节约用水

尽管荷兰国内的用水设备增加，但近年来奈梅亨市民的日均生活用水量在下降，充分体现了节约用水意识的增长。这可以归功于其较高的水费、国家建筑法规以及地方的政策宣导。荷兰一吨水的费用为1.36欧元，约人民币10.7元。在2007年荷兰政府规定新建建筑必须装有节水设备（马桶、卫浴等），奈梅亨市还在2001至2015年间在各大公共场所开展了一系列节约用水宣导活动。

（3）废水管理

奈梅亨市政府利用智慧监控和品质指标，有效地管理其下水道系统：自2006年以来，市政府对下水道系统实际运行情况的监测有了极大的改善（包括污水水位流量测量等），这些监测数据被用来进一步的分析，有助于下水道系统的技术改进。自2010年以来，奈梅亨市将下水道系统的"剩余寿命"纳入其评估指标，以维持良好的维护条件和系统品质。

第三节　瑞典马尔默

一、经济绿色发展概况

马尔默是瑞典第三大城市，处于瑞典南部，踞守波罗的海海口，位于厄勒海峡东岸，是重要的贸易中心，市内有许多著名的贸易和运输公司从世界各地进口货物，然后销往整个北欧。马尔默市在欧洲和共同体市场上的地理条件优越，空运、陆运和海运发达。得益于优越的地理位置、良好的商业环境和丰富的资源优势，马尔默经济实力雄厚，拥有多元化的产业结构和发展潜力。这座城市的经济活动主要涉及高科技产业、制造业、服务业和旅游业等领域。

马尔默的高科技产业非常发达，拥有许多知名科技企业，如Ericsson、Siemens、Microsoft等。这些企业为马尔默的经济发展注入了强大动力，也带动了其他相关产业的发展。此外，马尔默还拥有多个高科技园区，如Kockums Industrial Park和SEB Arena等，这些园区吸引了大量创新型科技企业前来投资和发展。

制造业是马尔默的重要产业之一。马尔默有许多知名的制造业企业，如Volvo、Scania等。这些企业的产品不仅在瑞典国内市场占有很大份额，在国际市场上也广受欢迎，这为马尔默的经济发展提供了有力的支撑。

服务业是马尔默经济的重要组成部分。马尔默拥有许多金融机构、保险公司、咨询公司等服务业企业。这些企业的服务范围涵盖了金融、法律、人力资源等多个领域，为当地企业和居民提供了全方位的服务支持。

此外，旅游业也是马尔默经济的重要组成部分。马尔默拥有独特的文化氛围和优美的自然景观，吸引着大量游客前来观光旅游。马尔默旅游业的发展也带动了相关产业的发展，如餐饮业、酒店业等。

良好的经济发展与环境生态之间存在着相互依存、相互促进的关系。马尔默在经济腾飞的同时也兼顾了环境的保护与可持续绿色发展。在绿色发展方面，尽管冬季气候寒冷，取暖成本较高，马尔默市仍希望在2025年实现碳中和，到2030年实现100%的可再生能源市政运营，并且成为一个可持续城市的样本示范。马尔默空气质量较好，各项空气质量指数位于世界前列；垃圾回收方面，通过回收和分级，70%的化学废料得到分解，提倡的"零废弃"运动完成率99%（其中约一半为材料循环利用，一半左右为以能量回收为目的的焚烧处置）；能源方面，马尔默不断寻求可再生能源并实现了100%自给，例如将海水和地下水能量用于供暖和制冷系统等。

二、经济绿色发展政策

马尔默市作为瑞典第三大城市、瑞典"绿色城市"的典范，落实瑞典政府制定的一系列绿色技术的政策和措施，以促进环保企业发展和绿色科技创新。

瑞典的绿色技术产业主要包括风能、太阳能、水力发电和地热能等，这些技术更加清洁、能源消耗更少，使瑞典在加强环境保护的同时实现经济效益的最大化。瑞典的清洁能源主要来自水力、风能、生物质和太阳能等可再生能源。其中，水力发电占据了最大比例，在电力领域进行了广泛应用。瑞典的清洁能源产业是世界领先的行业之一，其清洁能源优势在于其可再生的能源和全球领先的清洁能源技术。瑞典还实施了国土综合整治计划，即城市建设用地需要用一定比例的绿色或蓝色空间来补偿地面硬化空间，并引入了绿色空间系数予以评估和衡量。

总的来说，瑞典与马尔默的绿色发展政策是围绕着环保和可持续发展展开的，政府通过制定一系列的政策和措施来促进绿色科技的发展和应用，以实现经济发展和环境保护的协调，采用了值得被借鉴的创新方法，即"部门明确授权"和"导入口"，以解决环境法法律的稳定性和环境变化的灵活性、开放性之间的矛盾。对制定法规时由于条件所限无法具体规定的内容，授权给有关部门在之后进行立法细化，但同时又设置了原则性规定限制其立法内容，避免过往单行法间的矛盾问题。瑞典的立法情况显然与我国较为类似，而其成功经验也是我国进行"适度法规化"的有力支撑。相关法规与政策如表5-3所示。

表5-3 马尔默绿色发展政策

年份	政策名称	主要任务
2024年	《试点国际碳清除交易市场》	为遵循《巴黎协定》框架，瑞典与瑞士在第28届联合国气候变化大会期间签署一份意向声明以测试国际碳市场在碳清除技术领域的规则。
2020年	《循环经济国家战略》《绿色复苏国家计划》《生命科学国家战略》《瑞典减少温室气体排放长期战略》	标志着瑞典的气候政策框架和实现碳中和目标的总体战略框架及政策路径基本形成。减少温室气体排放的措施主要包括三大类：一是增强森林和土地的二氧化碳吸收能力；二是认证并纳入国际投资减排成果；三是研发和推广负排放技术，包括生物二氧化碳捕获和储存（BECCS）等。
2018年	《气候法案》	法案规定：政府应开展气候政策工作，在预算法案中向议会提交气候报告，每四年制定气候政策行动计划。
2017年	《气候政策框架》	该计划旨在使瑞典能够在2045年成为一个"无碳排放"国家，即将自己的温室气体排放量降至零。为了实现这一目标，瑞典政府在能源的生产和消费方面采取了一系列政策来促进可再生能源的使用并限制化石能源的使用。

三、经济绿色发展做法与成效

为了减少对环境的影响，同时也为了促进经济发展和创造就业机会，瑞典与马尔默市积极推动绿色能源的发展，通过建设厄勒海峡风力发电场以减少对传统能源的依赖和碳排放；为了推动可持续城市发展，保护环境、提高能源效率，改善城市居住条件和交通状况，马尔默市建设Bo01项目作为可持续城市发展的先驱，探索和实践可持续城市规划和建设的新模式。

（一）厄勒海峡风力发电场

1.背景和意义

随着全球气候变化和环境污染问题的日益严重，可再生能源的发展成为全球各国共同任务。瑞典作为北欧国家之一，一直致力于发展可再生能源，减少对传统能源的依赖。马尔默市作为瑞典的一个港口城市，能源转型对于城市的可持续发展至关重要。

厄勒海峡风电项目旨在利用海峡强劲的风力资源，通过建设大规模的风电场，为马尔默市提供清洁、可再生的电力供应。该项目对于减少碳排放、改善环境质量、促进可持续发展具有重要意义。

2.建设情况

厄勒海峡风电项目于2005年开始建设，总投资额达到数亿欧元。风电场位于厄勒海峡沿岸，占地面积约为20平方千米。项目共安装240台风力发电机组，总装机容量600兆瓦。这些风力发电机组在强风的作用下旋转，将风能转化为电能，为马尔默市提供了清洁、可再生的电力。

在建设过程中，项目团队注重环境保护和生态平衡。在风电场建设前，进行了环境影响评估和生态影响评估，确保风电场建设对环境和生态的影响最小化。同时，风电场的运营管理也注重环境保护，采取了一系列措施来降低噪声和视觉影响，同时减少对鸟类和其他生物的影响。

3.运营管理

厄勒海峡风电项目的运营管理由瑞典能源公司Vattenfall负责。该公司采用了先进的能源管理系统和智能计量系统，实现对电力供应和使用的实时监控与管理。这有助于提高能源利用效率，降低电力损耗和碳排放。此外，Vattenfall公司还注重与当地社区和居民的沟通与合作。在风电场的建设和运营过程中，公司与当地居民进行了广泛的沟通与协商，确保其利益得到保障。同时，公司还积极开展公众教育和宣传活动，提高公众对可再生能源的认识和接受程度。

4.未来发展

厄勒海峡风电项目作为瑞典最大的风电项目之一，对于推动可再生能源的发展和能源转型具有重要意义。未来，随着技术的进步和市场需求的变化，风电项目将进一步扩大规模和提高效率。

首先，随着技术的不断进步，风力发电机的性能将得到进一步提高，发电效率也将得以提升。这将有助于降低风电场的运营成本，提高电力供应的稳定性。其次，随着市场对可再生能源的需求不断增加，风电项目的规模也将进一步扩大。未来可能会在厄勒海峡沿岸建设更多的风电场，以满足日益增长的电力需求。这将有助于减少对传统能源的依赖，促进可持续发展。最后，风电项目还将注重与其他可再生能源的协同发展。未来可能会在风电场附近建设太阳能发电站、水力发电站等其他可再生能源设施，实现多种能源形式的互补与协同发展。这将有助于提高能源利用效率，降低碳排放和环境污染。

厄勒海峡风电项目作为瑞典与马尔默市能源转型的重要一环，对于推动可再生能源的发展和环境保护具有重要意义。未来，随着技术的进步和市场需求的增加，风电项目将继续发挥重要作用，为推动全球可持续发展作出贡献。

（二）Bo01项目

2001年5月，马尔默在国际住宅建筑博览会上推出了"明日之城"的样板——Bo01新区，将废弃码头改建为占地30公顷、可容纳1000户居民的住宅综合区，这成为其绿色发展的典型代表，使马尔默成为从工业城市转变为世界公认的生态城市建设的领跑者。

1.项目概况

Bo01新区是全世界最大的100%使用可再生能源的城市住宅区，拥有全球第三大海上风电项目利格伦风电厂和瑞典最大的光伏电站。当地政府向新区的居民提出了较高的要求，力争人均年耗能达到每平方米105千瓦时。这个标准低于当前瑞典人均耗能水平的40%，只有美国人均耗能标准的34%。为了达到这个要求，居民们除了改变自己的生活习惯，自觉降低生活中的耗能，还通过相应的耗能检测手段以随时监测自己的日常消耗。

除耗能之外，也注重水资源的循环利用。该项目将社区通过水系与老城中心连接起来，实现每座建筑物直接与水和自然接触，收集雨水并利用植物对其进行处理和可持续利用。整个社区环境均以水为基本要素，通过一条穿越居住区和欧洲村的人工运河实现了每栋建筑都临水的目标。设计师将不同形式的水景巧妙地引进城市新区中，最大程度优化了居住环境。在垃圾分类等工作上社区建设也取得了良好效果。

2.Bo01住宅示范区的技术措施

从技术措施进行归类，按照"四节一环保"的顺序介绍如下。

（1）节能

在能源供应上，Bo01项目建造了全球第三大海上风电项目利格伦风电场，同时建造了瑞典最大的光伏电站以供应这座"明日之城"运作的电力，设备主要为2兆瓦的风力发电和安装在建筑上的1400平方米的光伏电池，风电、太阳能和地热等可再生能源全年可产热5800兆瓦时，制冷5000兆瓦时和发电6300兆瓦时，可以为85000平方米的生活空间供电、供暖、供冷；在能源消耗上，瑞典地处北欧，冬季漫长寒冷，因此所有建筑物最主要的能源消耗就是取暖，建筑供暖占瑞典全国总能耗的四分之一，Bo01住宅示范区能源的消耗主要集中在暖通空调和家庭用电方面，小部分用于驱动热泵、小区电瓶车的充电以及其他公共设施的运转；在供需平衡方面，Bo01的做法是引入"大循环周期的概念"，即小区的电网、热网与市政电网、热网串联，保证了小区可再生能源在生产高峰时可将多余电量输送给城市公共网而不浪费。此外，瑞典以及马尔默政府也采取一些经济措施鼓励可再生能源的生产与使用，如富余的可再生能源的售价可以高于市场价，居民使用时可以获得补贴等。

（2）节水

瑞典国土湖泊众多，淡水资源丰富，所以在水利用方面更注重排放对生态环境的影响。该项目在通过给雨水处理、污水排放方面展开以下工作：雨水首先经过屋顶绿化系统过滤处理，补充绿化系统水分，其余雨水经过路面两侧开放式排水道汇集，经简单过滤处理后最终排入大海，Bo01小区的给排水系统与市政管网相连，由市政管网进行统一排污处理，收集的污水有的进行发酵处理从而生产沼（Biogas），经净化后可以被提纯为天然气，有的对污水中磷等富营养化学物质进行回收再利用，如制造化肥，以减少其对生态系统的破坏。社区住宅单元中普遍采用节水器具，例如两档甚至三档的节水马桶，部分单元还安装了节水龙头。

（3）节地

在土地规划上，主要通过合理的规划和设计提高小区的土地利用率，同时增加小区的美学观赏性；在土地利用上，沿袭了瑞典传统的低密度、紧凑、私密、高效的用地原则，Bo01规划以多层为主（3—6层），容积率高于本地区其他住宅小区。此外，还充分利用地下停车场、鼓励自行车和公共汽车、在小区使用电瓶车等。

（4）节材

主要通过合理的规划、设计和采用先进的住宅建造技术，达到节约建筑材料的目的，例如部分住宅楼采用钢结构体系；在小区招投标阶段，就提前公布建材选用指南，明确列出对环境和人体健康有害的材料清单，要求所有工程承包单位必须遵循；小区公共部分尽量应用使用寿命较长、可再生利用的材料（木材、石料等），并对未来可再用于铺设道路的底料加以考虑。

（5）环保

Bo01项目修缮植被屋顶，其主要的功能是调节降水，可以将60%的年降水通过蒸发再参与到大气水循环，其余的水经过植被吸收后再进入雨水收集系统，这样还有利于屋面的保温隔热，如一般屋顶的温度在冬季和夏季分别达到-30℃和+80℃，但经过植被屋顶的调节，冬季和夏季的温度分别为-5℃和+25℃。Bo01项目在垃圾分类工作上主动靠前，遵循分类、磨碎处理、再利用的程序，将生活垃圾分为食物类垃圾和其他类干燥垃圾，然后把分类后的垃圾通过小区内两个地下真空管道连接到市政相应处理站。通常食物垃圾经过市政生物能反应器，可转化生成甲烷、二氧化碳和有机肥，还可通过焚化产生热能和电，垃圾处理后的沼气发电可用于小区内电瓶车的充电。

3.Bo01住宅示范区的项目成效

根据对Bo01住宅示范区在建设和使用过程中的跟踪评估，得出该住宅小区在可持续发展领域所取得的成果如下：

（1）Bo01的能源供给实现了100%依靠当地可再生能源（风能、太阳能、地热等），并已达到自给自足，供需平衡。2001年Bo01住宅示范小区从800多个项目中脱颖而出，被欧洲议会评为欧盟的"推广可再生能源奖"。

（2）据瑞典皇家工学院对比实验表明，通过采用合理的规划设计理念、集成的技术和产品以及先进的施工工艺，对比参照楼，实验楼的能源需求减少20%—31%，人均对土地和基础设施的占用减少45%—59%，人均节水10%，建材总需求量减少10%，建材废弃物量减少20%。

（3）通过成功地将废弃工业区改造为新型、优美的住宅区，使马尔默市向可持续发展城市的发展目标迈出了坚实的一步，也为欧洲其他国家树立了一个新型住宅区的样板。

第四节　澳大利亚悉尼

一、经济绿色发展概况

悉尼地处澳大利亚东南岸，位于东太平洋与西蓝山之间的沿岸盆地，是澳大利亚新南威尔士首府，也是该国人口最稠密的城市。悉尼拥有全球最大的天然海港——杰克森港，以及超过70个的海港和海滩，占据了2个地理区域——坎伯兰峡谷和康士比高原。坎伯兰峡谷是一个比较平坦、有些起伏的地域，横卧于杰克逊港以西和以南；康士比高原是海港以北的高原，海拔200米，被草木丛生的溪谷切割开。

在绿色发展方面，悉尼有着得天独厚的优势。悉尼气候湿润，雨量充沛，是澳大利亚最适宜居住的地区之一。同时，广袤的土地和适宜的气候使悉尼拥有丰富的自然资源。悉尼共拥有植物12000多种，其中特有种类9000多种，占比75%，森林总面积超过100万公顷，周边有许多著名的国家公园和自然保护区，为绿色发展提供了巨大潜力。此外，悉尼居民对环境保护和可持续发展具有高度的意识和参与度，积极主动地参与到各种绿色活动和倡议中，为城市的绿色发展贡献力量。

二、经济绿色发展政策

为保障悉尼能够按时完成2030年和2050年的减碳目标，政府致力于推动绿色发展政策的全方位制定，涵盖绿色城市建筑规划、可再生能源利用、交通出行绿色化、垃圾资源回收与再利用等多领域，旨在建设一个更具活力和韧性的城市。

表5-4 悉尼绿色发展政策

年份	政策名称	主要内容
2023年	《悉尼城市建设弹性战略2023—2028》（Resilience Strategy 2023—2028）	该策略首先介绍了制约悉尼可持续发展的主要因素，而后基于这些挑战，提出未来城市建设的五大重点方向与目标，即建设一个公平包容、经济稳定、气候适应性强、基础设施恢复力强、应急能力强的城市。
2023年	《城市交通电气化战略与行动计划》（Electrification of Transport in the City Strategy and Action Plan）	该计划概述了交通工具电气化对实现碳减排目标的重要意义，分析了悉尼当地充电的环境和具体需求，从公共交通、商品运输、出租车、私人用车等多领域出发，制定交通工具电气化的具体措施。
2022年	《可持续的悉尼2030—2050》（Sustainable Sydney 2030—2050）	重点阐述悉尼市为推动城市的可持续转型而制定的面向2050年的10个项目计划。如用多条绿色廊道串联三大城市广场，以中央广场，即城市最大的交通枢纽为重点设计空间等。
2022年	《悉尼减碳计划》（Our Plan to Decarbonise Sydney）	确定了使悉尼走上实现2030年和2050年排放目标轨道的五项关键举措，考虑了实现脱碳所需的进一步行动，为悉尼能够按时完成双碳目标提供保障。举措具体包括：悉尼道路交通电气化；提高住宅和商业建筑的可持续性；增加对分布式能源的利用；投资配电以应对转型；加快减少煤炭的使用并加强合作机制。
2021年	《新南威尔士州空气清洁战略草案》（NSW Clean Air Strategy: 2021—2030）	制定空气质量改善战略，从恶劣空气对社会造成的总成本计算、空气质量检测及警报、清洁交通投资等方面进行优化改进，旨在改善悉尼空气质量，加速悉尼成为最好城市的进程。
2021年	《环境战略2021—2025》（Enviromental Strategy 2021—2025）	该战略有四个方向和23项行动，概述了帮助悉尼成为一个可持续发展和有弹性的城市的最重要措施。主要的运作措施包括逐步停止使用天然气，使用替代水源以保持公园的绿色，以及寻找机会减少供应链中的隐含碳，使车队电气化，支持循环经济的发展等。
2021年	《绿色悉尼战略》（Greening Sydney Strategy）	该战略首先阐述了城市绿化的好处、机遇和障碍，而后从六大方向出发，概述了如何将悉尼变成一个凉爽、平静和有弹性的城市。
2021年	《悉尼净零排放的优先事项》（Priorities for a Net Zero Sydney）	该战略介绍了促进碳中和目标实现的八大优先项目，即发展可再生能源、加速住宅和工作场所的电气化、加快交通工具的电气化转型、回收垃圾中的隐藏能源等。

三、经济绿色发展做法与成效

1.聚焦重点领域的可持续发展

悉尼根据本国的自然环境、资源禀赋和经济结构，将绿色发展的重点放在交通、建筑、农业、能源开发等领域，相关研究、资金和政策均向以上领域倾斜。

（1）清洁能源开发与利用

从2020年7月起，悉尼的所有公共区域开始100%使用当地太阳能和风能项目的可再生电力。这一转变来自悉尼市与电力零售商Flow Power达成的价值6000万澳元的交易项目，也是澳大利亚地方政府所达成的价值最高的一项绿色能源协议。根据协议，包括街道照明、游泳池、运动场、仓库、楼宇和历史悠久的悉尼市政厅建筑在内的所有市政运作都会使用本土清洁能源。预计在未来10年里，悉尼市政府每年可节省50万澳元的能耗开支，年均二氧化碳减排量高达2万吨。据测算，该协议将使悉尼在2024年前（即提前6年）实现2023年减排70%的目标。上述提到的本土清洁能源主要包含风能和太阳能，其中约有四分之三的悉尼市政运作将选择纯风能供电，剩余的四分之一则由太阳能完成。

风能发展方面，由于能源市场中的价格会根据供求关系而不断波动，市政府从蓝宝石等风电厂、泊曼发电厂等多个地方采购电力，在需要时从任何一家价格更便宜的发电厂购买能源，从而达到节省成本的目的。其中的蓝宝石风电厂是新南威尔士州最大的风力发电站，建成于2018年，它由75台200米高的涡轮机生成电能，装机容量高达270兆瓦，每年所产清洁电能可为11.5万户家庭供电，减少的二氧化碳排放量约为70万吨，且可同时为新南威尔士州和澳大利亚首都领地居民供电。

太阳能发展方面，悉尼政府设定电池存储目标，除了住宅屋顶太阳能储存量的增长，商业建筑屋顶太阳能的容量在过去五年中以每年约43%的速度增长，并且可能会持续强劲增长。对于购物中心、停车场、仓库、工业厂房、制造工厂和其他低层商业建筑而言，屋顶空间大于地面空间，因此屋顶太阳能是商业建筑的理想选择，有助于帮助投资商保持更稳定的回报。与此同时，存储过剩的电能还可用以解决社区的供电问题，减少大型能源发电机的能源消耗。

（2）废弃资源的回收与再利用

随着城市化的快速推进，城市垃圾处理和资源回收利用逐渐成为悉尼环境保护领域的热点问题。为加快废弃资源处理产业的发展，悉尼政府主要从技术和管理两大维度制定针对性策略。

技术层面，悉尼政府创建了一个数字管理平台，用以收集回收和填埋的数据，以便更好地根据目标监测政府的表现，并更快地对废弃资源的类型或数量的变化作出反应。在系统建立后，城市垃圾回收利用率从2018年的28%增加到2020年的42%。此外，技术的更新迭代使得堆积在填埋场的垃圾可以被用来制造燃料，取代当地砖窑的煤炭。针对当前技术条件下不可完全回收的材料，悉尼政府物尽其用，如将未能回收的玻璃制成玻璃粉用来建造道路和人行道，这将使可回收的玻璃数量从65%增加到79%，相当于近1亿个玻璃容器。

管理层面，政府针对固废排放严重的企业收取高额税费，这一方面促使企业减少废物排放，另一方面也为再生资源回收利用行业发展提供重要经济基础。与此类似，高额的水价也成为悉尼政府推动节水和再生水回收利用的重要经济杠杆，在提高水资源利用效率方面发挥了重要作用。截至2023年，政府利用这些资金已种植树木超1.5万棵，美化面积超过11.6公顷，新增24公顷休憩用地，246个花园变身雨水花园。

（3）绿色住宅与配套设施

绿色建筑的优势涵盖降低能源成本、减少城市热岛效应、提高太阳能板的效率等。悉尼政府重视住宅建筑物的绿色化，旨在扩大绿色屋顶和墙壁的建设，具体做法包括审查和更新绿色屋顶和墙壁政策、悉尼景观规范和技术细节；逐步修订城市的规划管制，在新发展项目中增加绿色屋顶的采用和使用，特别是在绿色覆盖有限的地方，如CBD、商业区和工业区等。目前，绿色墙壁已在悉尼的公共建筑中得到应用，被命名为丛林呼吸墙，其包括160个模块和12种不同物种的1200多种植物，永久安装的环境传感器可以提供呼吸墙在冷却和改善空气质量方面的实时信息，实验证实其作用包括清洁和冷却空气、隔绝噪声、提高生物多样性等。

（4）绿色交通转型

悉尼政府利用重大基础设施投资，将交通走廊变成绿色或蓝色的连接点，构建蓝绿色网格，将现有的绿色空间与水道、自行车道、铁路走廊、运河、道路和高速公路连接起来，支持轻轨或无轨电车技术，并将零排放巴士纳入日常通勤工具。此外，政府在轨道之间和旁边种植草或灌木，而不是铺设沥青或混凝土。悉尼大学的研究表明，绿色轨道将发挥重要的环境功能，改善当地的舒适和生态。

此外，交通拥堵是城市病的突出表现，为了疏导车流，悉尼市在地表交通、地下交通两方面采取措施降低城市拥挤感。在地表交通方面，增加交通管制区域，考虑中央商务区征收交通拥堵费；在地下交通方面，利用修建西区海底隧道的契机达到疏导地面交通流量的目的，并且利用地下装载区来管理街道货运和服务，以最大限度地提高空间利用效率。

2.投资基础建设以提升生态韧性

随着悉尼极端天气以及自然灾害日益频发，提供生态基础设施已成为全市的优先事项。当前悉尼的城市生态建设并不合理，议会对生态基础设施的规划、交付和维护所投入的资源参差不齐，例如在悉尼的某些区域，开放空间在800米的步行距离内就可以到达；而在城市边缘的地区，开放空间可能需要步行2千米抵达。因此，悉尼市政府在研究机构的辅助下制定了一系列公共空间指南，力求打造公共空间规划的理想范式，使悉尼成为一个将传统城市绿化与非传统元素（如绿色屋顶、植物墙和绿化外墙）相结合的城市，实施路径具体包括以下几点。

（1）缓解城市热岛效应

为应对全球气候变化，悉尼市政府从物理遮阳、绿化冷却、抗热性研究、水敏性设计层面给城市降温。在物理遮阳方面，建造功能性遮阳构筑，并增植冠大叶茂的行道树；在绿化冷却方面，利用屋顶绿化、垂直绿化、路面绿化冷却城市；在抗热性研究方面，发掘抗热性强的植物物种与建造材料；在水敏性设计层面，将供水、污水、雨水、地下水等设施结合起来，使城市规划和城市水循环管理有机结合，并探索利用海水为港口建筑物和能源生产机器降温的方法。

（2）扩展公共空间网络

悉尼市主要以"串联广场计划"（More Spines More Souares）为骨架创建公

共空间网络，提高公共空间的质量和数量，鼓励群众绿色出行。一方面以乔治街为主轴串联南北三个重要城市广场，并加强对东西走向街道的塑造，将西部通道改造为林荫大道，以连续的滨水长廊联系各个特色区域；另一方面，通过一系列小型开放空间来补充关键的网络缺失，通过改造街道空间改善其与公园的衔接，同时提供多样化的体验和服务。此外，悉尼市特别注重在公共空间中打造阳光通道，避免屏风楼效应，并通过绿化种植减少硬质材料的使用。悉尼市政府还鼓励私人或开发商贡献空间，强调公共开放空间的社会、环境和经济效益。

（3）评估公共空间品质

公共空间评估主要分为基础类评估与提升类评估，其中基础类评估重点从公共空间整体系统出发，通过评估可达性、系统性、环境协调性表征公共空间的基本服务水平；提升类评估重点从公共空间内部环境出发，通过评估生态服务功能与服务品质，表征公共空间的高阶服务水平。悉尼市将盖尔事务所研发的"公共生活数据协定"作为衡量公共空间活动的通用准则，进行多维度的数据整合。利用建筑面积和就业调查（Floorspace and Employment Survey，FES）、环境数据（包括空气质量、噪声、热量）、城市公共生活数据等对投资公共空间的综合效益进行评估，并利用社交媒体、政府官网等渠道向公众发布城市数据。

3.鼓励公众参与绿色行动

悉尼鼓励公众参与环境保护和绿色发展，其环境与可持续发展教育水平一直处于世界前列。人们通过接触自然、认识自然强化了保护自然的意识，主动响应政府号召，采取措施降低温室气体排放、减少对自然的破坏。政府具体举措如下。

（1）改进传统社区园艺模式

传统的"社区园艺"模式以进入公共空间为基础，即在社区公共空间中进行绿化。而随着城市居住环境越来越密集，这种模式已经过时，对城市绿色发展的贡献度较小。因此，悉尼政府试行"花园俱乐部"，鼓励居民在个人的后院和阳台上种植幼苗或盆栽阳台植物。研究表明，即使是10分钟的园艺活动也可以减轻居民压力水平并促进当地气候环境的改善，并为鸟类和蜜蜂提供停歇点。

（2）鼓励居民参与环境工程的决策

悉尼政府鼓励市民树立主人翁意识，并制订社区绿化计划，为居民提供参与绿化活动的机会。通常，悉尼最繁忙的道路环境也相对恶劣。因此，政府在街道周边种植树木，推出"凉爽街道试点项目"。通过圆桌会议、在线研讨会、网络调研等方式征求民众意见，旨在使居民能够参与街道上树木的布局和类型的制定，关注环境改善效果和社区气候适应能力，提高其参与后期街道维护工作的积极性。

（3）线上线下结合宣传绿色发展重要性

除线下的教育计划、志愿服务等活动外，悉尼政府重视通过线上渠道发出环保倡议，发展绿色志愿者网络，通过在线方式在全市范围内进行社区知识共享。此外，政府开发绿色发展相关的移动应用程序，提供绿色生活方式的建议、资源回收点的位置、环保活动等信息，不断增强市民的环保意识和参与度，使其能够为实现可持续发展目标作出积极贡献。

第五节　对比研究与经验总结

一、对比研究

东京、奈梅亨、马尔默和悉尼是在绿色发展方面具有各自特色的国际城市，总结并对比其绿色发展的案例与做法得到如下发现。

东京在绿色发展方面的努力主要集中在提高能源效率、积极引进先进技术和实施环境友好政策上。例如，东京政府推动了"零耗能住宅"，旨在减少建筑领域的碳排放；应用智慧交通系统，大力发展公共交通以降低交通领域的碳排放；致力于提高废物垃圾回收率，实施了严格的垃圾分类制度。

奈梅亨的绿色发展策略着重于可持续交通系统、绿色建筑和循环经济。例如，奈梅亨市基于城市路网情况大量建设自行车道和人行道，鼓励市民使用低碳交通工具；在建筑领域推行能效标准，并在城市更新项目中推广清洁能源；还致力于减少废物产生，并通过循环经济策略提高资源利用率。

马尔默的绿色发展努力体现在其创新的城市规划和环境政策上，其推崇"零废物"理念，并在此方面取得了显著成效。例如，Bo01新区就是一个集合了可持续设计、高效能源使用和废物循环利用的生态社区。此外，马尔默还注重提高市民的环保意识，通过教育和社区活动推广可持续生活方式。

悉尼在绿色发展方面制定了多项计划以减少城市温室气体排放、提高能源效率、促进可再生能源的使用，如《悉尼2020》和《气候变化行动计划》等。在建筑领域，悉尼政府推出了绿色建筑认证体系，鼓励开发更多绿色建筑；在交通领域，悉尼致力于改善公共交通服务，通过"零排放巴士"减少交通拥堵和排放。

这些国际城市的绿色发展案例均强调了提高能源效率、推广可再生能源使用与实施可持续交通政策。同时，废物管理和循环经济也是这些城市共同关注的领域。不同之处在于，东京更加侧重政策引导和市场机制；奈梅亨强调可持续交通系统和绿色建筑；马尔默以社区参与和零废物为目标；悉尼更加关注全面的环境政策和长期规划。这些城市的成功案例表明，绿色发展需要结合本地实际，制定和实施具有针对性的策略与措施。

二、经验总结

在全球范围内，绿色发展已成为城市经济转型升级的重要方向。许多国外城市在推动经济绿色发展的过程中，普遍重视绿色理念的融入以实现经济与环境的双赢，积累了丰富的经验，为全球城市提供了有益的借鉴。本书以东京、奈梅亨、马尔默和悉尼为例，从政策引导与制度创新、绿色技术创新、绿色产业发展和绿色体系建设方面，总结国外城市经济绿色发展的经验。

1.政策引导与制度创新

政策引导和制度创新是国外城市经济绿色发展的关键。首先，国外城市通过制定绿色发展规划，明确了绿色发展的目标和任务。例如，东京制定了《绿色东京规划》，提出了具体的绿色发展目标，如减少温室气体排放、提高能源效率等。悉尼也制定了《绿色悉尼2030》规划，明确了绿色发展的目标和任务。其次，国外城市通过财政补贴、税收优惠等手段，鼓励企业和个人参与绿色发展。例如，奈梅亨对购买新能源汽车的市民提供购车补贴，鼓励绿色出行。此外，国外城市还通过法律法规，对环境污染、资源浪费等行为进行严格限制和惩罚。例如，马尔默设立了绿色发展的专门机构，负责协调和监督绿色发展的实施。

2.绿色技术创新

绿色技术创新是国外城市经济绿色发展的重要推动力。国外城市通过加大研发投入，推动绿色技术的创新和应用。在绿色建筑、节能环保等领域开展技术创新，推广高性能的绿色建材和设备，提高建筑物的能源利用效率。例如，东京在绿色建筑领域取得了显著成果，推广绿色建筑技术，提高建筑能效；悉尼在绿色交通领域取得了显著成果，推广新能源汽车，减少交通污染；马尔默大力发展风能、太阳能等可再生能源技术，减少对化石能源的依赖；奈梅亨通过建立绿色技术创新平台，促进绿色技术的研发和应用。

3.绿色产业发展

绿色产业的发展是国外城市经济绿色发展的重要支柱。国外城市通过政策引导和资金支持，推动绿色产业的发展。例如，东京、悉尼等城市推出了绿色债券、绿色信贷等金融产品，为企业提供资金支持，鼓励发展清洁能源、节能环保、循环经济等绿色产业；奈梅亨对绿色产业和企业实施税收减免，降低其运营成本，激励企业积极参与绿色发展；马尔默通过建立绿色产业园区，培育绿色产业创新型企业，并优先保障绿色产业项目的用地需求，引导资源向绿色产业倾斜。

4.绿色体系建设

绿色体系的建设是国外城市经济绿色发展的基础。关于绿色体系的建设主要包括绿色建筑、绿色交通等。首先，国外城市对绿色建筑制定了严格的标准和评价体系，推广绿色建筑设计和施工。例如，马尔默的Bo01项目，悉尼的绿色屋顶、绿色墙壁的应用等。这些城市还通过提供税收优惠、补贴等政策，鼓励开发商和建筑师采用绿色建筑技术和材料，提高建筑的能源利用效率。其次，东京、悉尼等城市大力发展公共交通，积极推广绿色交通方式。一方面，大力发展公共交通系统，提高公共交通的覆盖面和服务水平，减少私家车使用。例如，悉尼的"零排放"巴士。另一方面，东京、荷兰等城市还采用了先进的智慧交通系统，提高道路通行效率，进一步减少交通拥堵和污染排放。

综上，国外城市在绿色发展方面取得了丰富的经验，为我国城市经济绿色发展提供了有益借鉴。我国城市应充分借鉴国外城市的成功经验，结合自身实际情况，制定切实可行的绿色发展政策，为实现经济高质量发展和可持续绿色发展提供制度保障。

第六章　国内城市经济绿色发展案例借鉴

第一节　深　　圳

一、经济绿色发展概况

深圳市地处广东省南部，珠江口东岸，位于北回归线以南，东经113°43′—114°38′，北纬22°24′—22°52′之间，东临大亚湾和大鹏湾，西濒珠江口和伶仃洋，南与香港特别行政区相连，北部与东莞市、惠州市接壤。全境地势东南高、西北低，大部分为低丘陵地，间以平缓的台地，西部为滨海平原。深圳属亚热带季风气候，温润宜人，降水丰富。

经济绿色发展理念正融入深圳城市发展肌理。深圳坚持以习近平生态文明思想为指导，始终保持加强生态文明建设的战略定力，坚定不移推动绿色发展，毫不动摇打好打赢污染防治攻坚战，为率先打造人与自然和谐共生的美丽中国典范奠定了坚实基础。

（1）资源利用

2022年深圳全市一般工业固体废物产生总量为345万吨，其中综合利用318万吨，无害化处理27万吨；同年，全市单位GDP能耗和单位GDP碳排放为全国平均水平的1/3和1/5；多年平均人均水资源量约121立方米，万元GDP用水量6.71立方米，用水效率处于全国领先地位，2022年自来水供水总量18.43亿立方米，自来水水质综合合格率99.9%以上，水质优良。

（2）环境治理

2022年深圳市二氧化硫、二氧化氮、可吸入颗粒物（PM_{10}）、细颗粒物（$PM_{2.5}$）、一氧化碳日平均浓度和臭氧日最大8小时平均浓度达到二级标准天数比例分别为100%、100%、100%、100%、100%和92.1%；截至2022年年底，深圳全市垃圾无害化处理率达到100%；同年深圳城市生活污水集中收集率为84.1%，比2021年提升0.59个百分点；地表水水质优良率提升至95.2%，空气质量优良日数年均346天，优良率达95%。

（3）生态保护

2022年，深圳市共有水土流失面积62.38平方千米，占陆域面积（2465.35平方千米）的2.53%；2022年，全市森林覆盖率达39.2%；截至2023年年底，深圳全市湿地总面积近3.5万公顷，共有湿地类型4类20型。

（4）增长质量

2022年深圳地区生产总值32387.68亿元，比上年增长3.3%。其中第三产业增加值19956.16亿元，增长2.4%；人均地区生产总值183274元，比上年增长3.2%；全年全市居民人均可支配收入72718元，比上年增长2.6%；绿色低碳产业增加值1730.62亿元。

（5）绿色生活

2022年，深圳全年公共供水总量18.43亿立方米，比上年下降3.8%；全年全市用电总量1073.82亿千瓦时，比上年下降2.8%；全市绿化覆盖面积10.14万公顷，建成区绿化覆盖率43.1%，建成区绿地率38.1%。

二、经济绿色发展政策

绿水青山就是金山银山，深圳在经济不断取得突破、科技日益创新的同时，加快产业升级，进一步转变经济发展方式，倡导绿色生活，实现低碳目标。绿色低碳是新一轮科技革命和产业变革的重要领域，深圳紧抓能耗"双控"向碳排放"双控"转变时机，大力发展绿色低碳产业，引导企业绿色低碳转型，以绿色化改造为重点，以绿色科技创新为支撑，以政策法规标准制度建设为保障，大力实施绿色制造工程，积极参与碳排放管控与交易，经济绿色发展取得明显成效。质量高、结构优、消耗低已成深圳经济发展的新常态，"深圳蓝"和"深圳绿"早已成为深圳的城市名片。深圳市聚焦绿色低碳发展推出了一系列政策措施，为经济社会实现高质量发展增添了绿色动能，如《深圳市关于促进绿色低碳产业高质量发展的若干措施》《深圳市生态环境保护"十四五"规划》《"深圳蓝"可持续行动计划（2022—2025年）》等。近年来深圳出台和实施的经济绿色发展相关政策及主要任务见表6-1。

表6-1 深圳经济绿色发展政策

年份	政策名称	主要任务
2023年	《深圳市可持续发展规划（2017－2030年）（2022年修订）》	以国际低碳城开发建设为牵引，推动深圳绿色低碳产业发展，探索实施零碳、近零碳示范工程；实施全民节能行动计划；实施"绿色建造"行动；遵循减量化、资源化、无害化原则；打造国家级环境修复示范项目。
2022年	《深圳市促进绿色低碳产业高质量发展的若干措施》	鼓励深圳绿色低碳新模式新业态创新发展；加快绿色低碳新技术新产品应用推广；支持数字化赋能绿色转型；打造绿色低碳特色园区社区；加强绿色低碳领域人才队伍建设、加大绿色投融资支持力度等。
2022年	《深圳市生态环境保护"十四五"规划》	积极推动深圳绿色低碳循环发展，推进产业绿色化和绿色产业化，构建市场导向的绿色技术创新体系，完善绿色金融政策体系，建立生态产品价值实现机制，促进经济社会发展全面绿色转型。
2022年	《"深圳蓝"可持续行动计划（2022—2025年）》	全力打造深圳市先行示范区清新空气；协同大气污染防治和绿色低碳发展；深入实施清洁柴油车（机）行动，大力推进"公转铁""公转水"；深化各类大气污染源靶向施治、精细管控和全过程管理。
2021年	《深圳率先打造美丽中国典范规划纲要（2020—2035年）及行动方案（2020—2025年）》	创新"两山"转化路径，发展"生态+文旅""生态+金融"产业；提升节能环保技术装备水平；提升深圳市绿色创新能力，推进"政产学研介"深度融合的绿色技术创新体系。

三、经济绿色发展做法

1.提升绿色低碳产业市场竞争力

（1）推动标准、认证、计量与国际接轨。深圳市支持企事业单位和其他组织主导绿色低碳领域标准编制，按国际标准、国家标准、行业标准、地方标准、团体标准分级给予奖励；支持企业面向国内外市场绿色低碳发展需求，开展大湾区碳足迹标识认证工作，制定国家碳计量检定规程或技术规范，按相关规定给予奖励。

（2）持续推广新能源汽车。深圳市积极推进能源利用绿色化，大力发展新能源汽车产业，提高新能源汽车产业竞争力。结合促消费政策实施安排，深圳市政府适时实施新能源汽车购置补贴政策，以及对提前报废或迁出"国IV"及以下普通小汽车并购置符合条件的新能源汽车补贴政策等，促进新能源汽车销售。

（3）发挥专业展会桥梁作用。结合绿色低碳细分领域拓展深圳市重点展会目录，支持深圳市企业在发达国家及"一带一路"沿线等重点市场参加重点展会，并按展位费实际支出给予一定比例补贴，对在深圳市新办且办展面积达到一定规模的专业展会给予财政资金支持。

2.优化产业结构绿色升级

（1）加快淘汰落后产能。深圳市推进工业集聚区生态环境综合整治，对环境质量较差、环保投诉较多的工业集聚区及周边工业企业重点管控，持续开展"散乱污"企业摸排整治工作，建立"散乱污"企业管理台账，落实分类整治要求。

（2）推动绿色产业发展。深圳市结合培育发展"20+8"战略新兴产业集群，打造一批智能车间、能源生态园、绿色工厂，持续降低产业能耗；推进工业园区、企业集聚区因地制宜建设涉VOCs"绿岛"项目；促进大气污染治理重大技术和装备产业化发展；鼓励新能源非道路移动机械购置、电厂锅炉升级改造。

（3）加快绿色低碳新技术新产品应用推广。深圳市推动分布式光伏聚合参与绿色电力市场交易试点，用财政补贴手段鼓励薄膜光伏示范项目建设；通过财政资金支持氢能示范应用，鼓励重载及长途交通运输、分布式发电及综合能源等领域氢能示范项目建设，鼓励开展天然气掺氢发电、城镇燃气管网掺氢等领域的研究和技术应用；积极推动新型储能快速发展，加快钠离子电池、固态电池、液流电池等新型储能技术研发和示范，对规模化示范储能项目给予财政资金支持；鼓励利用可再生能源、储能设施搭建微电网。对利用分布式能源、储能装置和可控负荷组成的微电网示范项目，按总投资给予一定比例财政资金支持。

3.支持数字化赋能绿色转型

（1）筑牢绿色化转型数字基础。加快深圳市双碳云网综合信息服务平台建设，构建城市级碳监测与评价平台；汇聚绿色低碳产业情报和行业信息，免费向符合条件的绿色低碳产业企业开放；鼓励市场主体按照行业标准规范安装温室气体排放、能耗在线监测设备，对接入深圳市建筑能耗管理系统、双碳云网综合信息服务平台的示范项目，按总投资给予一定比例财政资金支持。

（2）推动数字产业绿色化转型。支持建设绿色数据中心，推进存量数据中心节能降碳改造，加快冷源、近端制冷、液冷等制冷先进节能技术在绿色数据中心建设中的应用，打造零碳数据中心示范。

（3）开展碳捕集利用与封存（CCUS）试点示范。鼓励开展CCUS关键技术研发，支持煤电CCUS、海上CCUS等重大示范项目建设，推动CCUS技术全链条、规模化应用，实现CCUS项目持续高效运营。

4.保障绿色发展基础建设

（1）加强绿色低碳领域人才队伍建设。深圳市支持建设绿色低碳领域学科，对相关学科和学院建设给予财政资金支持；将碳排放管理员、碳交易员等纳入《深圳市职业技能培训补贴目录》；建设深圳市绿色低碳技术技能人才创新发展中心和大湾区绿色低碳技术人才实训基地，推进产教融合。

（2）加大绿色投融资支持力度。深圳市政府作为发起人在绿色低碳领域设立产业基金，加大对绿色低碳产业的投融资支持力度，引导金融资源为企业绿色低碳转型提供精准支撑；用足用好风险共担机制，对符合条件的企业提供绿色融资增信服务；支持绿色金融业务规模化发展。

（3）构建绿色出行体系。深圳市打造"轨道—公交—慢行"设施融合的绿色出行体系，完善城市步行和非机动车慢行交通系统，营造15分钟社区生活圈。

四、做法取得的成效

1.绿色产业发展体制机制不断健全

（1）生态环境质量显著改善。截至2022年年底，深圳市$PM_{2.5}$年均浓度降至16微克/立方米，空气质量优良天数比例达92.1%，处于国内超大城市领先水平；在全国率先实现全市域消除黑臭水体，水环境实现历史性、根本性、整体性转好，被国务院评为重点流域水环境质量改善明显的5个城市之一；水生态环境修复取得初步成效，茅洲河、大鹏湾入选全国美丽河湖、美丽海湾优秀案例；近岸海域海水水质稳定趋好，东部海域海水水质常年保持一、二类优良水平。

（2）气候治理能力持续提升。深圳市出台全国首部绿色金融法规《深圳经济特区绿色金融条例》，建立温室气体清单编制工作长效机制，实现温室气体清单编制常态化；持续深化碳交易试点，配额成交总量超过5800万吨，总成交金额达到13.78亿元，市场流动性居全国试点碳市场首位，以全国试点碳市场2.5%的配额规模，实现13%的交易量和交易额，荣获C40城市气候领导联盟颁发的2016年城市金融创新奖；持续创新碳金融产品及服务，将气候投融资机制改革纳入深圳综合改革试点授权事项；华润电力（深圳）有限公司碳捕集测试平台竣工投运，成为亚洲首个多线程碳捕集测试平台，创新性地开展微藻养殖与光伏发电相结合项目，打造千亩级藻光一体化碳中和示范产业园。

（3）环境治理能力显著增强。深圳市新扩建水质净化厂7座、提标改造30座，污水处理能力达到760万立方米/日，新建污水管网6460千米，实现污水收集处理能力和出水水质"双提升"；国家"无废城市"建设试点成效明显，垃圾焚烧处理能力达1.8万吨/日，率先实现生活垃圾全量焚烧和趋零填埋，固体废物无害化处置和资源化利用能力大幅提升；全国率先建立"一街一站"大气监测网络，规划建设"一中心、四平台"智慧管控系统，基本实现生态环境数据分散采集、统一汇聚和集中管理；实施最严监管执法、网格化监管，开展"春雷行动""利剑"系列等环保执法行动，铁腕执法成效显著。

2.绿色低碳水平持续提升

（1）绿色低碳产业体系构建速度加快。深圳市获评国家首批可持续发展议程创新示范区，构建形成低消耗、低排放的现代产业体系。2022年，深圳市绿色低碳产业增加值为1731亿元，同比增长16.1%，高出2021年7.3个百分点，增速明显高于全国生态环保产业1.9%的营收增速；新能源产业发展位居全国首位，2022年智能网联汽车增速达46.1%，处于全球第一梯队，率先实现公交车、出租车100%纯电动化，新能源汽车保有量约40万辆，居全球城市前列；新建民用建筑100%执行建筑节能和绿色建筑标准，全市绿色建筑总面积超1.2亿平方米；绿色交通系统建设效果良好，稳步推进高品质宜行城市建设，绿色交通出行率达到71%；能源资源利用效率不断提升，单位GDP能耗、水耗分别约为全国平均水平的1/3和1/8，单位GDP碳排放强度约为全国平均水平的1/5，化学需氧量、氨氮、二氧化硫、氮氧化物排放总量分别下降45.5%、30.3%、25.0%、13.7%。

（2）建成全省首条野生动物保护生态廊道。深圳湾滨海红树林湿地生态修复项目荣获"广东省首届国土空间生态修复十大范例"称号；深圳市不断优化城市生态空间，建成国家森林城市，2022年，全市公园总数达1260个，公园总面积38209.89公顷，公园绿地面积22219公顷；深圳市10个区先后获评"国家生态文明建设示范区"，南山区成功创建"绿水青山就是金山银山"实践创新基地，深圳成为全国唯一获评"国家生态文明建设示范市"的副省级城市。

（3）公众参与意识持续强化。截至2021年年底，深圳市连续成功举办八届深圳国际低碳城论坛，中国（深圳）国际气候影视大会作为国内首个以应对气候变化为主题的绿色公益影视活动，已成为具有国际影响力的气候变化品牌活动；编制绿色生活创建行动实施方案，创建绿色机关、绿色社区等绿色单位1241家；试点建设国内首个碳币服务平台，碳币平台注册用户达到16万，发放碳币约2.9亿，逐步构建起多形式、多渠道的绿色低碳全民行动机制。

第二节 上 海

一、经济绿色发展概况

上海市，简称"沪"，是中华人民共和国直辖市、国家中心城市、超大城市、上海大都市圈核心城市，是国务院批复确定的中国国际经济、金融、贸易、航运、科技创新中心，是中国历史文化名城。上海市总面积6340.5平方千米，辖16个区。2022年年末，上海市常住人口为2475.89万人。上海市位于中国华东地区，介于东经120°52′—122°12′，北纬30°40′—31°53′之间，地处太平洋西岸，亚洲大陆东沿，中国南北海岸中心点，长江和黄浦江入海汇合处。北接长江，东濒东海，南临杭州湾，西接江苏省和浙江省，是长江三角洲冲积平原的一部分。

上海市是我国综合经济实力最强、国际化水平最高的城市之一。上海率先在全国试行和推进碳交易、碳金融、气候投融资、绿色金融和企业ESG（环境、社会和公司治理），积极践行绿色发展和高质量发展，取得了成功经验和丰硕成果。《长三角生态绿色一体化发展示范区国土空间总体规划（2021—2035年）》为上海市绿色发展提供了保障和支持。

（1）资源利用

2022年上海市一般工业固体废物产生量为2076.3万吨，综合利用量1955.5万吨（含综合利用往年贮存量2.0万吨），综合利用率94.1%，处置率5.8%，主要通过填埋、焚烧等方式予以安全处置。

（2）环境治理

2022年全社会用于环境保护的资金投入约1022.27亿元，相当于地区生产总值的2.3%左右；全年环境空气质量（AQI）优良率87.1%；二氧化硫年日均值6微克/立方米，与2021年持平；可吸入颗粒物（PM_{10}）年日均值39微克/立方米，同比下降9.3%；细颗粒物（$PM_{2.5}$）年日均值25微克/立方米，同比下降7.4%；二氧化氮年日均值27微克/立方米，同比下降22.9%；臭氧日最大8小时滑动平均值达标率88.8%，同比下降5.7个百分点；2022年年末，城市污水处理厂日处理能力达896.75万立方米，比上年年末提高4.6%，生活垃圾无害化处理率100%。

（3）生态保护

2022年全年新增森林面积5.1万亩，新建绿地1055.3公顷（其中公园绿地512.8公顷）、绿道232千米、立体绿化44.6万平方米，森林覆盖率达到18.5%；2022年新建公园138座，全市城乡公园数量达到670座；湿地面积达46.46万公顷，占到国土面积的43.15%，在我国各省级单位中位于前列。

（4）增长质量

2022年上海市地区生产总值44652.8亿元。其中，第一产业增加值96.95亿元，下降3.5%；第二产业增加值11458.43亿元，下降1.6%；第三产业增加值33097.42亿元，增长0.3%。第三产业增加值占地区生产总值的比重为74.1%；全市居民人均可支配收入79610元，比2021年增长2.0%；全社会研发经费投入1982亿元左右，全社会研发经费（R&D）支出占GDP的比重为4.2%，较2021年的4.1%又有提升；全年新能源、高端装备、生物、新一代信息技术、新材料、新能源汽车、节能环保、数字创意等工业战略性新兴产业完成规模以上工业总产值17406.86亿元，比2021年增长5.8%，占全市规模以上工业总产值比重达到43.0%。

（5）绿色生活

2022年上海市建成区绿化覆盖率38.2%；用水总量为76.96亿立方米，节水总量79万立方米，居民人均日用水量127升/人；全年全市用电量1745.55亿千瓦时，比2021年下降0.2%。

二、经济绿色发展政策

上海市积极应对气候变化、实施工业碳达峰行动，优化结构布局，合理配置能源资源，全面促进清洁生产，健全绿色制造体系，激发绿色发展新动能，赋能绿色低碳发展，强化综合施策，营造良好发展氛围。在能源领域，上海大力发展清洁能源，加快新能源的推广和应用。同时，上海也在推动绿色制造、绿色建筑、绿色交通等领域的发展，引导企业提高资源利用效率，降低碳排放量。上海作为中国经济中心城市，经济绿色化对于整个中国的经济转型升级和可持续发展具有重要意义。经济绿色化可以减少环境污染，改善生态环境，提高居民生活质量，同时也有助于提升上海的国际竞争力，吸引更多的投资和人才。上海市政府高度重视经济绿色发展，出台了一系列政策措施，推动企业进行绿色转型升级。近年来，上海市制定的经济绿色发展政策具体如表6-2所示。

表6-2 上海市经济绿色发展政策

年份	政策名称	主要任务
2023年	《上海现代农业产业园（横沙新洲）发展战略规划（2023—2035年）》	着眼长远发展，推进上海现代农业产业园建设，打造世界级现代都市生态绿色农业示范区，新时代中国式上海现代化农业园区发展新标杆。坚持零碳排放、零污排放发展导向，推进种养循环农业体系、绿色能源交通体系等应用实践，推动发展和保护相统一。
2022年	《上海市产业绿色发展"十四五"规划》	为提升上海市产业绿色发展能级，上海将创建200家以上绿色制造示范单位，10家绿色设计示范企业，开展零碳工厂、园区、供应链建设点。规划还提出了九大重点领域和主要任务。
2022年	《上海市瞄准新赛道促进绿色低碳产业发展行动方案（2022—2025年）》	上海市要进行能源清洁化、原料低碳化、材料功能化、过程高效化、终端电气化、资源循环化。
2022年	《上海市浦东新区绿色金融发展若干规定》	为提升浦东新区绿色金融服务水平，根据有关法律、行政法规的基本原则，制定适用于浦东新区行政区域内开展的绿色金融活动及相关保障工作。
2021年	《崇明区2021—2023年生态环境保护和建设三年行动计划》	上海市崇明区开启第八轮环保三年行动计划，实现对生态环境风险的全面管控，加快推进绿色生产、生活方式形成，构建生态岛"大环保"格局。
2021年	《上海市关于加快建立健全绿色低碳循环发展经济体系的实施方案》	对生产、流通、消费等三大体系以及基础设施和绿色技术创新等两大领域提出了一系列绿色低碳循环发展措施和任务，此外还提出了完善法律法规政策体系、认真抓好贯彻落实等要求。

三、经济绿色发展做法

1.绿色金融

（1）完善绿色金融标准

上海市加大力度打造国际绿色金融枢纽，在服务实现"双碳"目标方面主动先行先试；依托全国碳交易系统，上海市丰富市场交易主体，引入碳交易信用保证保险，建立了碳普惠机制，引导企业不断提升碳资产管理能力，建立和完善了碳交易标准规则体系；重点发展碳基金、碳债券等金融产品，鼓励发展重大节能低碳环保装备融资租赁业务。

（2）持续深化绿色金融创新

上海市积极建设绿色金融市场，引导各方面积极参与市场交易，努力建设具有国际影响力的碳交易、定价、创新中心。上海市基于在资本市场和科技创新领域的良好基础，积极推动绿色金融市场建设过程中科技、产业、金融的紧密结合和良性循环。

2.绿色能源

（1）推进清洁能源综合利用

上海市大力推广使用太阳能、生物质能等可再生能源，进一步提升太阳能、风能、海洋能、地热能等可再生能源以及核能、氢能等清洁能源的比重，拓展氢能等潜在替代能源利用；探索构建上海市公共机构智能微电网系统，建立以可再生能源为核心载体的高效、可靠、清洁、智能的一体化、供需无缝衔接的可再生能源体系，并试点推进动力电池的循环利用。

（2）搭建公共机构绿色低碳发展新载体

上海市集聚节能环保产学研机构和人员，组建长三角公共机构绿色开发者联盟，举办公共机构绿色发展研讨活动、节能新技术、新项目等推广会以及节能技术培训会，促进行业交流与良性互动，推动上海市公共机构提能效降能耗。

（3）推动"光伏+公共机构"的开发应用

上海市有序开展分布式光伏项目的开发建设，出台公共机构分布式光伏建设指导意见，完善公共机构可再生能源应用体系和管理机制；探索建设集光伏发电、储能、直流配电、柔性用电为一体的"光储直柔"公共机构建筑。

（4）提高新能源汽车比例

上海市依法淘汰高耗能、高排放车辆，推进公务用车新能源化，鼓励机关人员与员工购买和使用新能源汽车，上海市党政机关公务车辆更新车辆，力争全面使用新能源汽车；完善新能源汽车充换电设施建设，提高既有充电桩的利用率，实现互联互通，鼓励逐步将存量充电桩改建为直流快充桩，促进新能源汽车与可再生能源的高效协同发展。

3.绿色生产

（1）制定排污制度

上海市依托市场机制，依照"谁污染、谁付费"原则，让排污企业通过付费和签订合同，将其所产生的污染交由专业环保公司治理，推动城市污染防治和生产生活方式绿色转变，推动绿色城市建设和发展。

（2）强化重点领域节能降碳

上海市着力打造绿色低碳制造体系，推动数字中心绿色升级：原料低碳化，推进冶炼过程以氢代碳；材料功能化，推动新能源、节能环保等量产应用；过程高效化，优化重点行业生产工艺，推进数据中心新技术应用；终端电气化，推动终端能源消费方式升级；资源循环化，加大废旧动力电池梯级利用和城市废弃物协同处置力度。

（3）推动重点用能行业技术装备创新

上海市电力行业推广超低煤耗发电技术，推进数据中心利用液冷、人工智能运维等技术降低电源使用效率值，推广磁悬浮制冷机、永磁空压机、高温高效热泵等高效设备。

（4）绿色建设应用试点

上海市充分利用工业副产氢资源，在金山、宝山打造氢气主要供应基地，在临港、嘉定和青浦建设产业实践区，丰富应用场景；开展兆瓦级风力、光伏等新能源电解水制氢集成及应用示范，开展"氨—氢"绿色能源应用试点；设计并建设三级加氢站，日加氢能力约1600千克，推动高压供氢加氢设备、70兆帕储氢瓶等多重储运技术的应用（35兆帕日加氢能力1065千克，70兆帕日加氢能力约500千克）。

4.绿色农业

（1）开拓"绿色+数字"农业

上海致力于为相关企业提供数字化服务，将植物生长全流程数据化，依托数据采集、分析，开发各类智能产品，助力农业生产提质增效。通过科技赋能，对农产品生产、加工、储运、销售等环节进行常态化监测，确保群众餐桌上主副食产品供应充足、稳定、绿色。

（2）建设绿色农业示范区

上海市农投集团积极打造世界级现代都市生态绿色农业示范区，智农原点承载园区核心功能，打造园区综合性管理服务中心，集成先进农业生物技术和信息技术，实施远程控制、实时监测、智能反馈和精准作业。

5.绿色生活

（1）大力建设绿色人居环境

上海市加大对城市环境基础设施的投资和建设力度，新修各类污水处理厂，并且对已有污水处理厂进行升级和改造，增加新铺设污水管网，对老旧小区进行雨污分流管网改造；对城区主要商场、文化建筑和临街商铺、道路进行绿化改造，建设万米绿墙，加强道路绿化和高架桥绿化，大力建设城市绿道，着力改善城市人居环境。

（2）积极宣传绿色生活

上海市通过播放广播和张贴宣传海报等方式，倡导和宣传绿色生活方式，鼓励居民选择公共交通工具出行，增强居民环境保护意识和观念；通过发放绿色账户小卡片和相关奖励措施推动社会公众积极参与生活垃圾分类活动，提高垃圾资源化利用水平，破解"垃圾围城"问题。

（3）建设绿色公共机构

上海市以大中小学作为创建对象，开展生态文明教育，打造节能环保绿色校园，积极采用绿色产品，培育绿色校园文化，组织多种形式的校内外绿色生活主题宣传；加强医院节能减排管理，提升医疗质量；与公共机构节能主管部门联合制定上海市绿色食堂创建标准，提升公共机构食堂绿色化、电气化、精细化管理水平；推进节约型机关创建工作，健全节能降碳管理制度，优先采购秸秆环保板材等资源综合利用产品，限制使用一次性办公用品，推动无纸化办公。

6.绿色发展保障

（1）政策保障

上海市制定并实施一系列绿色发展政策，构建支持绿色低碳产业发展的政策体系，聚焦成果转化、场景应用和项目落地过程中的瓶颈问题，开展先行先试。充分利用国家和本市节能减排、促进产业高质量发展等专项资金，支持绿色低碳技术突破、产业发展和特色园区建设。

（2）人才保障

上海市加大绿色低碳产业人才的引进和培养力度，形成分层次、多渠道的人才培养体系；引进具有国际化创新力和领导力的复合型人才，通过产业精英高层次人才选拔，遴选一批领军人才和青年英才；发挥高校和科研院所在培养优秀创新人才方面的作用与优势，扩大行业队伍。

四、做法取得的成效

上海市绿色金融发展领先全国。到2022年年末，上海金融机构绿色贷款余额达到8424亿元，较上年提高1.9个百分点，增速也高于全国绿色信贷的增速，绿色信贷资产证券化、碳中和债券等产品创新走在全国前列。

科技创新赋能绿色发展成效显著。申能集团国内首套世界最大冷能发电装置在沪并网试验成功，上海LNG冷能发电装置为国内首套、目前世界上最大规模的冷能发电装置，每年可减少能耗近7000吨标煤，减少碳排放约1万吨；上海艾录包装股份有限公司主要从事工业用纸包装、塑料包装及智能包装系统的研发、设计、生产等，先后荣获"国家级绿色工厂""上海市智能工厂"称号；绿色制造循环改造持续推进，新建市级绿色工厂42家、绿色设计产品17项，绿色低碳技术创新研发和推广应用取得积极进展。2022年11月，上海低碳技术创新功能型平台获得中国合格评定国家认可委员会颁发的实验室认可证书，反映了上海绿色低碳创新平台在硬件设施、质量管理、检测能力等领域已达到国际认可水平。

上海市已全面完成生态循环农业示范创建，建成2个示范区、10个示范镇和100个示范基地，初步形成大、中、小生态农业循环利用体系；上海市农作物秸秆利用率超过98%，规模化畜禽养殖场粪污处理设施配套率达到100%，建成30家国家级生态农场，绿色农业发展总体成效名列全国前茅；截至2022年，上海市在农作物播种面积增加6.2%的基础上，市郊化肥、农药使用量分别减少35.01%和42%。

上海市崇明区成为全国农村生活垃圾分类示范区。第十届中国花博会在崇明成功举办，全国首个《生态民宿等级评定标准》和《崇明生态民宿等级评定办法》带动催生了一批五星级生态民宿。崇明被联合国环境规划署誉为"太平洋西岸难得的净土"，有上海"绿肺"之称。

第三节　杭　　州

一、经济绿色发展概况

杭州位于中国东南沿海北部，浙江省北部，东临杭州湾，与绍兴市相接，西南与衢州市相接，北与湖州市、嘉兴市毗邻，西北与安徽省宣城市交接，总面积16850平方千米。杭州市地处钱塘江下游、东南沿海、京杭大运河南端，是G60科创走廊中心城市，浙江省政府批复的环杭州湾大湾区核心城市。杭州市介于东经118°20′—120°37′，北纬29°11′—30°34′之间，市境西部属浙西丘陵区，东部属浙北平原，水网密布，物产丰富。杭州属亚热带季风气候，四季分明，雨量充沛。

杭州具有绿色发展的天然地理优势，地处长江三角洲经济区，交通便利，是连接华东和华南地区的重要节点，为发展绿色经济提供了便利条件。其次，杭州地处亚热带季风气候区，气候温和湿润，有利于植被生长和生态环境保护。此外，杭州拥有得天独厚的自然景观，拥有江、河、湖、山交融的山水布局，还有湿地、山泉与溪流的水系交融，自然生态环境优美，例如西湖、灵隐寺、千岛湖等，这些景点吸引了大量的游客，也为杭州发展绿色旅游提供了机遇。

"十四五"时期，我国生态文明建设进入了以降碳为重点战略方向、推动减污降碳协同增效、促进经济社会发展全面绿色转型、实现生态环境质量改善由量变到质变的关键时期。绿色发展已成为杭州争当浙江高质量发展建设共同富裕示范区城市范例的必然要求，也是积极应对气候变化、解决污染问题的根本对策。落实绿色发展，需要科技创新作为支撑，创新成果是实现绿色发展的重要引擎。

（1）资源利用

2022年杭州全市一般工业固体废物综合利用率98.91%，比2021年降低0.25%；全市八大高耗能行业实现增加值814亿元，比2021年下降5.6%；全市总供水量与总用水量均为29.27亿立方米，较2021年减少0.48亿立方米。

（2）环境治理

2022年杭州城市生活垃圾无害化处理率100%，与2021年一致；全市水环境质量状况为优，市控以上断面水环境功能区达标率100%；水质达到或优于Ⅲ类标准比例100%；市控以上断面水质优良比例100%；县级以上集中式饮用水水源地水质达标率保持100%；14个国控饮用水水源地点位水质达标率均为100%，与2021年同期持平，水质保持稳定。

（3）环境质量

2022年杭州全市空气质量优良天数340天，同比增加19天，优良率为93.15%，同比上升5.3%；市区细颗粒物（$PM_{2.5}$）平均浓度为30微克/立方米，同比上升7.1%；可吸入颗粒物（PM_{10}）平均浓度52微克/立方米，同比下降5.5%；杭州市区细颗粒物（$PM_{2.5}$）达标天数为354天，同比减少8天，达标率为97%，同比下降2.2个百分点；臭氧浓度170微克/立方米，同比上升4.9%；与2021年相比，二氧化氮（NO_2）年均浓度下降5.9%，一氧化碳（CO）日均浓度第95百分位数为0.9毫米/立方米，与2021年持平。

（4）生态保护

2022年，杭州成功创建国家生态文明建设示范区6个，省级生态文明建设示范区12个；5个案例入选第二批、第三批全省生态环境系统共同富裕最佳实践案例，数量为全省第一；杭州市两个区入选浙江高质量发展建设共同富裕示范区城市范例最佳实践（第一批）中生态文明建设先行示范区；完成4个重点区域生物多样性调查评估。2022年，杭州市森林覆盖率67.06%，较2021年增长0.3%。

（5）增长质量

2022年，杭州全市地区生产总值（GDP）18753亿元，按可比价格计算，比上年增长1.5%；全市一般公共预算收入2450.61亿元，扣除留抵退税因素后增长8.4%，自然口径比2021年增长2.7%；其中税收收入2169.85亿元、非税收入280.76亿元，税收收入占一般公共预算收入的比重为88.5%，保持全国副省级城市首位。按常住人口计算，全市人均GDP为152588元；居民家庭人均可支配收入70281元，同比增长3.8%。

（6）绿色生活

2022年，杭州市区道路交通噪声66.3分贝，质量等级为好；市区降尘为2.99吨/（平方千米×30天）；城市建成区绿化覆盖率43%，较2021年上升8.2%，人均公园绿地面积近15平方米；市区建成区公园绿化活动场地服务半径覆盖率达92.12%，全市新建改造绿道2607千米。

二、经济绿色发展政策

杭州市将绿色低碳理念纳入全市经济社会发展和生态文明建设整体布局，探索以低水平碳排放支撑高质量发展的绿色低碳转型发展路径。大力发展绿色低碳经济、打造生态文化新高地等九大行动，不断厚植生态文明之都特色优势。近年来，杭州市制定了一系列经济绿色发展政策，具体如表6-3所示。

表6-3　杭州经济绿色发展政策

年份	政策名称	主要任务
2023年	《杭州市人民政府办公厅关于杭州市科学绿化的实施意见》	为推动杭州市绿化高质量科学发展，意见指出要增强绿地规划刚性，优化全市绿地布局；加强生态带与城市空间的渗透融合，科学设计绿化方案；以"零碳亚运"为契机，加快发展碳汇森林；打造美丽生态廊道；建设健康森林，实现森林增汇提质等。
2023年	《杭州市入河入海排污口排查整治实施方案》	以改善生态环境质量为核心，以数字化改革为支撑，深化杭州市入河入海排污口（以下简称排污口）设置和管理改革，建立健全责任明晰、设置合理、管理规范的排污口长效监管机制。

（续表）

年份	政策名称	主要任务
2022年	《杭州市财政局关于加强政府绿色采购的通知》	为践行绿色发展理念，杭州市要持续深化政府采购制度改革，扩大绿色产品采购范围，推动建立绿色低碳循环发展的经济产业体系；引导采购单位全面落实政府绿色采购有关政策，反对铺张浪费和不合理采购，全力促进资源全面节约和循环利用。
2022年	《关于加快推进绿色能源产业高质量发展的实施意见》	杭州市要发展壮大储能产业，努力推进氢储能等新型储能技术攻关及产业化；持续做强光伏产业；提升产业链上下游协同能力。加快建设清洁低碳、高效安全、智慧融合的现代能源体系。
2021年	《杭州市重点领域机动车清洁化三年行动方案（2021—2023年）》	为持续改善杭州市空气质量，推进建成区重点领域机动车清洁化。加快机动车充电和LNG（液化天然气）加液设施建设；加快过境车辆绕行路网和绿色货运配送网络建设；加快将现有出租车淘汰更新为新能源车。到2023年年底，建成区车辆以及城市物流配送车辆清洁化比例力争达30%以上，基本形成集约高效、绿色智能的城市物流配送体系。

三、经济绿色发展做法

1.注重生态保护

杭州市大力推进湿地保护、水源保护等工作，修复滨水岸线，还生物自然环境，提高生物多样性程度，保护城市生态环境。例如，钱塘江口湿地公园的建设，将钱塘江口的湿地建设成为候鸟栖息地。

（1）建设城市绿化。杭州市大力推进城市绿化，通过建设公园、绿地、森林等，不断提升城市绿化覆盖率。例如，杭州西湖国家公园的建设，将西湖周边的绿地和自然景观进行整合，形成大型城市公园。杭州先后实施了西湖、西溪湿地、运河、湘湖、市区河道等综合保护工程，旧城改造、庭院改善、"一绕四线""三江两岸""四边绿化""三改一拆""五水共治"等重点工程，并持续将城市扩绿列为年度为民办实事项目，年均新增绿地500万平方米以上，实现居民出门"300米见绿、500米见园"的实施目标。

（2）首创实施"污水零直排"建设。杭州市消除河道排水口，剿灭劣五类水体，创建美丽河湖；划定农村饮用水水源保护地，建设农村饮用水安全提升工程；增加污水管网，提高污水处理能力；在新建设区域实行集中供热；加强饮用水水源的保护；采用引、疏、截、管、用五字方针，整治河网、完善水系。

（3）大气污染防治工作。杭州市全力打好"蓝天保卫战"，全面治理"燃煤烟气"；强化治理"扬尘灰气"；结合实施"美丽杭州"创建暨"迎亚运"城市环境大整治、城市面貌大提升集中攻坚行动，推进建筑工地及周边环境整治；开展"裸土覆绿"专项行动，全面推进裸露地治理；推动制定餐饮油烟排放在线监测行业技术规范。

2.产业和能源转型升级

（1）构建绿色产业生态。杭州市不断推进科技创新与绿色发展耦合之路，坚持生态优先、环境立区，以三大污染防治为抓手，多措并举推动高质量发展。逐步建立生态型和可持续发展的产业结构，形成资源消耗少、污染小、经济贡献大的生产体系。

（2）绿色能源探索。杭州市政府鼓励企业使用清洁能源，例如太阳能、风能等，减少对传统能源的依赖；建设了智能化能源系统，例如智能电网、智能家居等，以提高能源利用效率；以能源的绿色低碳发展和保供稳价行动为抓手，立足于"能源小事、用能大事"的现状，大力发展风能、光能等可再生能源、清洁能源，开展源头降碳，深入开展公共机构的屋顶分布式光伏和开发区、园区的新型电力系统建设，大力发展分布式能源系统；以五大产业生态圈的发展为抓手，撬动政策的杠杆，发挥人才的优势，加强技术创新的力量，汇集新能源应用的广阔市场资源，做大做强杭州在新能源细分领域的"小巨人""隐形冠军"企业，大力发展杭州的新能源产业生态圈。

（3）减污降碳推动绿色低碳发展。杭州市政府提出率先实现生态环境质量改善由量变到质变，坚持发展低碳化，有序推进碳达峰碳中和，聚焦重点领域，加快推动能源结构调整，抓实抓好能源、工业、建筑、交通、农业、居民生活6大重点领域绿色低碳转型，实现碳达峰；杭州市政府出台《杭州市重点领域机动车清洁化三年行动方案（2021—2023年）》，系统提出车辆结构优化、物流运输高效化、供能设施便利化、出行方式绿色化、政策措施差异化、产业发展多元化六项重点任务；在全国率先实施非营运小微型客车"十年环保免检"，制定实施《杭州市大气污染防治日常工作机制（试行）》，建立部门、区县齐抓共管的工作机制。

3.引导绿色生活方式

（1）推进绿色交通出行。杭州市推广新能源汽车，鼓励市民使用公共交通工具，采用以公共交通为主导的紧凑发展形态，缩短通勤和日常生活的出行距离，在规划中实施以公交为导向的居住区发展模式，把公共交通作为居住区必备的公共设施，减少私家车出行；建设自行车专用道，鼓励市民骑自行车出行，减少机动车污染。

（2）促进公众参与。公众是绿色发展建设的主体，公众的参与可从两方面进行，即参与规划的制定和监督以及绿色发展的建设和维护。杭州市大力鼓励社区的参与，旨在增强市民的环境意识，培养其对环境的责任感，减少城市资源的消耗量和无序开发。在城市规划和居住区规划中，听取公众的意见和建议，形成公正、透明的城市规划制度。

（3）树立低碳生活方式。随着数字时代的到来，杭州借助数字经济优势，结合未来社区建设和发展，充分利用数字化手段，进行广泛的绿色理念传播，依托未来社区驾驶舱、城市大脑等平台，逐步建立居民碳账户、碳积分制度，创新碳普惠机制，让个人减碳的行为转化为个人"碳资产"，从而形成良性循环，引导公众自觉地践行绿色低碳生活方式。

4."无废亚运"行动

（1）56个亚运场馆实现100%绿电供应，新改建建筑垃圾资源化利用率超过95%；杭州亚运村二星级以上绿色建筑比例100%，生活垃圾回收利用率达74.8%，易腐垃圾资源化利用率100%。通过"无废亚运"示范引领，也有力推动了建筑施工、再生资源回收利用和制造业等相关产业的转型升级。这项具有杭州辨识度的"无废城市"品牌，不仅为其他大型活动及赛会提供了"无废"标准和经验，还让"无废"理念走进千家万户，有效推动了杭州"无废城市"建设。

（2）通过总结凝练杭州亚运会"无废"办赛的经验做法，制定出台大型国际"赛""会"实施指南和相关标准，为今后举办大型国际"赛""会"活动提供"无废"指引，积极推动杭州市"无废城市"建设地方立法。加快推进传统制造业和新兴产业"无废集团"创建，并推动上下游企业的"无废"产业链建设，实现减污降碳和降本惠企的双赢。整体谋划打造集成各类"无废"细胞的"无废街区""无废商圈"，提升"无废城市"形象显现度和公众获得感，让"无废"理念深入人心，全力打造"无废城市"第一城。

四、做法取得的成效

十年来，杭州大力开展"五水共治""五气共治""五废共治"，设立淳安特别生态功能区，绿色成为杭州发展最动人的色彩。在一系列生态建设"组合拳"之下，蓝天白云、清水绿岸成为常态。杭州市区$PM_{2.5}$浓度从64.6微克/立方米降至28微克/立方米，市控以上断面水质优良率、县级以上集中式饮用水水源地水质达标率均达到100%，森林覆盖率达到66.9%、连续多年居全国同类城市首位，原生生活垃圾全域实现零填埋。杭州在省会城市中率先建成"国家生态市"，荣获"国家生态园林城市""美丽山水城市"等称号，连续5年获得"美丽浙江"考核优秀，连续4年获得省治水考核"大禹鼎"。

十年来，杭州累计关停重污染企业418家、整治提升439家，全面完成能源"双控"和减煤目标，单位GDP能耗全省最低，以全省1/10的大气和水排放量贡献了全省近1/4的GDP。

十年来，杭州改造提升城中村365个和老旧小区1019个，创建省级美丽城镇样板34个、未来社区118个、美丽乡村272个、风貌样板区37个，全面推进城乡接合部环境综合整治，做精做优城乡"美丽单元"，整体扮靓城市特色风貌。

作为首批低碳城市试点，杭州勇于实践探索，不断加强创新引领和成果转化。2023年10月杭州成功打造了"首届碳中和亚运会"，同时在低碳领域开拓储能、光伏、风电、节能环保等新技术、新产业。通过能源设施的共建共享、清洁能源、互保互替等方式，杭州积极开展区域能源合作，不断探索跨区域的碳汇资源、生态产品价值化等务实合作，推动综合性国家科学中心创建和科技成果转移转化工作。

第四节　沈　　阳

一、经济绿色发展概况

沈阳作为辽宁省省会、副省级城市、都市圈核心城市，是东北地区重要的中心城市、先进装备制造业基地和国家历史文化名城。在绿色发展方面，沈阳具有良好的自然环境优势，沈阳地区属于海绵城市，能就近吸收、存蓄、渗透、净化径流雨水，补充地下水、调节水循环，需要时可以将蓄存的水释放出来加以利用，进而保护和改善城市生态。

（1）资源利用

2022全年规模以上工业综合能源消费量763.3万吨标准煤，其中六大高耗能行业综合能源消费量占65.8%，比上年下降3.5个百分点；全市规模以上工业能源消费中，原煤消费占比74.4%，比上年提高2.7个百分点；全年全社会用电量400.2亿千瓦时，增长0.4%。

（2）环境治理

2022年，沈阳市20个国省考断面全部达标，国考断面优良水体占比达到60%，水质综合指数比上年改善5.44%，水环境质量连续4年稳步改善；重点建设用地安全利用率保持100%；工业危废、医废、涉疫垃圾安全处置率均为100%；城市污水处理能力达到378.5万吨/日，城市污水处理率达到99.5%；棋盘山地区获得全国"绿水青山就是金山银山"实践创新基地命名。三环内工业燃煤锅炉全面"清零"，成为国家北方地区冬季清洁取暖试点城市。

（3）环境质量

2022年，沈阳市城市环境空气质量优、良天数为320天，同比增加5天；达标天数比例87.7%，比2021年上升1.4个百分点。环境空气6项评价指标中，细颗粒物（PM$_{2.5}$）平均浓度达标，可吸入颗粒物（PM$_{10}$）、二氧化硫（SO$_2$）、二氧化氮（NO$_2$）、一氧化碳（CO）浓度均达标，年均浓度及相应的24小时百分位数浓度同比2021年均下降。

（4）生态保护

在碧水保卫战方面，持续推进完成20项水体达标和46项重点治污工程，完成800多个入河排污口整治，农村生活污水治理率提前3年达成"十四五"目标。2022年，沈阳耕地面积1159.42万亩，其中旱地占76.80%，水田占19.25%。林地面积222.44万亩，园地21.13万亩。城镇村及工矿用地285.09万亩，交通运输用地73.95万亩，水域及水利设施用地112.40万亩。

（5）增长质量

2022年沈阳市地区生产总值（GDP）7695.8亿元，比上年增长3.5%，其中第三产业增加值4475.1亿元，增长3.5%；全市人均地区生产总值84268元，比上年增长3.1%；全年全体居民人均可支配收入45500元，比上年增长2.6%。

（6）绿色生活

2022年全市用水总量27.08亿立方米，全社会用电量400.2亿千瓦时，同比增长0.4%；全年建成区绿地面积229.68平方千米，其中，新建公园7座，改造提升公园10座，新建口袋公园1000座，实现增绿22.5平方千米，建成区绿化覆盖率41.96%，建成区绿地率40.08%；人均公园绿地面积14.26平方米。

二、经济绿色发展政策

沈阳市聚焦经济高质量发展，坚持生产绿色化、生活低碳化、环境清洁化，以"双碳"战略目标为引领，推进碳达峰碳中和，推动能源、工业、城乡建设、交通运输绿色低碳发展，积极打造东北绿色低碳发展先导区和绿色能源发展示范基地。近年来，沈阳市制定了一系列经济绿色发展政策，具体如表6-4所示。

表6-4 沈阳经济绿色发展政策

年份	政策名称	主要目标
2022年	《关于推动城乡建设绿色发展的实施意见》	到2025年，沈阳现代化都市圈建设效应充分释放，城乡建设绿色发展体制机制和政策体系基本建立，规划建设治理水平全面提高，乡村振兴更加扎实，绿色转型更加全面，城乡发展质量和资源环境承载能力显著提升，综合治理能力明显提高，天蓝水绿山青的美丽沈阳加快建设。城乡建设全面实现绿色发展，碳减排水平快速提升，绿色生产生活方式广泛形成，生态环境根本好转，城乡建设治理体系和治理能力基本实现现代化。
2022年	《沈阳市废旧物资循环利用体系示范城市建设实施方案（2022—2025年）》	到2025年，废旧物资循环利用政策体系进一步完善，回收利用水平进一步提升。废旧物资回收网络体系基本建立，城乡废旧物资回收站达到2000个，实现100%覆盖，满足城乡居民便利化生活需求。再生资源加工利用行业集聚化、规模化、规范化、信息化水平大幅提升，再生资源加工利用与再制造产业总产值达到63亿元以上。二手商品流通秩序和交易行为更加规范，交易渠道和形式更加丰富，交易规模明显提升。
2021年	《市营商局 市发展改革委关于加强全市高耗能 高排放项目准入管理实施方案的通知》（已废止）	严格执行《沈阳市国民经济和社会发展"十四五"规划和二〇三五年远景目标规划》，立足新发展阶段，贯彻新发展理念，构建新发展格局，严格"两高"项目准入管理，调整优化产业结构，切实转变发展方式，确保实现"碳达峰、碳中和"目标，推动全市经济社会绿色和高质量发展。
2022年	《沈阳市人民政府关于促进沈阳国家高新技术产业开发区高质量发展的实施意见》	坚持以改革开放为动力、以高质量发展为目标，强化统筹和指导，创新管理体制和运营模式，加强专业招商和项目建设，加快转型升级和创新发展，健全公共配套和保障体系，努力将开发区打造成为对外开放体制机制改革的先行区、创新驱动和绿色发展的示范区、产城融合发展的引领区，为沈阳市全面振兴、全方位振兴提供有力支撑。

三、经济绿色发展做法

1.完善制度与法律

（1）政府推动、市场主导。健全法律政策标准体系，发挥规划导向作用，发挥政府引导推动作用，夯实废旧物资循环利用体系便民利民的基础功能。加强宣传推广，创新激励机制，充分发挥市场配置资源的决定性作用，挖掘废旧物资利用价值，增强废旧物资循环利用的内生动力。

（2）规划引领、协调推进。强化循环回收利用规划指引，坚持问题导向，聚焦废旧物资循环利用领域"老、原、新"现状，充分考虑区域差异，着力补强薄弱环节，协调推进城乡废旧物资回收体系、垃圾分类收运体系、再生资源加工利用体系建设，加强区域内协作和相关设施共享。

2.搭建绿色金融服务平台

（1）平台启动和运营。沈阳市绿色金融服务平台由盛京金控集团所属的沈阳环境资源交易所进行日常运营。该平台在多个部门的联合指导下成立，旨在提高金融服务与绿色信贷需求的适配性。平台整合了全市的绿色金融产品，目前有18家机构上线了64个信贷产品，包括碳排放权质押贷款、碳配额抵质押贷款保证保险等创新金融产品，为企业提供精准匹配的绿色金融服务。

（2）项目库建设。平台构建了多元化的项目库，包括绿色产业、气候投融资、碳减排等领域，涵盖300余个入库项目。这些项目根据环境效益被分为浅绿、中绿、深绿等级，以实现绿色金融支持项目的在线评价。

（3）碳减排支持工具。人民银行创设的碳减排支持工具为企业提供低成本资金，支持经济的绿色低碳转型。沈阳市绿色金融服务平台提供了碳减排支持工具贷款项目的线上审批等综合服务。截至2022年年底，沈阳市绿色贷款余额达到1577.7亿元，同比增长10.95%，增速较上年同期提高2.85个百分点。

3.产业转型升级迈出新步伐

（1）建筑产业园区建设。沈阳市充分利用自身国家装配式建筑示范城市、海绵城市建设示范城市、低碳试点城市等优势，在发挥好现有产业园区优势的基础上，建设中国（沈阳）智能建造产业园、装配式装修产业园、绿色建材产业园，不断加速建筑工业化、智能建造、绿色建筑等企业集聚发展，并加强对入园企业在税收优惠、人才引进和办公用房等方面的政策支持，加强智能建造场景建设，推动科技成果转化、重大产品集成创新和示范应用；引导集群内企业与东北设计院和沈阳建筑大学等龙头科技研发团队合作，形成"产学研"协同模式，突破一批共性和关键性技术，推动绿色建筑、智能建造和建筑工业化基础共性技术及关键核心技术的研发和市场化应用。

（2）经济绿色低碳发展，能源是主战场。围绕能源绿色低碳转型，沈阳市着力实施风电提升、光伏扩面、生物质挖潜、煤电升级、清洁取暖攻坚5项重点工程，包括高标准建设国家清洁取暖试点城市，加快清洁能源强市建设，打造无约束新能源接入智慧电网，推进氢能"制储输用"全链条发展等。

（3）绿色制造体系建设和产业转型。围绕做好结构调整"三篇大文章"，建设高效、清洁、低碳、循环的绿色制造体系，沈阳市实施绿色企业培育、工业节能增效、资源综合利用、清洁生产改造、绿色技术推广、新兴产业壮大6项重点工程，推动创建绿色工厂、开发绿色设计产品、打造绿色供应链，推进传统产业转型升级，聚焦航空、新能源及节能环保等8条重点产业链，加快推进优势产业融合化、集群化、生态化发展，推动机器人及智能制造、集成电路装备等重点产业纳入国家战略性新兴产业集群工程，引育壮大绿色低碳产业。

4.推进科技创新发展

（1）推进数字沈阳建设。努力建设数字沈阳、智造强市，增强数字政府效能，优化政务服务"一网通办"，推动市域治理"一网统管"，强化政府运行"一网协同"，加速推进"一码通城"；提升数字社会治理水平，加快建设新型智慧城市，加强数字乡村建设，提高基层社会治理数字化覆盖面；建设数字城市运行管理中心，汇聚城市各类感知数据、行业数据等。加快推进城市信息模型（CIM）平台建设。

（2）发展智能交通和基础设施。加快发展智能网联汽车、新能源汽车、智慧停车及无障碍基础设施，积极申报国家智慧城市基础设施与智能网联汽车协同发展试点。建立集中高效的应急指挥体系，运用数字技术提升公共突发事件应急处置能力。

（3）再造技术发展。引导再制造产业创新发展，加快再制造重点技术研发和应用，推广先进适用的再制造技术装备；提升汽车零部件、工程机械、机床、文办设备等再制造水平,推动新兴领域再制造产业发展,推广应用无损检测、增材制造、柔性加工等再制造共性关键技术;推进实施高端再制造示范工程;探索制定汽车零部件、电器电子产品、文办设备等再制造产品推荐目录,发展大型成套设备高端再制造产业;重点推进汽车发动机等零部件再制造,持续推动航空、工业、数控、新能源装备等再制造。

5.引导绿色生产生活方式

(1)企业生产方式方面,完善废旧物资回收网络。一方面,培育发展龙头企业,鼓励回收利用龙头企业通过多种方式整合中小企业和个体经营户,提高行业集中度和规模效益。另一方面,按照下游再生原料、再生产品标准,提升废旧物资回收环节预处理能力,形成规范有序的回收利用产业链条。此外,支持加工利用企业和制造企业向产业链上游拓展,发展回收、加工、利用一体化模式,促进资源增值。与此同时,提升信息化水平,强化数字赋能,鼓励行业协会和企业联盟建立信息平台,衔接"收、运、储、交易"全流程数据信息采集,推进"互联网+回收+交易"协同发展。

(2)家庭生活与消费方式方面,推进形成绿色生产生活方式。优化交通运输结构,大力发展轨道交通,加快智慧交通规划设计建设;优化用地结构,全面推开"标准地"供应模式,健全"亩均论英雄"考评机制;鼓励日常节水节电,使用环保再生产品和绿色设计产品,减少一次性消费品和包装用材消耗,形成绿色低碳生活和消费习惯;开展节约型机关、绿色家庭、绿色学校、绿色医院、绿色社区、绿色出行、绿色商场、绿色建筑等绿色低碳生活创建行动;宣传推广节约适度、绿色低碳、文明健康的生活理念和生活方式,提升全民节约意识、环保意识、生态意识;全面实行生活垃圾"四分类",建立家庭厨余垃圾分类体系,规范运行可回收物回收体系,实现生活垃圾收运处全过程监管。

四、做法取得的成效

在多方面努力下,沈阳在促进经济绿色发展中取得了不小的成果。"十三五"期间,沈阳市单位地区生产总值能源消耗比2015年下降19.44%,超额完成下降15%的考核指标,能耗强度优于全国平均水平,能源投入产出效率全省领先。同时，煤炭消费比重也由54%下降到46%左右，可再生能源发电装机占比同期由23.9%提高到35.1%，电力、天然气等清洁能源消费比重从17.4%上升为27.4%，清洁低碳、安全高效的现代能源体系持续稳步构建。

在产业结构持续优化上，沈阳稳增长和调结构，加快实现生产生活方式绿色低碳变革。2022年，三次产业结构为4.4∶37.5∶58.1，服务业质量效益显著提升，生产性服务业对工业转型升级和农业现代化的服务支撑能力稳步提高。同年，沈阳入选国家级绿色制造名单的项目数量达49个、入选省级以上绿色制造名单数量达184个，占全省总数的43%，绿色制造发展持续领跑全省乃至东北地区重点城市，比肩郑州、成都等中心城市，在工业领域绿色低碳发展方面实现了开门红。

在绿色制造体系加快构建上，沈阳推动数字化、智能化、绿色化融合，打造绿色工厂、绿色设计产品、绿色工业园区、绿色供应链，通过典型示范带动生产模式绿色转型，加快制造业绿色低碳高质量发展。2022年，沈阳市国家级绿色制造名单数量36项，省级绿色制造名单128项，总数量在全省遥遥领先。

在发展新动能上，"十三五"期间，沈阳市战略性新兴产业产值占规模以上工业总产值比重由15.9%提高到24.3%，高新技术产品产值占规模以上工业总产值比重由48.8%提高到58.5%，高端装备制造业产值占装备制造业产值比重由16%提高到26%。先进制造业、新兴服务业等已成为经济发展的重要驱动力。

第五节　经验总结

我国坚持"绿色发展是发展观的一场深刻革命"，将"绿色发展"纳入新发展理念，全方位推进经济社会发展绿色转型。基于此，各地区积极制定相关政策，实施节能环保等战略，绿色发展取得显著成效，但也存在一些问题。基于我国绿色发展策略以及对深圳、上海等成绩显著城市绿色发展过程的分析，总结有效的发展经验，为其他地区绿色发展提供参考，进一步助力我国高质量发展和绿色转型。

一、借助制度效能保障绿色发展

党的十八届三中全会通过的《中共中央关于全面深化改革若干重大问题的决定》指出，建设生态文明，必须建立系统完整的生态文明制度体系，用制度保护生态环境。从顶层设计上对生态文明体制改革进行全面部署，加大对绿色发展的政策扶持保障力度。一是建立生态补偿机制，明确生态规范条例、绿色生产标准和补偿形式；二是完善环保经济政策工具，发展绿色金融，同时通过税收、补贴、奖励等多种形式，引导企业主动减排、参与环保；三是加快建设绿色生产的法律制度。从深圳、上海等市的绿色发展经验来看，其基本制定并完善了相关法律法规，为绿色发展提供了法律保障。因此，要大力推进绿色发展法律体系建设，加大法律制度保障。另外，加大法律法规的执行力度，实现严格、公正和科学的执法，为经济绿色转型提供制度保障。

二、基于自身特点推进绿色发展

由于地理位置和历史底蕴的差异，不同地区存在自己独有的特点，在绿色发展过程中需要在现有的基础上，结合自身特点制定发展规划。例如，深圳市凭借良好的科技基础，利用数字化赋能绿色转型，建设双碳云网综合信息服务平台以及绿色数据中心，并因地制宜建设涉VOCs"绿岛"项目；上海市充分利用工业副产氢资源，在金山、宝山打造氢气主要供应基地，在临港、嘉定和青浦建设产业实践区，开展"氨—氢"绿色能源应用试点；杭州市借助亚运会的契机，实施城市环境大整治、城市面貌大提升集中攻坚行动，推进建筑工地及周边环境整治；沈阳市作为先进装备制造业基地，在充分发挥现有产业园区优势的基础上，建设中国（沈阳）智能建造产业园、装配式装修产业园、绿色建材产业园，推动科技成果转化、重大产品集成创新和示范应用。

三、依托突出环境问题指引绿色发展

2021年11月，中共中央、国务院印发了《关于深入打好污染防治攻坚战的意见》，对下一阶段深化污染防治攻坚战作出重要部署。污染防治需要一个长期过程，既是接续实现分阶段目标的"攻坚战"，更是一场"持久战"。各地区绿色发展需要针对其突出的环境问题，对污染防治作出全面战略部署并接续实施一系列行动计划，通过全方位接续高位推进一系列污染防治行动，逐步解决突出环境问题。例如，深圳处于国内能源运输通道和供应链的末端，能源自给能力较弱，水污染问题突出，针对此问题深圳进行重点部署，实现污水收集处理能力和出水水质"双提升"。后续进一步建立"一街一站"监测网络和智慧管控系统，基本实现了生态环境数据的分散采集、统一汇聚和集中管理。此外，应不断加强污染防治的科技支撑，目前我国火电超低排放、大型垃圾焚烧发电、燃煤烟气治理技术装备已达到世界领先水平，建成世界上最大的超低排放火电群。

四、主动平衡生存环境与经济发展关系

绿色发展中机遇与挑战并存。深化绿色发展理念，聚焦双碳目标推进绿色低碳转型、加快形成绿色经济新动能，是顺应能源发展趋势、加快建设一流企业的客观需要和重大机遇，各地区要积极投身能源革命数字革命相融并进的发展大势，坚定不移走好绿色低碳转型的高质量发展之路。一是强调传统产业的低碳绿色转型。通过环境监管、改造升级、关停淘汰、兼并重组等一系列行动举措，促进传统产业提质增效和节能降耗。二是积极培育绿色发展新动能。加大对绿色技术研发的支持，充分调动企业公众开发绿色技术的积极性。例如杭州市大力发展新材料、新能源、低碳技术等节能环保产业，积极推进风电、光伏、新能源汽车产业发展，从根本上提高资源利用率、解决环境污染问题。三是推进新型基础设施建设和绿色发展。扎实推进"链长制"和智能建造，搭建专业化产业园区。四是与时俱进不断调整优化环境监管。针对工作中部分地方出现的政策举措过激等问题，及时作出政策调整。优化能源消费总量控制制度，积极推动能耗"双控"向碳排放总量和强度"双控"转变。

第七章　高质量绿色发展水平提升路径仿真

本章基于前述研究内容，以2015—2022年高质量绿色发展水平各指标的历史数据为基础，运用系统动力学理论和方法，构建高质量绿色发展系统仿真模型。首先借鉴DPSIR理论概念模型确定系统动力模型的边界，绘制高质量绿色发展系统仿真分析的因果关系图、存量流量图，并确定模型的主要方程式，然后对系统动力模型的有效性进行检验，在此基础上设计仿真分析的不同情景状态，对各类不同政策的情景模拟结果进行深入分析，最终得到高质量绿色发展效率最优提升路径与方案。

第一节　高质量绿色发展系统动力学模型构建

高质量绿色发展水平提升路径仿真分析的主要目的是模拟各影响因素在高质量绿色发展系统中的反馈作用情况，推动经济实现绿色高效转型。为实现这一目的，本书构建系统动力模型，主要包括以下几方面，首先，揭示识别高质量绿色发展系统内各因素间因果反馈作用关系，通过函数方程表达式对其内在关系进行量化描述；其次，研究高质量绿色发展过程中的经济增长与环境污染问题，预测高质量绿色发展系统演化趋势，并识别关键提升路径，以实现经济发展与资源环境保护协调统一。

一、系统边界确定

系统动力学模型是现实中某一自然与社会综合系统的缩影，现实中的系统包含了所有元素及其相互之间的作用关系，而系统动力学模型的有用性与重要性则主要体现于其将现实系统作了简化，并构建一个可以为某领域研究者与实践者所理解的可视化表达方式。因此，明晰研究的关键问题并划定系统边界、明确核心要素及其相互关系，并对非必要变量予以排除，是模型构建首先要完成的任务。

（一）子系统确定

DPSIR概念模型从全局观、系统观出发考察研究经济社会中人与环境间相互作用关系，被广泛应用于环境评价及可持续发展衡量方面的研究。基于前述确定的高质量发展时期绿色发展基本框架和DPSIR概念模型，本书在高质量绿色发展系统下构建驱动力、压力、状态、影响和响应五个子系统，各子系统之间相互作用且呈现动态变化特征，各子系统之间关系如图7-1所示。

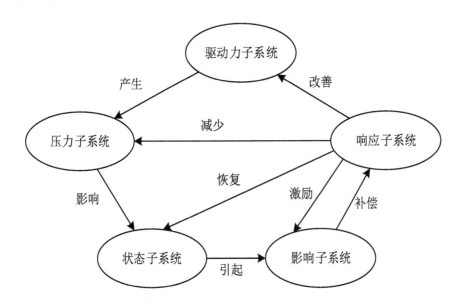

图7-1 高质量绿色发展子系统关系图

（1）驱动力子系统

驱动力子系统是经济高质量绿色发展提出和实践的驱动因素，其中一个关键要素就是经济水平的增长。根据环境库兹涅茨曲线理论，在经济发展初期，随着经济的增长和产业化的推进，资源环境得到较大程度的利用，高碳排放和环境污染等问题也随之而来，生态环境破坏加剧；经济发展达到一定水平后，人们由基本的生存需求转为对居住环境的高质量需求，环境保护观念提升，资源的高效率利用和技术水平的不断提高推动国家绿色发展水平的提升，更好的环境治理红利在更高的收入水平上更加明显。因此，经济发展水平是实现高质量绿色发展的基础因素，能有效地推动绿色发展水平的提高。

此外，人口的发展变化对经济的高质量绿色发展起着不可忽视的作用。一方面人类的生产生活活动能够创造产能和价值，另一方面资源消耗和污染物排放也给环境带来了负面影响。人口增长过快或过慢均不利于经济的发展，增长过快会给资源和生态环境带来一定的压力；增长过慢则会造成劳动力短缺、人口老龄化等问题，影响经济社会的发展。人口的增长应与资源、环境相协调，与社会经济发展相适应。

综上，本书选取GDP、工业固定资产投资、工业增加值、出生率等指标作为衡量经济发展水平和人口要素的指标，构成驱动力子系统。

（2）压力子系统

压力子系统是驱动力子系统发展过程中对生态环境与资源消耗所产生的影响情况，主要体现在工业生产对环境的负荷上，本书选择废水、废气、工业固体废弃物三个常用的排放指标以及能源消耗总量指标予以衡量。工业发展为我国带来了巨大的经济效益，但工业三废排放造成的污染也严重影响人们的生活。工业三废是指工业生产过程中所产生的废水、废气、固体废弃物，其中含有多种有毒有害物质，若不妥善处理而排放到环境中，超过生态环境容量，就会污染环境，破坏生态平衡，是造成我国环境污染的元凶。因此，降低三废排放量、加强三废的治理是实现经济高质量绿色发展的重要举措。

（3）状态子系统

状态子系统是指能源或环境在上述驱动力或压力作用下所处的状况，能源的利用效率与生态环境的优劣直接影响着经济高质量绿色发展的可持续性。一方面，合理的能源利用不仅可以减少能源的消耗和排放，提高资源利用效率，还可以提高生产效率、降低成本、增加产出，推动经济的高质量绿色发展；另一方面，生态环境保护不仅可以为经济的高质量绿色发展创造良好的环境，还能够为社会发展创造新的经济增长点和就业机会。例如，随着环保产业的兴起，越来越多的企业开始投入环境保护领域，如环境监测、废物处理、环保设备制造等，这不仅促进经济的高质量绿色增长，还提供了更多的就业机会，改善了社会福利。综上，合理的能源利用和环境保护有助于促进经济的绿色发展和可持续增长。本书选取环境污染程度、单位GDP能源消耗量、人均能源消耗量等指标将状态子系统与其他子系统相连接，从而研究其对经济高质量绿色发展的影响。

（4）影响子系统

影响子系统是由于人类活动对环境造成压力，导致环境破坏而对人类健康、资源产生的影响，本书选择死亡率和人口总量两个代表性指标。空气污染是对人类健康最大和最直接的环境威胁之一。当今世界，经济迅猛发展、工业产值极大提高，工业大量生产所带来的一系列问题日益凸显。大量工业废料未经处理便随意排放，不仅污染环境，超过了环境的自净能力，而且某些污染物，如重金属元素，会进入食物链中直接危害人类的身体健康。此外，环境污染对生态的破坏没有国界，不仅会影响某一国家，还可能对全球生态环境产生影响。

（5）响应子系统

响应子系统主要反映政府或相关社会团体为减少经济发展对自然资源与生态环境破坏而主动采取的治理修复措施。环境保护及修复的方式主要集中在法律制度、环保技术、经济手段、行政管理、宣传教育等层面。因为环境污染主要是由工业三废造成的，所以我国环境保护的重点集中在工业三废的治理上。近年来，我国不断增加环境治理投资，但其仍难以与三废排放的增速相适应，治理资金难以满足三废治理需求。因此，除了结合工业三废排放现状合理规划环境治理投资，还应加强产业结构调整，转变经济发展方式，大力发展生态工业和第三产业，从根源抑制工业三废的产生，降低工业三废的影响，真正实现高质量的绿色发展。

根据前述高质量绿色发展的内涵与模式框架，响应子系统是其区别于传统绿色发展的关键，除了代表性的三废治理量指标，本书还选择了劳动生产率、第三产业占比和科技投资三个指标。

（二）时空边界确定

研究将系统的基准年限设定为2015年，预测目标年为2030年，仿真步长设置为1年。其中，2015—2022年为模型的模拟测试区间，以2015—2022年的历史数据作为系统模型参数确定的依据，进行历史性检验，验证构建模型的有效性；2023—2030年为模型的预测区间，通过设置不同情景，描述系统未来发展状况，并对模拟结果进行对比分析，以预测中国高质量绿色发展的未来状态。本书在构建模型的过程中所使用的2015—2022年的数据均来源于国家统计局发布的《中国统计年鉴》《中国环境统计年鉴》《中国能源统计年鉴》《全国科技经费投入统计公报》等权威统计年鉴与资料。

二、系统基本假定说明

高质量绿色发展系统是一个受多种因素综合影响的大型系统，各影响因素间相互作用、相互制约，关系错综复杂。以数据可获得性、准确性、权威性和模型简化处理为原则，从复杂的实际系统中抽离出模型的关键结构，找到影响研究核心的关键变量及其间的反馈结构。为便于进行系统分析，对高质量绿色发展系统做出如下基本假定：

（1）只考虑人口、经济、能源和环境之间的关系，其他因素影响不作为高质量绿色发展系统考虑的范围；

（2）人口只受自然增长率影响，由迁入、迁出决定的机械生长率以0计算；由于人口出生率和死亡率的波动范围较小，且未随时间发生明显变化，因此以历史数据所得平均值代替；

（3）假设高质量绿色发展系统内部、外部环境相对稳定，在模拟时间内，不考虑自然灾害、突发事故或战争等的影响。

三、系统因果回路分析

影响因素仿真分析可以对复杂系统内各要素间相互反馈作用进行直观反映，因果关系图则是刻画系统动力模型内信息反馈机制的一种方法，其由多个具有正负极性的反馈环构成，能够在搭建系统框架的基础上对系统内各变量间反馈结构进行直观反映。

根据高质量绿色发展系统中各指标之间的因果关系，分析得到模型系统中所有的因果回路。因果回路的数量和长度是体现系统变量关系紧密程度的重要标志。本书利用Vensim PLE软件研究变量因果回路，以GDP分析为例，其中能较全面覆盖高质量绿色发展系统的各指标的回路如下：

（1）GDP→科技投资→三废治理量→三废排放量→环境污染程度→死亡率→人口总量→年平均从业人员→劳动生产率→GDP。GDP的增长意味着科技投资的增加，从而对三废治理量和排放量产生影响，改善环境污染程度，降低人口死亡率，间接影响人口总量。年平均从业人员取决于人口总量，同时又是劳动生产率的影响因子，劳动生产率会反作用于GDP。

（2）GDP→工业增加值→三废排放量→环境污染强度→死亡率→人口总量→能源消耗总量→单位GDP能源消耗量→GDP。GDP的增长会带动工业增加值的增加，产生更多三废排放，使环境污染程度升高，影响死亡率和人口总量。人口总量会对能源消耗总量产生作用，进而影响能源消耗总量和单位GDP能源消耗，单位GDP能源消耗量会反作用于GDP。

（3）GDP→科技投资→第三产业增加值→第三产业占比→GDP。随着GDP的增加，科技投资不断增长，进而带动第三产业的发展，提高第三产业增加值，改变第三产业占比，第三产业占比将反作用于GDP。

基于上述的因果回路分析，在高质量绿色发展子系统关系基础上，进一步增加部分中间变量，完善各子系统间因果反馈机制。利用Vensim PLE平台建立高质量绿色发展因果关系回路图，如图7-2所示。

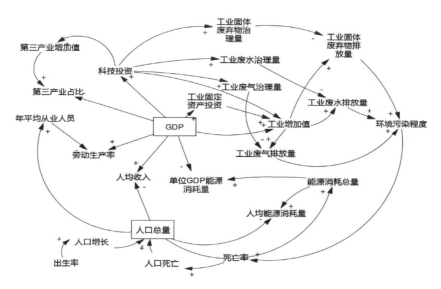

图7-2 高质量绿色发展系统因果关系反馈图

四、系统存量流量分析

系统存量流量图是对因果关系图的有效补充。存量流量图通过借助一整套特定的符号体系对因果关系图中的变量性质加以补充描述，通过刻画变量间相互作用关系对模型中的物质流与信息流间转化关系进行直观反映。存量流量图通常由状态变量、速率变量、辅助变量等变量以及连接符号等组成，根据变量间的关系确定变量间的流线方向与性质，进而确定各变量之间的数学表达式，以此反映出系统要素之间的逻辑关系与基本性质，刻画系统的反馈与控制过程。基于高质量绿色发展系统因果关系反馈图，加入相关变量，完善反馈关系，最终确定25个模型变量，如表7-1所示。

表7-1 系统动力学模型主要变量

变量名称	变量类型	变量名称	变量类型
GDP	状态变量	出生率	辅助变量
人口总量	状态变量	死亡率	辅助变量
GDP增长率	速率变量	年平均从业人员	辅助变量
年出生人口	速率变量	劳动生产率	辅助变量

（续表）

变量名称	变量类型	变量名称	变量类型
年死亡人口	速率变量	人均收入	辅助变量
工业固定资产投资	辅助变量	人均能源消耗量	辅助变量
工业增加值	辅助变量	能源消耗总量	辅助变量
工业固体废弃物排放量	辅助变量	单位GDP能源消耗量	辅助变量
工业废气排放量	辅助变量	环境污染程度	辅助变量
工业废水排放量	辅助变量	科技投资	辅助变量
工业固体废弃物治理量	辅助变量	第三产业增加值	辅助变量
工业废气治理量	辅助变量	第三产业占比	辅助变量
工业废水治理量	辅助变量		

本书在考虑相关数据指标的可获得性与准确性的基础上，在不影响系统结构、行为模式、动态演进方向的前提下，对系统动力学存量流量图进行优化和调整，利用Vensim PLE仿真平台构建出高质量绿色发展系统动力学模型的存量流量图，如图7-3所示。

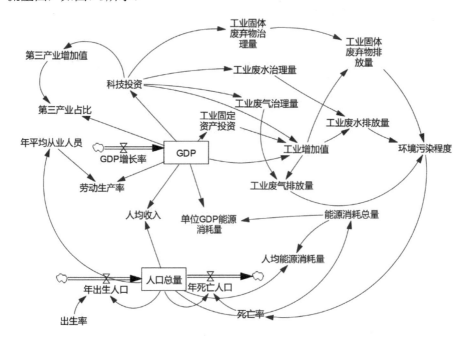

图7-3 高质量绿色发展系统动力学流量存量图

五、模型主要方程式确定

为量化模型中所涉及指标的稳定性、变量间的关联性以及反馈逻辑情况，对2015—2022年高质量绿色发展水平各指标的历史数据进行线性拟合，需要设定变量方程，通过函数表达式这一工具反映各研究变量间反馈作用关系。系统动力模型中涉及的方程式主要包括初始值方程、水平方程、速率方程、辅助方程、常量方程等。本书用于确定模型方程的方法有以下5种。

（1）根据状态变量的特性，即事物随着时间变化而逐渐积累，或逐渐增加或减少，来输出特定的状态变量模型方程。模拟基期年份均为2015年，具体状态变量模型方程如下。

① GDP=INTEG（GDP×GDP增长率，688858）

② 人口总量=INTEG（年出生人口－年死亡人口，138326）

（2）考虑变量之间的实际存在的逻辑关系确定方程，输出简单的数学运算表达式。

③ 单位GDP能源消耗量=能源消耗总量/GDP

④ 人均能源消耗量=能源消耗总量/人口总量

⑤ 劳动生产率=GDP/年平均从业人员

⑥ 第三产业占比=第三产业增加值/GDP

（3）运用统计学方法做一元线性回归拟合。通过绘制变量的散点图、添加趋势线，选择合适的曲线类型与拟合方程，如"科技投资""工业废气治理量"等。

⑦ 科技投资=（-194.189+0.015×GDP）×1.05

⑧ 工业废气治理量=-1469+0.473×科技投资

⑨ 工业废水治理量=4145800－117.27×科技投资

⑩ 工业固体废弃物治理量=70389+0.2906×科技投资

（4）针对受多个因素影响、难以借助单一指标作合理解释的部分指标，利用多元回归分析来确定模型方程式，如"工业增加值""工业废水排放量"等。

⑪ 工业增加值=-2771.06+0.735×GDP－0.954×工业固定资产投资－26.396×科技投资

⑫ 工业废气排放量=4081－0.123×工业废气治理量+0.000022×工业增加值

⑬ 工业废水排放量=-0.00005×工业增加值+0.873×工业废水治理量+59083

⑭ 工业固体废弃物排放量=439391+0.00008×工业增加值－0.736×工业固体废弃物治理量

（5）针对数值变化趋势稳定在一定的狭小空间内的变量，通过计算历史数据的平均值并以常量表示，如"GDP增长率"指标。

⑮ GDP增长率=8.5%

第二节　高质量绿色发展系统动力学模型检验

一、模型有效性检验

由于模型只是对现实世界中某一问题或维度的简单表达，仿真结果与实际结果必然会存在一定的差异，但需要将差异控制在一定范围内以使模型结果能够反映出该问题的变化趋势，因此应对模型进行有效性检验。系统动力学模型的优势之一便是对于初始值或常数的精确度要求不是很高，如果模型中部分变量的实际资料无法准确获取，可以通过Vensim软件的最优化功能对这部分变量进行优化模拟确定，同时该种处理方法不会对模型的有效性产生较大影响，从而保证了模型分析结果的可信度。

通常来说，系统动力模型的有效性检验（Validity Test）方法主要包括四种，分别是直观检验（Visual Test）、运行检验（Operational Test）、历史检验（Historical Test）和灵敏度分析（Sensitivity Analysis）。本书的高质量绿色发展模型是基于2015—2022年全国高质量绿色发展水平中各变量的历史数据而构建的，因此，本模型适合历史检验法。系统动力模型的历史检验是指以研究对象某个考察时间点为开始进行仿真模拟计算，然后将研究对象的历史表现情况与模型仿真计算结果进行比对，分析其存在的误差情况，以确定模型是否能够精准模拟系统的真实运行情况。在对系统动力模型历史性检验结果进行判断时，主要依据各变量历史数据表现情况与仿真模拟计算结果间误差大小，以判断模型拟合优劣情况。检验公式如式（7-1）所示：

$$D_t = \frac{X'_t - X_t}{X_t} \times 100\% \qquad (7\text{-}1)$$

其中，X'_t 为 t 时刻的模拟值，X_t 为 t 时刻的实际值，D_t 为偏离度。

本书选取 DPSIR 模型各子系统中代表性较强的研究变量进行检验，将观测变量的仿真结果与统计局年鉴中的真实数据进行对比，若误差在5%以内，则通过检验，认为仿真模型具有较好的拟合效度。选取2015—2022年的人口总量、GDP和能源消耗总量三个变量，将其真实值与系统动力学模型的仿真结果进行对比，检验全国高质量绿色发展系统的有效性，具体结果见表7-2。其中，三个变量的模拟值与实际值之间的最大误差分别为5.09%、4.29%和1.42%，小于10%，而平均误差分别为2.09%、1.92%和0.71%，均在5%以内。由此说明研究所构建的模型是合理有效的，与全国高质量绿色发展的真实情况基本一致，系统动力模型通过了历史性检验判断，且模型的仿真模拟计算结果准确度较高。

表7-2　模型有效性检验

年份	人口/万人			GDP/亿元			能源消耗总量/万吨标准煤		
	真实值	预测值	误差	真实值	预测值	误差	真实值	预测值	误差
2015	138326	138326	0.00%	688858	688858	0.00%	434113	427962	1.42%
2016	139232	139715	0.35%	746395	747411	0.14%	441492	443014	0.34%
2017	140011	141119	0.79%	832035	810941	2.54%	455827	458224	0.53%
2018	140541	142538	1.42%	919281	879871	4.29%	471925	473594	0.35%
2019	141008	143971	2.10%	986515	954660	3.23%	487488	489127	0.34%
2020	141212	145420	2.98%	1013567	1035810	2.19%	498314	504825	1.31%
2021	141260	146884	3.98%	1149237	1123850	2.21%	524000	520691	0.63%
2022	141175	148364	5.09%	1210207	1219380	0.76%	541000	536727	0.79%
平均误差	2.09%			1.92%			0.71%		

二、高质量绿色发展系统预测

根据前述分析结果，高质量绿色发展系统模型真实性检验成立，因此，可以根据此模型对未来情况进行仿真预测。设定基准年为2015年，目标年为2030年，仿真步长为1年，运行结果见图7-4。其中驱动力子系统、压力子系统、状态子系统、影响子系统和响应子系统分别采用工业增加值、废水排放量、环境污染程度、人口总量和废水治理量五个变量反映。

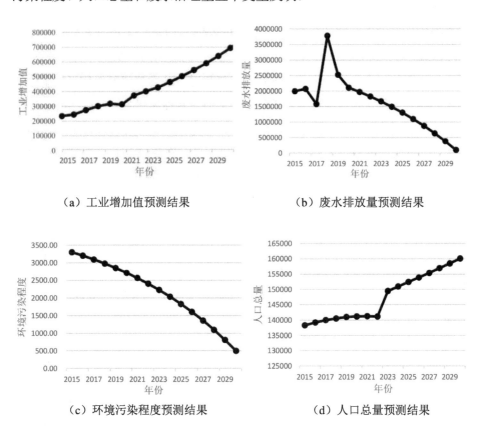

（a）工业增加值预测结果　　　　　（b）废水排放量预测结果

（c）环境污染程度预测结果　　　　　（d）人口总量预测结果

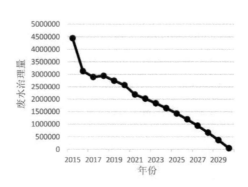

（e）废水治理量预测结果

图7-4　高质量绿色发展系统预测结果

　　从预测结果可以看出，代表高质量绿色发展动力的工业增加值不断提高，且增长速度加快，高质量发展内生动力进一步增强，为宏观经济增长提供了有力支撑。即使外部环境依然严峻复杂，国内需求收缩、供给冲击、预期转弱三重压力在工业领域仍较突出，但工业经济平稳增长的格局没有改变，长期向好的基本面依然稳固。随着市场主体活力、居民消费潜力和产业升级动力的有效释放，工业经济稳步回升态势保持不变，工业增加值和工业产值保持了较快的增长，制造业也依旧是我国国民经济增长的重要引擎，特别是高新技术产业的快速发展和军民融合的深入推进，为我国工业发展注入了新的动力。

　　此外，代表高质量绿色发展压力、响应和状态的废水排放量、治理量和环境污染程度基本呈现逐年下降趋势，这得益于我国三废治理方面取得的实质性进展。在新时代、新技术、新理念的推动下，我国环境治理模式经历了由单一治理模式向多元化治理模式转变的过程，也经历了治理环境污染由"治标"到"治本"，从污染治理到环境保护的过程。面对我国严峻的工业三废治理现状，加强三废综合利用水平，成为当前环保工作的重要任务。目前我国各级政府都已经成立了环保领导小组，并初步掌握了全国范围内的环境污染现状，通过进行工艺改进及技术、设备升级，致力于污染治理、环境保护技术的创新研发，提高污染的治理质量和效率，科学推进环境保护工作，为我国经济的高质量绿色发展提供强有力保障。

　　随着工业增加值的不断提高和生态环境的不断好转，人民生活水平也不断提升，代表高质量绿色发展影响的人口总量呈现上升趋势。一方面，工业的繁荣发展为人们提供了更多的就业机会、更好的教育、医疗等服务和更高的薪资水平，为人口的增长提供了经济条件；另一方面，随着污染防治攻坚战各项目标任务的有序推进，不仅实现了生态环境不断好转，绿色发展方式和生活方式也逐渐形成，人民生活质量不断提高，人口总量呈现上升趋势。

第三节　高质量绿色发展提升路径情景设定与仿真

一、提升路径情景设定

（一）情景分析法概述

情景分析法是20世纪50年代在政策和规划领域中提出的一个重要的研究方法。情景分析法基于多种重要假设，经过综合仔细的推理，对未来可能发生的各种情景进行设计，并对不同情形下系统的发展趋势及变化特点进行预测，从而深刻理解系统未来的演变态势。情景分析是政策制定的依据与关键，通过情景分析进行预测不但能够获得具体的预测结果，还能够对各种情景实现的可行性、所需采取的方法和措施政策进行分析，为决策者提供科学的依据。情景分析法的表达方式多种多样，既可以用文字进行描述，又可以用表格集中表达，还可以用图表来直观表示，也可以用数学函数和网络对来抽象表达。

情景分析法具有以下特点：（1）情景分析表明未来发展是多元化的，存在着不同的发展可能，因此对未来发展的预测也是多元化的；（2）在用情景分析法对未来趋势进行分析时，不仅考虑了客观的因素，还考虑了人的作用和决策者的主观行为等因素对未来的影响；（3）在情景分析中，特别注意重要因素与协调一致性关系的分析，表达了不同情景、影响因素和变化趋势之间的内在逻辑关系，提高了情景分析的可信度；（4）情景分析法是一种新的预测方法，采取的方式是定性与定量相结合；（5）情景分析法是一种具有未来学、心理学、统计学特征的对未来进行预测的思考方法。情景分析法作为一种有效的评价方法，融合了各学科的理论与分析技术，经常被应用于各种评价和预测领域。

（二）情景设定

Vensim PLE软件素来有"政策模拟室"的称谓，能够对政策效应进行量化研究，在原有模型基础上引入政策因子，针对不同政策情景特点，改变系统动力模型中的某个参数变量，然后重新模拟运行得到观测变量新的变化情况，通过对比不同情景下观测变量的模拟结果，实现对系统未来发展的清晰认识，探寻推动经济高质量绿色发展的最优方案，并以最优方案对应的情景为依据找出相应的提升路径与政策建议。基于前述分析内容和研究问题特点，本书设置基准情景模式、末端治理模式、源头治理模式、经济增长模式和高质量发展模式五种政策情景。具体设定详情如下：

（1）基准情景模式

基准情景强调的是当下政策没有变化的情景，即系统动力模型中的参数和变量均保持现值，以传统发展路径模式对经济高质量绿色发展系统未来运行情况进行仿真模拟。此模式作为对照组，其结果是对其他模式进行分析与对比的依据。

（2）末端治理模式

末端治理强调在工业生产过程的末端，针对产生的污染物开发并实施有效的治理，使之达到排放要求。末端治理是绿色发展过程中的一个重要阶段，它有利于消除污染事件，在一定程度上减缓了生产活动对环境的污染和破坏趋势，是实现经济高质量绿色发展的最后一道绿色防线，通过对工业三废进行无害化处理，减轻环境污染，降低环境自净压力，从而实现人与环境和谐相处。与早期的"稀释排放"相比，末端治理开始关注污染物的治理，这种观念的改变，也是人类从"利用自然""征服自然"到"顺应自然""尊重自然"的体现。由此，人类开始反思自己，逐渐意识到环境保护的重要性并进一步探索更多污染治理的新道路。

本书将三废处理率作为末端治理模式的调控变量进行仿真分析，废水、废气和固体废弃物处理率分别提升5%，以探究该模式下经济高质量绿色发展系统的变动趋势。

（3）源头治理模式

随着工业化进程的加速以及可持续发展理念的传播，末端治理的局限性日益显露。一方面，处理污染的设施基建投资大、运行费用高，给国家带来了沉重的经济负担；另一方面，由于污染治理技术有限，末端治理很难达到彻底消除污染的目的，更多的是污染物的转移，废气变废水，废水变废渣，而废渣堆放填埋会污染土壤和地下水，形成恶性循环，破坏生态环境；再者，末端治理过程中未涉及资源的有效利用，不能制止自然资源的浪费。因此，要真正解决污染问题需要从根源出发，通过生产全过程控制，尽量将污染物消除或减少在生产过程中，减少污染物排放，且对最终产生的废物进行综合利用，从根本上解决环境问题。源头治理跳出了"先污染、后治理"的怪圈，是实现经济高质量绿色发展的重要手段和方向。

本书将三废排放量作为源头治理模式的调控变量，在该模式下，将废水、废气和固体废弃物排放量分别降低5%进行仿真分析。

（4）经济增长模式

经济增长是社会经济发展的重要标志，然而在实现经济发展的进程中，同时需要加强对环境的保护，二者相互制约又相互依存。一方面，经济增长是现代社会的核心目标之一，它对国家和个人的生活质量有着显著的影响，然而，经济增长需要消耗自然资源和能源，追求经济增长往往会导致环境的破坏和污染；另一方面，环境保护是保护人类生存环境和促进可持续发展的重要手段，然而，严格的环境保护措施常常会对经济发展造成一定的限制，如对工业企业的排放标准进行严格限制会增加企业的生产成本等，这些限制会对经济的发展和增长产生一定的压力。因此，实现经济增长和环境保护的协调发展是推动经济高质量绿色发展的重要举措。

本书设定的经济增长模式，旨在追求经济增长的同时坚持环境保护，实现经济和环境的协调发展。在该模式下，考虑经济发展与环境保护之间的相互作用，设定要素GDP增长率为8.6%。

（5）高质量发展模式

创新是实现经济高质量绿色发展的第一动力，而高质量绿色发展也为创新提供了良好的环境和机遇，二者互为因果、相互促进。一方面，创新不仅是推动经济持续健康发展的必然要求，还是实现经济绿色发展的重要手段，创新不仅能够推动科技进步和产业转型升级，还能够提高资源利用效率、降低能源和物质消耗，减少环境污染和生态破坏；另一方面，经济高质量绿色发展为科技创新奠定了物质基础、创造了有利环境，有助于推动科技创新产出、提升创新转化效率。实现创新与经济的协调发展是促进经济高质量绿色发展的有效方式。

本书将科技投资作为高质量发展模式的调控变量进行仿真分析，在该模式下，将科技投资提升5%，以提高第三产业增加值和劳动生产率；同时，为响应国家去库存方针，将固定资产投资降低5%，以提升全要素生产效率。

二、情景模拟及路径分析

以前文设定的提升路径不同情景为基础，本书借助Vensim PLE软件对2015—2030年经济高质量绿色发展的环境污染程度和工业增加值进行仿真模拟，考察分析二者在不同情景下的动态变化趋势。

1.不同情景下环境污染程度仿真结果分析

基于所设计的参数进行模型仿真，环境污染程度的仿真结果及其在不同情景下的变化情况如图7-5所示。

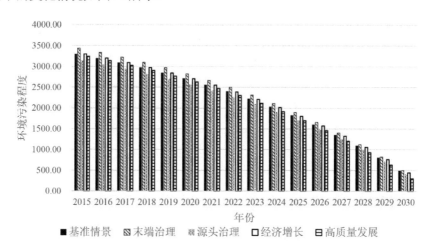

图7-5 不同情景下环境污染程度的变化

不同情景下环境污染程度仿真数据如表7-3所示。与基准情景结果相比，各模式下环境污染程度均有所降低。其中，源头治理模式的初始效果较为明显，从2015年的3140.01变化为2030年的408.35，下降了87.0%，因此，从源头治理，引导社会生活方式转变是高质量绿色发展的较优选择；但是随着时间的推移，高质量发展的优势日益显现，逐渐超过源头治理成为最佳选择，其环境污染程度从2015年的3244.7变化为2030年的302.15，下降了90.69%；末端治理模式下环境污染程度降低85.5%，仅优于基准情景模式（84.87%），说明末端治理在绿色发展与环境保护方面效果并不明显，无法从根本上改善和恢复不可逆的环境问题；经济增长模式下，环境污染程度的降低比例为86.54%。综上，长远来看，加大科技投资、优化产业结构、提高生产效率，推进经济、社会、环境的协调发展是高质量发展下绿色发展与环境保护的有效途径。

表7-3 不同情景下环境污染程度仿真结果

年份	源头治理	末端治理	高质量发展	经济增长	基准情景	年份	源头治理	末端治理	高质量发展	经济增长	基准情景
2015	3140.01	3441.2	3244.7	3302	3302.00	2023	2092.07	2312.36	2115.86	2210.32	2226.91
2016	3043.25	3336.98	3140.48	3201.57	3202.73	2024	1906.24	2112.19	1915.68	2016.01	2036.27
2017	2938.27	3223.89	3027.39	3092.5	3095.03	2025	1704.61	1894.99	1698.49	1804.98	1829.42
2018	2824.36	3101.19	2904.69	2974.05	2978.18	2026	1485.85	1659.34	1462.84	1575.81	1604.99
2019	2700.78	2968.07	2771.56	2845.42	2851.39	2027	1248.49	1403.65	1207.15	1326.92	1361.48
2020	2566.69	2823.62	2627.12	2705.72	2713.83	2028	990.95	1126.24	929.73	1056.64	1097.27
2021	2421.2	2666.9	2470.4	2554.01	2564.57	2029	711.53	825.24	628.73	763.1	810.60
2022	2263.34	2496.86	2300.36	2389.25	2402.62	2030	408.35	498.65	302.15	444.33	499.57

2.不同情景下工业增加值仿真结果分析

基于所设计的参数进行模型仿真，工业增加值的仿真结果及其在不同情景下的变化情况如图7-6所示。

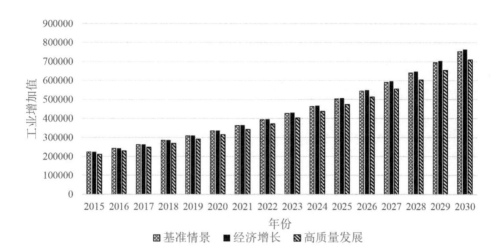

图7-6 不同情景下工业增加值的变化

不同情境下工业增加值仿真数据见表7-4。经济增长和高质量发展两种模式情景下的工业增加值均呈现上升趋势，相较于基准情景，工业增加值在经济增长模式下从2015年的223479亿元上升为2030年的764468亿元，增幅342%，高于基准情景的增幅；在高质量发展模式下从2015年的210720亿元上升为2030年的710023亿元，增幅为336%，高于基准情景。

表7-4 不同情景下工业增加值仿真结果

年份	高质量发展	经济增长	基准情景	年份	高质量发展	经济增长	基准情景
2015	210720	223479	234969	2023	402266	430146	427005
2016	228406	242492	245406	2024	436233	466932	463096
2017	247595	263140	275119	2025	473087	506881	502255
2018	268414	285563	301089	2026	513074	550266	544743
2019	291004	309915	317109	2027	556459	597383	590842
2020	315514	336362	312902	2028	603532	648551	640859
2021	342107	365082	372575	2029	654607	704120	695128
2022	370960	396273	401644	2030	710023	764468	754010

相较于高质量发展模式，经济增长模式对工业发展的促进作用更加明显。经济的增长意味着投资水平的提高，投资的增加可实现工业生产规模的加速扩大，进而增加工业增加值，经济增长的短期效果更加明显。高质量发展模式更加注重科技创新对工业发展的促进作用，通过提高工业生产效率提升工业增加

值。由于科技转化及应用的滞后性，科技创新需要时间来扩散和应用，而当今技术的复杂性导致扩散时间变长。当前，创新在不同企业、不同产业、不同区域以及不同国家的扩散与应用尚存在巨大差距，这导致创新对生产效率和工业总价值增长的促进作用呈现出滞后性。

第八章 高质量绿色发展水平提升对策

第一节 以源头管控划定高质量绿色发展底线

一、提高资源节约集约利用

节约资源是保护生态环境的根本之策，要大力推动资源的节约集约利用，进而推动资源利用方式的根本转变。资源节约集约利用是实现高质量绿色发展的必要途径和重要支撑，高质量绿色发展则为资源节约集约利用提供了战略导向和发展目标。资源的节约集约利用要综合考虑资源保护等多种因素，坚定不移地贯彻绿色生态思想，践行高质量绿色发展理念，还要立足资源整体和空间均匀配置，科学推进工程规划建设，提高资源节约集约利用水平。

（1）构建高质量绿色发展为背景的资源节约集约利用路径。第一，坚持规划引领，优化资源布局。在规划层面，首先要倡导资源节约集约利用的理念，应从宏观着眼、微观入手，政府必须起到示范带头作用，充分认识到资源节约集约利用是缓解资源矛盾的根本出路，是确保经济社会可持续发展的当务之急。同时，还要加大宣传力度，让资源节约集约利用的观念深入企业和社会，营造良好的社会氛围，这也能让企业充分认识到当前部分资源紧缺、不可再生的事实，从而督促企业真正做到高效利用资源，能够以高质量绿色发展的理念促进其落实社会责任。此外，还应该抓住国土空间规划这个战略性、方向性要求，将资源节约集约利用作为先导性理念植入到各级规划编制过程中，无论是规划的三线管控还是指标配置，均要在节约集约理念的指导下进行，这也是保证资源节约集约利用能从口号落实到实践的必然举措，要能做到以规划带动资源保护、生态保护与发展保障的统一，实现国土空间规划的管控与引领作用。在坚持节约集约理念以及相关规划的基础上，逐步推动各地区重点行业集中发展，形成具有整体优势的产业基地和产业带，从而发挥重点行业的规模化、集群化效应，以实际行动践行绿色发展理念，逐步推动高质量绿色发展。第二，完善政策管制，加大跟踪监督。实现资源的节约集约利用需要政策的强制性管控，应该逐步完善与节约集约相关的政策，为各地各级政府提供政策指导。在没有形成有效的节约集约特色政策以及内在驱动力之前，地方政府在资源节约集约利用方面仍然要靠中央层面的政策进行监管督促。因此，各级各地政府除了推出相关政策，还要牵头加大跟踪资源节约集约理念的落实情况、加强节约集约利用的监督检查，同时监督各地资源管理领域主要政策的实施情况，推进从政策制定到政策执行实施全流程的监督和评估，保证节约集约理念以不同形式内化到政策及其实施过程中，以推动资源节约集约利用共同责任制的建立。具体来说，一方面，推动企业社会责任的形成。不同产业具有相应的考核标准，企业应找准自身定位，按照行业要求推进各类资源的节约集约利用，政府根据考评结果对企业进行奖励或者处罚，以推进企业自觉树立节约集约的良好观念。另一方面，推动属地监管责任的形成。各级负责单位需为企业提供节约集约利用的便利，及时帮助企业办理相关手续，同时强化对企业节约集约利用的监督，及时更新企业资源节约集约利用的最新进展，以优化资源使用状况，助力地区高质量绿色发展。第三，分类管理资源，提高资源节约集约利用水平。要不断引导地方重视各类资源的节约集约利用，筑牢高质量绿色发展之基。本书以水资源和土地资源的节约集约利用进行说明。水资源的节约集约利用可从实时动态监控、区域配置、保护机制、生态补偿机制四个方面入手：在水资源实时动态监控方面，对水资源监测对象的水流量、水位和水质等方面进行全面检测，利用信息通讯、大数据等现代化工具更新水资源动态监控技术；在水资源区域配置方面，应基于对各地区水资源存量与流量现状的调查，对范围内的水资源进行统一调度，缩小水资源空间分布上的差异；在水资源保护机制方面，要严格收紧地下水开采，避免地下水资源超采，优化新型农业用水技术，规划落实高效节水改造工程以提高地下水资源利用率；在生态补偿机制方面，基于对长江流域、黄河流域生态环境特征与保护需求的判断，积极开展示范试点工程建设，逐步建立全流域覆盖的水资源生态补偿机制。土地资源的节约集约利用要严守耕地红线，保障国家粮食安全、还要提高用地效率，推动高质量发展；要以保障耕地面积、基本农田面积为底线，以优化土地开发结构、实施土地整治工程为手段，以保障土地安全、提高土地节约集约利用水平为目标，保护基本农田，通过对耕地质量的评估与判定，划定能够纳入基本农田保护的优质耕地，以增加基本农田面积保有量；在土地资源日渐紧缺的形势下，需要提高土地资源的使用效率，在保证耕地面积、符合规划和不改变土地用途的前提下，鼓励企业通过厂区改造、加层等方式提升容积率和利用率，还可以采用存量土地与消化闲置土地并重、闲置土地开发利用等方式，提高现有建设用地和未利用土地的利用率。

（2）提升资源节约集约质量和效率，深度挖掘资源节约集约潜力。要核算当前资源的使用与开发情况，调查资源浪费和利用不充分产生的原因，加快完善资源的使用进展，充分挖掘资源的建设潜力，提升资源的节约集约利用水平，助力高质量绿色发展。第一，从政府视角看，政府要对资源不足问题进行详尽的调查，探究资源不足造成的原因，建立资源使用档案。对于因自身实力受限、产业落后、前景不宽等原因造成低效使用资源的企业，要充分调查，从而通过合理的资源配置和投资来弥补企业发展的局限性；对效益低下和无法产生效益的企业可以通过协商收回、帮助流转等外在方式调整资源。此外，政府可以通过提供技术支持和政策引导以帮助企业转型升级，从而实现资源使用效率由低向高转变。在各类建设手续、登记手续办理环节，应予以优惠或者税费减免，以激发企业在资源节约集约方面的积极性和自主创新活力。同时，还要按照产业行业特点鲜明、布局相对集中的要求，以较好的基础设施水平和投产见效快的便利吸引企业，提升资源的节约集约利用水平。第二，从企业视角看，一方面，企业应主动寻求跨领域、跨行业的战略合作，从而实现资源的优势互补与共享。在符合相关行业管理规定的前提下，通过合作优化资源布局、对设备进行改造等方式提升资源利用效率，促进产业转型升级，可以有效帮助企业降低成本、获得政策支持。此外，企业还可以通过提供有竞争力的福利等手段吸纳人才就业，在提升企业创新活力的同时增加就业岗位解决当前社会就业难的问题。另一方面，企业要积极探索资源科学配置的新路径、新模式，要精准识别制约资源利用效率提升的难点和堵点，推动数字化绿色化深度融合，从而引领关键核心技术、绿色低碳技术等实现突破，促进产业链全链条资源配置的合理化，提高资源节约集约利用水平。

二、开展在产企业全过程污染防控

构建在产企业全过程污染防控体系，是指通过科学合理的方法减少在生产全过程中污染物的排放从而使其对环境的影响最小化，这与高质量绿色发展要达到的经济、社会及生态效益的协调统一、互利共赢的战略方向高度契合。开展全过程污染防控是推动减污降碳协同增效、促进经济社会发展全面绿色转型、实现生态环境质量改善由量变到质变的关键。要把实现减污降碳协同增效作为促进经济社会发展全面绿色转型的总抓手，需要确保企业在生产工作开展前对行业发展现状进行有效整合，明确自身生产过程的每一个阶段均要采用相应的环境管理制度以保证污染防控的科学性与合理性，采取源头预防、过程控制、末端治理相结合的措施，才能从根本上解决环境污染与资源约束问题。

（1）政策引领企业生产规范。第一，制定在产企业排放标准。首先，根据行业特征制定排放标准，基于排污许可证制度要求，实行污染预防与管控，分行业制定在产企业污染隐患排查、自行监测、污染预警方法，制定在产过程中的风险管控、治理修复、持续评估等技术文件，细化在产企业环境管理各项制度的落实，实施在产企业风险管控。其次，在开展环保状况调查评估、风险预警监控、风险管控技术与管理综合试点的过程中加快政策和技术文件的制定。在设施设备方面，可以在化工、电镀等典型行业企业设立绿色化提标升级的改造试点，通过实施管道化、密闭化改造，重点区域防腐防渗改造，以及物料、污水、废气管线架空建设和改造等，从源头上消除污染。最后，要抓住污染防治重点，要对重点行业企业实施调查，针对调查中发现的存在污染物的企业，探索"边生产边管控"模式，通过建设阻隔墙等风险管控措施，防止污染进一步扩散。第二，强化法规约束和监管监督。产企业全过程污染治理工作的有序展开离不开成熟的政策法规给予的法律支持，有必要通过立法的方式完善相关政策法规，约束在产企业的环境污染行为。首先，对于在产企业污染行为的立法条文制定必须全面、细致，要细化各行业污染排放标准及相应的奖惩措施。其次，为全面落实法律法规，执法环节是不可缺失的，因此，还要采取有效的举措对执法过程进行监管。各级地方政府应围绕当地实际加强对在产企业生产污染排放、治理等环节的立法监督，明确在产企业污染防治工作的目标及方向，确保地方企业污染治理工作有法可依。最后，要突出法治教育和宣传工作的重要性，面向大众和更多相关企业开展形式多样的宣传活动，如设计并发放环境污染防治普法手册等，在全社会构建浓厚的环境保护氛围，让高质量绿色发展观念更加深入人心，增强环保、绿色意识与法治意识的同时有效推动环境污染监测治理工作。

（2）生产企业需把握新形势要求，开创全过程污染防控。第一，企业应大力推行清洁生产，推动污染防治从末端治理转变为涵盖源头预防、过程削减和末端治理全过程控制。清洁生产应遵循"从源头削减污染，提高资源利用效率，减少或者避免生产、服务和产品使用过程中污染物的产生和排放"的原则，从企业生产全过程出发，提出生产工艺及装备优化、产品结构调整、降低资源能源消耗、推动资源综合利用、削减污染物产生和建立管理体系等涵盖节能、节水、节材、减污、降碳等内容和要素的整体性、系统化解决方案。这既是推进减污降碳协同增效的落地路径和重要载体，也是最为有效的政策工具和实施手段，对实现碳达峰、碳中和目标具有支撑作用；还有助于实现发展规模速度与质量效益的统一，经济效益与社会效益、环境效益的统一，完全契合高质量绿色发展的要求。此外，通过推行清洁生产，有助于加快形成科技含量高、资源消耗低、环境污染少的绿色生产方式，是促进经济社会发展全面绿色转型的有效途径。第二，明确污染物产生原因及排放标准，管控污染物产生及排放。在产企业首先要明确自身污染产生的原因，并通过污染物总量控制的方法计算每个工序落实中产生的污染物总量；还要明确污染物排放的限额，对各环节的污染物排放加以控制和约束。其次，在明确污染产生的根本原因后在产企业要加以干预，可以通过购进新设备、改进旧设备等手段降低污染，同时，还需要企业在运行的过程中，同步优化生产设施以及环保设施，并要保证环保设施能够得到充分应用。第三，提高逆向收集效率，提升环境监测效果。一方面，企业要制定相应的回收计划，并通过指标考核的确立来满足回收计划的实施；另一方面，相关管理部门要积极推动废物的回收利用，真正将这些物质变废为宝。除此之外，企业可以通过环境监测保障管理效果。在基础监测工作落实上，企业要进行实时采样，还要以连续化监测落实为基础，以预警为保障来实现对现实问题的有效反馈，通过及时调整来满足各项工作的落实，为企业全面发展提供良好的管理服务。想要实现精准的环境监测，在产企业还需要积极创新检测治理技术，从而进一步提升检测精准度。可从以下三个方面提升环境监管效果，首先，可以参考学习国外先进技术，促使我国环境监测技术水平进步；其次，还可以通过寻求其他企业、高校、科研机构以及区域合作的形式，增进各主体之间的合作联动，不断提升环境监测技术创新程度，实现全面的可持续发展；除此之外，企业还应重视对专业人才的培养，定期组织相关技术人员培训，提升整体技能，充分激发员工的积极性。第四，不断优化产业结构，促使产业布局更为合理。优化产业布局是实现污染源头管控的有效措施，也是我国削弱经济发展不平衡的关键之一。可以从产业和区域两个维度出发，不断优化产业布局。从产业维度看，要结合不同产业的特性和发展阶段，引导他们向满足其发展条件的地区转移。如劳动密集型产业重点向中西部劳动力丰富、区位交通便利地区转移；技术密集型产业向中西部和东北地区中心城市、省域副中心城市等创新要素丰富、产业基础雄厚地区转移。从区域维度看，引导各地统筹资源环境、要素禀赋、产业发展基础、能耗双控和"碳达峰、碳中和"目标，差异化承接产业转移。如，鼓励欠发达地区、革命老区、边境地区等特殊类型地区承接发展特色产业；推动中心城市和城市群因地制宜建设先进制造业基地、商贸物流中心和区域专业服务中心。

三、引导企业与公众参与

政府是推动高质量绿色发展不可或缺的支撑和主要推手，可以通过制定环境政策和加大环保投入来引导社会参与到高质量绿色发展中；企业是推动高质量绿色发展的主体，可以通过绿色技术创新，提升企业绿色发展程度、生成绿色产品并履行社会责任；公众是高质量绿色发展成果的直接受益者，全民广泛参与是实现绿色发展的持久动力。因此，要完善公众参与机制，建立政府、企业、公众三方良性互动的绿色、低碳、高质量发展体系。

（1）政府积极引导，发挥低碳发展主导作用。第一，政府要积极探索碳普惠制度，激发全社会的自主低碳行为，营造绿色低碳生活新时尚。只有建立多层次的高质量绿色发展参与体系，才能真正实现高质量绿色发展。政府要持续加强生态文明宣传教育，广泛宣传绿色低碳基础知识，充分调动广大人民群众的积极性。将生态文明建设融入不同阶段的教育体系中，引导各层次青少年学习贯彻绿色低碳理念，积极参与绿色低碳实践活动，引导树立绿色低碳环保理念。第二，要引导企业主动履行社会责任。企业是碳排放的主体，应积极引导企业将绿色低碳理念融入企业文化，建立健全内部绿色管理制度体系。加快构建绿色供应链体系，实现全流程工艺技术革新。鼓励企业参与绿色认证与标准体系建设，主动开展绿色产品认证，激励绿色低碳产品消费，发挥国有企业特别是中央企业引领作用，制订行动方案，引领行业企业绿色低碳转型。第三，引导公众参与，推行全民低碳行为。公众参与能力和水平影响着高质量绿色发展的成效。人民群众是政府政策的参与者、检验者，无论是政策制定还是执行，都要为公众参与预留空间和接口，健全决策专家咨询机制，广泛听取公众意见和建议，汇聚各方意见以提高政策制定的科学性和执行的有效性。因此，政府要搭建公众参与平台，让群众有途径可以发表相关建议，还要通过加强气候变化和低碳发展的宣传教育，提升公众的绿色低碳发展意识、科学素养和行动能力，同时鼓励更多的社会组织、专家和企业参与进来，发挥专业优势，推动国家绿色低碳发展目标的实现。

（2）企业自觉履行社会责任，做好高质量绿色发展的主力军。第一，立足高质量绿色发展大局，坚决履行社会责任。企业应该坚持落实国家政策，将高质量绿色发展作为一项政治任务，坚决担负起应有的政治职责，要严格落实生态环境保护责任制，健全完善环保管理制度体系，明确企业职责定位，强化高质量绿色发展水平。企业可以通过持续的资金投入，加大环境保护力度，紧扣高质量发展、减污降碳总要求，着力提升绿色发展能力和现代化水平，打造极具竞争能力、可持续发展的综合性企业。第二，坚持创新引领，促进转型升级。首先要充分认识并发挥国有经济产业布局对前瞻性战略性产业的创新引领作用，企业应紧跟国家当前发展方向，重点布局数字经济、新材料等战略新兴产业、未来产业，还要重点关注关键核心领域的技术突破和创新，大力推进科技创新，激发产业发展内在活力。特别地，对于拥有优秀资源平台和人才资源的国有企业，其应积极集聚创新资源，主动寻求其他类型企业的合作，发挥国有企业的引领作用和整合创新作用，促进产业升级转型。第三，打造产学研协同创新，推动创新联盟形成。产学研合作创新是整合创新资源、提高创新效率的有效途径。实施有效的产学研合作，可以使企业在共生共赢的合作环境中获得持续的绿色技术创新能力。企业要充分发挥绿色技术创新主体和高校、学研机构合作创新的作用，不断探索和实践与高校、科研机构等深化绿色创新合作的有效形式，促进长期稳定的合作创新关系的形成，有利于将技术优势不断扩展为规模经济优势，显著提升企业、高校和科研机构等绿色技术创新合作各方的自主创新能力，有力推动整个社会向高质量绿色发展迈进。

（3）推行绿色低碳全民行动，深化绿色低碳发展意识。要积极推动公众实现低碳、绿色生活。第一，不断倡导全民接受绿色生活理念。可以倡导公众了解并接受绿色生活理念，努力形成绿色环保新风尚，引导社会公众热爱自然、保护自然，倡导勤俭节约，反对奢侈浪费，鼓励将绿色生活方式植入各类文化产品，拓展生态文化创建传播体验活动，树立绿色健康生活理念。第二，培养绿色生活习惯，深化绿色家庭创建行动。有重点地引导社会公众养成绿色生活习惯，如倡导绿色出行，倡导公众选择步行、公共交通工具等出行方式，让公众自觉实行垃圾分类，引导居民优先购买使用节能节水器具，减少塑料购物袋等一次性物品使用，杜绝食品浪费，在衣、食、住、行各方面自觉简约适度、绿色低碳的生活方式。充分发挥公共机构的示范引领作用，积极推进现有建筑绿色化改造，进一步加大绿色采购力度，倡导优先使用循环再生办公产品，推进无纸化办公。第三，改善绿色供给体系，促进绿色消费。不断转变公众消费理念和消费行动，使消费结构、消费规模以及消费者偏好等传导至生产领域，以绿色生活方式推动绿色生产；不断增强绿色生态产品的供给能力，丰富绿色生态产品的种类，包括良好的生态环境、健康的绿色产品、无形的生态文化等，既具有生态价值又具有经济价值。此外，应注重绿色产品供给与绿色消费需求间的畅通传导，不断完善绿色供给机制，实现绿水青山向金山银山的转化。

第二节 以科技创新赋能高质量绿色发展动力

一、完善创新人才激励机制

实现高质量绿色发展必须依靠科技创新，建设创新型科技强国必须要有创新型的科技人才，创新人才是科技创新发展大局的战略性核心资源，充分发挥科技人才的作用是科技创新体系顺利构建的重要支撑。为积极全面推进创新人才队伍建设，需要进一步建立健全科技创新人才激励机制，从而发挥科技创新人才主观能动性，确保科技创新人才能够在推动高质量绿色发展过程中发挥基础保障作用。

（1）以创新人才为主导，保障创新人才基本权益

第一，完善现有知识产权保护法体系和维权机制。科技创新成果是提振科研人员创新信心、推动科技创新发展的重要基础，切实保障科研人员依法享有科技成果的基本权益至关重要。增强对创新成果和知识产权的保护，是优化我国营商环境、建设更高水平的开放型经济体制的必要条件。在高质量绿色发展的新阶段，知识产权保护是推动经济社会高质量发展的途径之一。因此，需要不断加强对科研人员科技创新成果的知识产权保护、细化科技成果产权归属和署名制度，提升对高质量、高价值知识产权的保护力度，完善现有知识产权保护的漏洞，并严厉打击滥用知识产权保护以及侵权假冒行为，只有这样才能有效激发我国科研人员创新活力，保护我国自主研发的关键技术、防范化解知识产权保护的重大风险。

第二，重视创新人才培养并拓宽培育渠道。高校和企业对创新人才起到双元培养作用。一方面，高校是国家创新体系的重要组成部分，要坚定不移地担负起自主培养具有更高素质的创新人才的重大责任，在新时代高质量绿色发展的过程中需要具有交叉思维、复合能力的创新人才来积极响应国家战略发展。因此，高校应不断完善创新人才培养机制，优化课程设置，强化实践教学，以培养出符合新时代需求的创新型人才。另一方面，企业是科技创新事业的重要策源地，是创新人才将创新成果应用于实践的主要阵地。要根据国家科技发展

方向有针对性地培育实践型创新人才，营造企业创新人才良好发展环境，进而提升企业的吸引力、凝聚力，促进创新人才向企业集聚。但无论是高校还是企业，对于科技创新人才均应实施灵活且具有针对性的政策。一方面，应当以个性化服务满足不同层次科技创新人才的需求，要不断挖掘高水平创新人才在攻克关键核心技术方面的创新能动性，实现在不同研究领域的重大突破；另一方面，要善用一般性人才，要给予一般性人才创新机会以促进创新实践和微创新，从而有效推动一般性人才向高水平人才转化。

第三，做好创新人才评价机制和深化利益分配机制改革。要转变"功利化"绩效评价机制，破除"唯论文数量"的绩效评价倾向。各企业、高校及科研院所等单位要从创新人才的发展特点出发，以创新人才研究领域以及创新成果的实际应用价值制定差异化的评价体系。要明确考核评价的目的是为促进创新发展、获得实质性创新并能转型应用于实际的生产生活，此外，要破除创新人才科研方向的限定、限制，要有效尊重创新人才的科研兴趣和方向选择，给予创新人才充分的自主选择权力，认可创新人才的科研贡献，推动创新人才多方面快速成长；要赋予科研人员经费自主使用权、支配权，减少科研经费使用过程中的烦琐申请环节，提升科研经费使用效率；要充分保障科研人员的成果转化收益权，将成果所有权赋予主要完成人，提高对成果完成人和作出重要贡献人员的奖励比例，提升一线科研人员收入，形成人才健康发展、创新充分发挥的良好局面。

第四，完善创新人才激励制度，确保创新人才收益有法可依。关于不同类型创新人才的激励机制可上升到法律层面，确保创新人才培养资金来源的合法性，从而逐步引导高水平创新人才的观念转变，即从"应题研究"转向志趣与国家重大战略需求相结合的经世致用研究。各地政府还应根据当地创新发展状况和发展需要，立足各地区的自身优势和结合产业的发展要求，有针对性地出台合理的人才引进政策以吸引、留住创新人才，逐步削弱各区域创新发展不平衡的局面。

（2）构建多元激励体系，激发创新人才创新活力

第一，给予创新人才足够的社会价值认同，调动人才创新的积极性、主动性。一方面，要倡导社会尊重人才、使用人才、学习人才，摒弃"名校"光环。

逐步消除普通教育和职业教育之间的社会偏见，促进普通教育、职业教育和继续教育的"横向互通"从而挖掘真正的创新人才，让人才在各领域发挥价值。另一方面，关注创新人才真正的创新内核，创新人才具有强烈的求知欲和能力发展需要，渴望展现其利用知识的能力，因此要为其营造尊重人才的社会环境，能赋予其重大的社会使命与责任。此外，创新人才具有很强的工作自主性，要能给予创新人才充分的科研方向选择机会，充分发挥科研人员的自由探索能力，增强科研人员的多样化创新，不断激发创新人才的科研探索欲望和兴趣。

第二，设计多元激励方案，全面促进人才发展，坚持物质需求和精神需求多元供给。要尊重创新人才的劳动成果，按照科研人员的创新层级、创新成果贡献等给予其物质奖励，这是激发创新人员内生动力的基础，是科技创新人才长期进行创新工作的基本物质需要。以物质利益作为奖励能促进人才创新行为，通过绩效、津贴、补贴等提高科技创新人才的个人收入，从而提升科技创新人才工作的积极性；但是对于创新人才的激励机制绝不能单纯采用物质奖励，部分创新人才会寻求创新发展空间，以工作激励、精神奖励、特殊福利等激励手段，满足科技创新人才的个性化激励需要也是必不可少的。还要形成分配激励、团队激励、荣誉激励相结合的多元化激励体系。因此，要能够识别科技创新人才的差异化需求，通过工作分析、职位评估等手段对创新人才的精神需求进行判断，形成科技创新人才的激励规范。除此之外，加强公共服务资源统筹，解决科研人员住房、子女入学、医疗健康等迫切需求，帮助创新人才解决后顾之忧，也是增强创新人才凝聚向心力的有效方式。

二、加强数字技术与科技创新融合

数字技术创新是新一轮科技革命和实现产业转型升级的关键，能驱动传统产业发生战略性变革，形成产业数字化转型升级的良好优势。数字技术能够促进科技创新快速发展，借助数字技术赋能绿色科技创新，可以促进绿色全要素发展，从而推动高质量绿色发展的实现。因此，加强数字技术与科技创新融合是经济发展的必然趋势。

（1）加大投资力度并做好发展规划。第一，数字技术的突破需要进行大量的研究实验，对于资金投入、基础设施、实验设备及实验环境的要求较高。政府应逐步加大对数字技术创新研发的投资强度，为数字基础设施建设投入资金，实现传统基础设施建设的转型升级，在此过程中要充分发挥数字基础设施对数字化转型的支撑作用，为数字技术创新打好基础；要加大对关键核心领域的支持力度、突破关键核心数字技术，逐步降低对国外技术的依赖，实现对关键核心数字技术的自主可控，以此支撑现代化产业体系的构建。第二，政府要积极做好统筹规划工作，规范数字技术创新的发展方向，让数字技术服务于国家重大发展战略；要制定数字化转型激励政策，如税收优惠、研发补贴、专项基金等多元化的扶持措施，打好数字技术创新的坚实基础；要做好引导工作，以数字技术投资为抓手，推动政府与企业、社会共建数字技术发展体系，形成政府推动、企业参与、市场运作的良性发展模式，从而不断激发社会、市场数字技术创新的主动性，推动数字技术和科技创新的有机融合，赋能数字技术高质量发展。

（2）优化数字技术布局，推动创新协调发展。第一，优化数字技术空间布局，缩小数字技术的地区发展差距。我国幅员辽阔，各地区数字技术发展水平存在差异，呈现东高西低的特点，导致科技创新发展不平衡。应逐步加强各区域的数字技术创新联动，统筹兼顾各地区数字技术的发展水平和差异，鼓励数字技术创新发展高水平地区发挥模范带头作用，通过经验分享、资源共享等方式不断深化跨区域的数字技术创新交流合作，从而优化发展低水平地区的资源配置，推动区域间数字技术创新的协调发展。第二，以高质量绿色发展为导向，优化数字技术产业布局。产业数字化是传统产业转型升级的重要途径，以数字化赋予产业全新的活力和竞争力。不仅要让数字技术与关键核心领域创新融合，利用数字技术催生新业态，赋能产业绿色发展，还要让产业数字化赋能传统产业，赋予其全新活力和竞争力，这能够加快传统产业结构升级，使传统产业向现代产业体系快速转变，推动产业链、价值链、供应链、创新链联动发展，促进经济高质量发展。此外，要推动数字技术和各地区产业相融合，发挥地区产业特色，实现绿色低碳与地区经济增长协同推进。第三，优化数字技术创新人才结构，强化数字技术创新人才支撑。数字技术和科技创新融合发展的实现归根到底还是相关科技研发人才的竞争，要重视数字经济时代数字技术创新人才的培育，更要重视关键核心领域人才的培养。因此，要不断完善数字技术创新人才培养的相关制度，一方面，高校应顺应时代发展，调整高等教育学科目录，有助于塑造现代化人力资源体系，减轻人才培养和经济发展不匹配问题带来的影响，以满足现代化产业数字化转型升级的需求；另一方面，鼓励数字技术创新人才联合培养，推动复合型人才形成，为数字技术创新提供智力支持，实现产业数字化转型，赋能高质量绿色发展。

（3）完善顶层设计，打造创新软环境。第一，要持续健全数字技术创新等新兴业态相关领域的法律法规，保证数字技术创新的长期健康发展，为数字技术推动科技创新并赋能高质量绿色发展奠定良好基础。要加强保护数字技术创新知识产权，完善相应的治理体系，维护数字技术创新领域的合法权益，为数字技术的流通和应用创造良好的外部环境，为享有数字技术创新成果的合法权益提供制度保障，从而帮助市场、社会成员在数字技术创新中获取效益。第二，加强数字技术监督管理工作。政府应该加大对数字领域的监管力度，形成基于数字技术的监管体系，要求参与数字技术创新的相关机构积极配合相关部门的监管工作，提高防范重大风险的能力，加大对于违反法规行为的处罚力度，保障良好的数字技术创新发展环境。第三，落实数字技术的相关法律法规，推进数字技术创新生态构建。在建立健全相关法律法规之后，应当积极推动全社会广泛学习，并通过引导公众参与和监督，推动企业、市场等自觉遵守法律法规，共同营造良好的数字技术创新氛围，促进数字技术创新生态的有序发展。

三、侧重以产品市场为中心的继承创新

企业在进行产品创新时应充分考虑低碳、环保等要素，要采用环保材料、减少废弃物排放等，这既符合高质量绿色发展的要求，也能体现企业的社会责任。产品创新是企业获取和保持核心竞争优势的重要方法与途径，也是当前中国制造企业转型升级和全球扩张的关键。当前互联网、数字经济快速发展，在以产品为主导的战略导向中，立足已有产品基础、优化现有产品功能以及设立绿色产品标准的继承创新是推动产品创新升级的最优策略。为实现以产品市场为中心的继承创新，可通过用户参与产品创新和服务创新辅助产品创新等方式

实现。

（1）用户参与产品创新。产品面向的最终对象是用户，用户是企业的重要利益相关者与价值共创者，推广用户参与产品创新的模式，能够集成用户需求的深度洞察，用户参与产品创新可为企业产品绿色化提供异质、新颖的创新观点，会使产品绿色创新更具有针对性，并且使创新的方向更加准确，为企业培育持续创新能力提供不竭动力。因此，应逐步构建开放式的产品创新体系，吸引用户参与企业产品创新以培育用户的创新能力，通过外部创新资源与内部创新资源相结合的模式实现企业内外协同创新。此外，为引导用户参与产品创新，企业可以通过数字化平台以线上线下相结合的方式对产品进行宣传，吸引用户参与产品体验，进而提升用户的产品创新意识，不断积累优质用户。在线上，企业可以建立专属的网络社区，也可以在各大网络平台发起用户体验分享活动，鼓励用户讨论企业产品使用体验并实时发布对产品环保性能改进的相关建议；通过分析社区用户留言收集用户对于产品的创新建议，并择优用于下一代产品的创新开发工作中；通过社群平台及时回复、处理和解决用户的问题。在线下，企业可以通过线下新品发布会、现场体验等活动维系老用户并挖掘潜在客户；通过发放问卷回收用户对于产品创新中绿色、可持续发展相关的现场反馈。

（2）服务创新辅助产品升级。当今社会互联网、人工智能等数字化技术迅速发展，企业不断地进行产品创新从而引导产品升级，以产品创新为企业提供存续的能力。然而，产品创新存在着较大不确定性，产品升级未必能够满足市场需求，因此，在不确定性的环境中，企业可适度减少对高风险产品的创新投资，转而对服务创新进行投资，即为客户提供支撑性服务，让客户享受产品的附加价值以增强客户忠诚度。企业可以提供符合绿色生活理念的增值服务，推广绿色使用指南、建立回收再利用机制，或为用户提供节能减排的解决方案，通过服务创新引导消费者形成绿色消费习惯；要与客户建立良好的关系，促进企业适应竞争激烈的环境并缓解政策波动和市场变化带来的压力。在具体实践中，企业可以在用户购买、使用、售后等阶段不断升级服务。在用户购买产品阶段，要为用户提供详尽的产品介绍服务，介绍产品的特色、选择该款产品的理由等，让用户在深入了解产品的基础上选择该产品；在用户使用产品阶段，要设计简明扼要的产品说明书，能向用户呈现产品的特点、用法和遇到问题后的解决办法；在售后阶段，要能够向用户提供一定的产品功能保障，及时解决用户问题并做好记录，一方面能为用户提供良好的售后问题解决服务，另一方面还能为企业产品更新换代提供依据。

总体来说，用户参与产品创新和产品相关的服务创新能在一定程度上实现产品的继承创新，从而降低企业的创新试错成本，满足企业发展低碳化、绿色化的现实要求。但是针对不同的企业、不同的产品要采取差异化的产品创新策略，以满足企业产品创新发展的需要。

除此之外，侧重产品的继承创新并不代表让企业放弃对于产品的探索式创新，探索式创新相对于继承创新要耗费更多的资源，并且花费的时间较长，面对未知的风险具有高度不确定性，难以满足当前变化发展迅速的社会环境。但是，若忽视了探索式创新则会让企业丧失核心竞争力，无法持久地发展。因此，企业还要平衡继承创新和探索式创新的关系，基于继承创新积累的坚实成果，逐步促进探索式产品创新，进而提升企业的核心竞争力。

四、关注创新成果的绿色产业化水平

创新成果产业化是指将技术创新运用到实际生产中或将创新产品投向市场，形成专业分工、市场化运作，最后形成规模化运营、"龙头"带动的良好局面，从而将技术创新转变为经济效益。绿色产业化水平是衡量绿色创新成果的重要指标，而绿色创新是创新成果实现绿色产业化的基础和核心驱动力。现阶段，我国致力于高质量绿色发展，更加注重创新成果的技术含量、附加值和竞争力等实质性创新因素，这是提升绿色产业化水平的动力源泉。创新成果绿色产业化对我国现阶段高质量绿色发展至关重要。为促进创新成果的绿色产业化可从以下两点出发。

（1）政府应制定差异化的创新成果绿色产业化激励政策，引导高质量实质性创新，提升绿色产业化水平。第一，绿色产业化政策有助于激发企业的创新积极性，可以逐渐加强对绿色创新成果认定的激励，使财政补贴资源供给与创新成果形成需要的适配性。既要在专利、科研课题申请环节激发更多高质量创新成果产出，也要在绿色产业化环节提升成果转化能力。政府应根据创新行为的难度、创新效果和创新价值等对企业创新能力进行评估，为不同类别的绿色创新成果制定合适的甄别和评价权重，以便精准识别具有绿色创新能力的企业。第二，政府应定期对重点帮扶企业和项目进行监督和评价。一方面，在创新成果实现绿色产业化建设的过程中，应提升对各类项目的财政扶持力度。对更具有创新实力的企业和潜在价值高、影响深远的创新项目，政府应加大资金投入力度，促进企业进行实质性创新的积极性，帮助企业提升创新质量。另一方面，应不断优化对各类企业的财政扶持效用，重视对小型企业知识产权保护的财政支持力度，避免企业出现寻租行为而导致创新质量无法提高。第三，以知识产权保护推动创新成果绿色产业化。我国经济高质量发展需要知识产权保护助力，创新成果绿色产业化是实现可持续发展和"双碳"目标的重要途径。充分发挥知识产权创造、保护和运用的作用可以切实推动创新成果的绿色产业化。因此，要不断完善知识产权保护的法律制度，明确创新成果绿色产业化的合法途径，通过构建知识产权及创新产业体系解决现有创新成果绿色产业化水平低的问题。

（2）企业应高效利用政府创新补贴，规范自身创新行为，努力提升绿色产业化水平。提升企业创新成果绿色产业化能力有助于企业获得利润优势、成本优势以及产品的独特性优势，还能满足国家高质量绿色发展的需要。为实现创新成果绿色产业化，企业应从以下三个方面着手。第一，企业应该充分合理地利用政府补助，明确政府对创新成果绿色产业化的要求，按照国家、市场和社会的需要不断改进企业的技术水平，匹配新产品的生产要求，提升企业的生产效率，进而保证创新成果顺利产业化。此外，企业还要不断加强核心知识产权定位与储备，开发并完善产业化的关键技术，为企业中长期的发展打好基础。在现实中，对政府补助能够充分利用的企业还会引起社会投资的跟进，企业要以此为契机，不断吸引社会投资者的关注，以获得更多的外部创新资源，从而以更加坚实的基础推动实质性创新以及创新成果的绿色产业化。第二，企业应合理分配内外部创新资源、加强对高质量创新项目的研发投入、关注创新成果的价值转化效益，从而促进绿色创新技术转型升级、提升企业创新成果质量和绩效。此外，人力资源管理对创新成果绿色产业化的影响也值得引起企业关注，企业研发人员的增加只能带来企业创新成果化水平的提高，而企业创新成果绿色产业化水平的提高则需要相应人才的加入和全员创新能力的提升。第三，加快构建以企业为主导的产学研创新体系，引领创新成果的绿色产业化水平提升。绝大部分与产业和市场紧密相关的技术攻关和研发创新均需依靠企业与高校、科研机构等协同合作。因此，要紧密围绕高质量绿色发展需求，整合高校、科研院所等多方资源，形成产学研高效联动的新模式，形成更高层次的创新合力，推动创新链、产业链、资金链、人才链深度融合，引领创新成果向更高质量的绿色产业化迈进。

第三节　以产业升级激发高质量绿色发展潜力

一、促进绿色农业提质转型升级

传统的农业生产方式对生态环境造成了严重的破坏，导致土地退化、水资源短缺、生物多样性丧失等问题，同时农药、化肥等化学物质的过度使用，也给农产品质量和食品安全带来了潜在的威胁。农业绿色发展是践行新发展理念的重要途径，也是推动新时代经济社会高质量发展的内在要求。因此，推动农业产业结构升级和转换，从追求规模发展走向追求绿色发展，采用先进的生产技术和经营模式实现传统农业向现代农业转型，是提升产业效益质量、实现农业生产高效、安全、环保的有效途径，有助于提高农产品的质量和附加值、促进农民增收致富、实现"绿水青山就是金山银山"的目的。

（1）加强农业产业与其他相关产业的融合。要推进产业融合发展新业态，为农业注入新的增长源泉和增长点。实现绿色农业与教育、旅游等其他业态的融合发展，实施休闲农业和乡村旅游精品工程，积极拓展休闲观光、文化传承、健康养生、生态保护等农业的多种功能，加大休闲农业和乡村旅游向中高端创意化、功能多元化、产品差异化以及休闲景点全域化转变力度，实现产业提档升级。

（2）完善农业发展相关的制度体系建设。制度建设是推进体制机制创新、促进农业绿色发展的必由之路。农业发展考核机制的建立也至关重要，建立一套适用于全国不同地区农业发展评价的指标体系与评价办法，从而增强各地农业发展责任意识，为推进农业发展提供方向指导和决策参考。建立健全开放型农业体系，从我国农产品基础竞争力实际出发，进一步加大对农业的支持力度，有效降低或弥补生产成本，确保国内生产的产品与进口产品在公平的基础上竞争。

（3）加大科技投入，提高农业科技进步贡献率。要不断加强技术创新，大力发展智慧农业，促进农业高质量发展。同时，要鼓励高等院校、科研院所和农业企业围绕农业重大科技需求，注重开展农业关键技术研发，推动重大原创性成果转化及其推广应用。最后，在进行农业升级转型的全过程中，各地区应因地制宜，考虑不同地区发展水平和生态差异，寻找符合当地农业环境的发展方向作为农业转型升级的突破口。此外，政府可以综合运用税收、政策性担保等激励政策，加大对农业发展的信贷支持力度，同时加快建设农产品冷链仓储物流设施，重点培育第三方农产品冷链物流企业，不断完善配送体系。

二、加快传统制造业生态化改造

制造业作为我国的立国之本、强国之基，是推动我国经济实现高质量绿色发展的主阵地，它的转型可以推动产业链的现代化发展，激发产业链活力，提高生产效率、降低成本。新时代加快推动制造业绿色低碳发展，不仅是践行"绿水青山就是金山银山"理念、助力工业领域实现碳达峰碳中和目标的必由之路，也是建设现代化产业体系、实现高质量绿色发展的应有之义。

（1）提高资源利用效率。通过深化新旧动能转换、推动绿色低碳转型发展、促进工业数字化深度融合等可以实现对原材料、能源等资源的有效利用，减少浪费和消耗。第一，深化新旧动能转换。新旧动能转换需要秉持创新驱动发展战略，加大对实施绿色技术创新企业的投资力度，并制定相应的激励性税收优惠政策，增强企业创新的主动性。政府可以通过构建完善的绿色政策体系与实施差异化的区域性政府政策手段，为制造业绿色转型提供政策驱动力。分区域推进不同类型制造业的产业集群，根据各区域自身的产业优势，在空间布局上规划出规模性产业集群，对特色鲜明、关联度高、产业链协调协作力强的制造业进行集群，并从设立专项引导资金、做大产业投资基金规模等方面大力支持基地建设，由此建立一批具有持续创新能力的产业联盟，培育一批具有国际影响力的领军企业，打造一批国际知名制造业品牌。

第二，推动绿色低碳转型发展。绿色低碳转型发展需要实施全面节约战略，围绕实现碳达峰碳中和目标，推动重化工业转型、低碳技术研发推广、绿色发展机制创新，加快形成节约资源和保护环境的产业结构、生产方式、生活方式、空间格局；围绕产业需求依托技术创新进行转型升级，驱动产业进步，打破技术壁垒，助力制造业的绿色转型升级。要加强高耗能、高污染等工业领域的技术革新，淘汰落后技术工艺，促进工业传统生产模式向清洁生产转型，还要发挥科学技术在制造业发展中的支撑引领作用，加强关键制造技术研发，加快绿色技术创新攻关，增强企业绿色技术储备。

第三，促进工业化数字化深度融合。以制造业数字化、网络化、智能化发展为牵引，强化底层技术突破，以数字技术赋能实体经济，深入推进新型工业化，加快建设现代化产业体系目标，进一步推动产业绿色、低碳、高质量发展，增添"绿"的亮色。推动数智化技术设备实现绿色化，建立数智化能源管理平台，实现能源管理的自控制、自适应和自优化，降低能源消耗和污染排放。

（2）推动产品转型升级。通过转型和升级，可以提高产品质量和附加值，提高企业的市场竞争力，同时也可以降低生产成本，提高经济效益。可以应用新一代信息技术对传统产业进行全方位、全角度、全链条的数字化改造，推动体系重构、流程再造和管理创新，在传统产业中形成新的数字工厂、数字制造、数字支付和数字生活。通过数字化改造，可以提高生产效率和质量，同时推动企业向智能化、个性化生产转型。加快产业内部结构调整和品质提升，推动传统产业向智慧服务和智能制造拓展，加快产业链再造和价值链提升，不断提高精准制造、敏捷制造能力，形成新优势。通过拓展产业链和提升价值链，可以提高产品的附加值和市场竞争力。

（3）降低环境污染。通过采用环保的生产方式和废弃物处理方式，可以减少对环境的污染和破坏。除了提高资源利用效率、采用高经济效益生产方式，还需加强传统制造业环境监管和执法。首先，政府应建立健全环境监管机制，包括制定严格的环保法规和标准、建立全面的环境监测网络、加强对企业的日常监管等。同时，建立环保信用体系，对环保表现良好的企业给予优惠政策，对环境违法企业进行严厉处罚，强化企业的环保意识和行为。其次，政府应加大对传统制造业的环境监测力度，包括对废水、废气、废渣等方面的监测。通过对企业排放的污染物进行实时监测和数据记录，可以确保企业遵守环保法规和标准，并对超标排放行为进行处罚。再次，政府应加强对传统制造业的环保执法力度，对环境违法行为进行严厉处罚。对于超标排放、偷排等严重环境违法行为，依法追究企业和相关责任人的法律责任。同时，建立环保处罚公示制度，对违法企业进行公开曝光，形成强大的舆论压力。最后，政府应加强环保执法队伍的建设，提高执法人员的素质和能力。通过加强培训、考核和管理，可以确保环保执法队伍的公正、廉洁和高效。同时，加大对环保执法队伍的投入和支持，提高其环保执法的能力与水平。

三、培育现代化服务业绿色转型

我国服务业能源消耗和环境污染问题较为突出，服务业发展方式仍较为粗放，服务业企业缺乏创新能力和核心技术，服务质量和效率有待提高。此外，我国服务业绿色转型的政策支持力度也需要加强。促进服务业绿色发展，有效推动服务方式低碳升级、节能环保技术不断提升，逐步推进服务业用能结构清洁化以及消费方式的绿色低碳转型，将为全面推进高质量绿色发展、提升服务业核心竞争力提供重要支撑。现代服务业应加强规划布局和政策支持，推动区域性集聚发展，通过产业协同、制造与服务融合、"互联网＋服务"等途径，拓展服务领域并加强服务创新，推动现代服务业跨界融合与转型升级。

（1）积极发展绿色金融，总结推广多种形式的合同能源管理、环境综合治理托管、虚拟电厂等服务模式经验，稳步推进环保信用评价、碳资产管理、碳排放核算核查及相关检验监测等新兴绿色低碳服务。引导金融机构应用环保信用评价和环境信息依法披露等，积极开展气候投融资实践；规范开展绿色贷款、绿色股权、绿色债券、绿色保险等业务，进一步加大金融支持绿色低碳发展力度；建立健全线上线下融合的逆向物流服务平台和网络，促进产品回收和资源循环利用。同时，聚力人才建设，加强金融人才引育留用：各地区应不断落实人才引进计划，建设具有地区特色的人才培育基地，完善金融人才保障机制，提升人才吸引力。此外，要聚力守牢底线，强化金融风险监测预警，要加强对大型企业流动性、地方金融机构、非法集资等领域动态监测，定期汇总风险问题清单并纳入监测范围，跟踪、研判金融风险特点、趋势，及时形成风险分析报告。

（2）推动数字经济赋能服务业结构升级。第一，继续加快发展数字经济。加大对数字基础设施建设的投入，筑牢数字经济发展根基。建设完备的5G基站、数据中心、云计算中心等关键基础设施，加强面向服务业应用的数字基础设施和相关平台建设，为服务业结构升级提供良好的环境，打破服务业产业内外的信息与知识界限，促进供需互动与精准匹配，推动服务业效率提升、创新升级与融合发展。同时，协同推进数字产业化与产业数字化，实现对传统服务业全方位、全链条、全角度的升级改造，并不断创新服务业新业态、新模式，推动服务业向数字化、高端化迈进，推动服务业结构升级。第二，统筹数字经济对不同区域服务业结构升级的推动作用。东部地区应聚焦于深化数字经济在服务业的渗透，拓展数字经济在服务业各个领域的广度与深度，构建更为完备、高端化的服务业产业体系，发挥其示范、突破、带动作用；中西部地区要进一步巩固数字经济推动服务业结构升级的红利，立足低成本优势和资源禀赋，重点加快数字基础设施建设，做到"软件"与"硬件"兼施，提升数字技术应用水平。各地区应致力于缩小"数字鸿沟"，协同推动东、中、西部数字经济对服务业结构升级的驱动作用。第三，加大数字经济创新人才队伍建设。数字经济的发展要靠创新引领，创新引领则需要高技术、技能型人才作为支撑，因此要注重培养数字化人才，构筑人力资本优势。对于仍存在数字人才总量不足、数字技术高端人才稀少等问题的中西部地区，人力资本的短板可能会制约其数字经济的发展，因此中西部地区应加大信息人力资本投入，加大对本地劳动者的数字技能培训与人才培养，吸引优秀数字型人才并提高优秀数字化人才的福利待遇。第四，政府应发挥积极作用。建立健全数字经济发展基本政策体系，加强数字经济治理，在建立完善制度的同时加强监管，提升数字经济治理效能。构建优良的数字经济营商环境，推进服务业与数字经济的深度渗透与融合，助力数字经济与服务业协同高质量发展。

（3）电商也要讲究绿色发展。根据国内碳排放管理平台"碳阻迹"发布的《中国电子商务企业温室气体排放总量研究报告》测算，中国电商企业2019年的碳排放总量为5326万吨，预计在2025年将达到1.16亿吨，增长率达到73%。在其他行业纷纷加大低碳转型力度的同时，电子商务企业也应齐心协力，积极探索并实践出电子商务绿色发展道路。近年来，不同电商企业根据自身业务内容与面向的消费者群体，提出了不同绿色转型的方案，本书以美团和拼多多为例进行说明。

美团积极探索资源节约、环境友好型的企业发展路径。通过发起外卖行业环保行动计划，推动社区电商和外卖行业包装减量、循环回收及包材研发应用，推出一系列绿色服务产品，以实际行动积极践行绿色发展理念。不断健全绿色经营体系，发挥平台优势培育绿色发展生态，启动青山计划，推动外卖行业绿色发展，从环保理念倡导、环保路径研究、科学闭环探索、环保公益推动四个方面开展工作，发挥平台优势，与各方共同推动外卖全产业链环保进程。通过创新运营模式，推动社区电商节能减碳，一是采用集配模式，推动包装减量；二是使用循环冷媒，促进节能减碳；三是升级包装耗材，减少塑料制品使用。创新服务产品，倡导绿色消费观念，上线"小份菜""适量点餐"，避免餐饮浪费，2021年8月上线"适量点餐"提示功能，鼓励商家提供小份菜，为用户提供小分量的生鲜食材，通过联合宣导鼓励公众拒绝浪费。推广"无需餐具"、环保购物袋，减少消耗污染。支持研发探索，推动环保包材广泛应用，支持外卖包装创新研发及环保标准建立，探索餐盒规模化回收和循环再生路径，推动绿色再生塑料的应用和绿色塑料供应链的建设。加强"产学研"联动，开展外卖包材的环保路径研究。

拼多多集团始终秉持环保理念，主动成立绿色专项小组，积极创新环保治理模式，通过推行各类有效措施，积极探索和践行绿色发展观。推行如限制塑料袋、纸箱、包装袋的使用，更换环保纸张打印，回收垃圾分类培训，鼓励员工绿色出行等办公、生活环保方案。同时，采取了大量积极有效的举措以加强对平台经营者的宣传和引导。一是提出快递包装减量化要求，引导商户设计并应用满足快递物流配送需求的电商商品包装；二是推广电商快件原装直发或使用可循环包装；三是鼓励商户使用低克重、高强度和免胶纸箱，通过优化包装结构减少填充物使用量。为减轻环境负荷，拼多多与供应商和物流伙伴共同打造了更加环保的运营模式。采用"无库存模式"管理，创设了全球首个零碳中转仓，"碳中和"运营严格记录并定期开展评估；要求供应商减少无用包装，与物流公司合作推广共同配送、绿色物流等措施以缩短物流过程中车辆行驶路程和时间，达到降低碳排放和减少对环境负面影响的目的。同时，拼多多还积极探索基于生态循环和"双碳"目标的新型经济模式，通过开展二次包装回收、旧手机回收、业务能源碳减排等多个项目，在减少社会资源浪费和二次排放的同时推动了环保技术和产业的发展。

（4）关注物流业绿色转型升级。第一，要完善和优化物流基础设施网络，组织运营网络和信息网络，构建统筹国际、国内东中西，沿海、内地城市和农村，省市县乡，社会化和自营化，不同层级、不同功能有效衔接的现代物流服务供应链体系。第二，要满足不断分层化、分散化和细化的市场，紧扣用户体验、产业升级需求和消费升级需求，使物流服务精准定位、精细服务、精准管理、精确评价。要把握新科技革命和产业变革的重大机遇，抢占物流业未来发展的制高点，应用自动化、信息化、数字化、智能化技术，构建安全高效、灵活、人性且实时可控的智能化物流服务体系，实现物流资源的全方位连接。第三，要加强物流资源和供应链的整合，提升物流服务和供应链管理的能力，推动物流业与各自产业地区经济的协同互动发展，充分发挥物流业在国民经济中的桥梁纽带甚至是总调度的作用。为促进行业发展、提升内生动力，需要加强物流专业人才建设，高校可以设立更加符合市场需求与先进技能水平要求的物流专业。

第四节 以统筹协调提升高质量绿色发展质量

一、协调经济发展与环境保护间关系

要协调好经济发展与环境保护之间的关系，必须从多个角度行动，根据实际情况进行分析，从而推动经济发展与环境保护的同步进行，实现可持续发展的目标，推进高质量绿色发展。

（1）树立生态可持续理念。面对当前环境问题现状，政府部门必须充分发挥主导作用，首先要转变经济发展方式，转变以牺牲环境为代价的经济发展观念，促进绿色生态经济、循环系统经济、低碳经济的协调高速发展，着力推进落实我国政府制定的节能减排发展战略，探索中国特色的绿色发展道路。政府要联合企业起到带头作用，始终坚持尊重自然、保护自然的原则，要在社会上加强环境保护的宣传，广泛运用各类宣传媒体，举办形式丰富多样的绿色发展思想宣传教育活动，不断将绿色发展思想教育贯彻于国民教育的全过程；要重视生态消费精神的积淀与培育，加强环保教育，提高公众对环境问题的认识；要培养绿色消费观念，鼓励公众积极参与环保行动，形成全社会共同推动环境保护的合力，在全社会积极推动与实践绿色低碳消费观念，积极倡导绿色消费；要为后世子孙提供良好的生存环境，以资源实际需求量为依据，杜绝过度开采资源；要推动城市规划的可持续性，鼓励绿色建筑和智能城市概念的发展；要提倡绿色交通，改善城市空气质量，减少交通拥堵；要加大对生态保护和恢复的投入，维护生态系统的稳定；要保护自然资源，特别是水源地、森林等生态要素，以确保未来可持续发展的基础。

（2）开拓绿色市场产业链。绿色市场主要是指用绿色的理念来实现对经济指标的考核。政府要加大对产业结构和产业格局的战略性调节，着力推进发展资源消耗较低、污染程度小的第三产业和高新技术制造业，同时健全环境评估体系，强化环境监测手段，对不适应工业发展生态化、环境指标不合格的建设项目进行一票否决；对于未完成工业化和现代化的地区，绿色经济的发展模式转型会面对更加复杂的现实问题，需要更加宏远的战略视野和更加坚定的战略定力。要有效促进农业经济、新型工业的发展，应积极提倡循环经济模式的发展，将经济发展与环境保护紧密结合到一起，尽量降低对环境的污染和破坏，还应提倡对污染产品的回收，实现资源的重复利用。此外，应鼓励企业建立生态工业园区，提倡绿色工业，不断优化产业结构，从而建立绿色市场产业链，实现经济发展与环境保护的双赢局面；要投资绿色技术研发，鼓励创新，推动绿色产业的发展；要推动绿色能源的发展和利用，减少对传统能源的依赖，不断发展太阳能、风能等可再生能源，逐步减少对化石燃料的需求；要支持环保科技公司发展，在提升经济竞争力的同时减轻环境负担；要鼓励企业实施清洁生产，提升资源利用效率，减少能源消耗和排放，推动资源循环利用。

（3）严格立法执法，依托科技促进环保。政府需制定一系列的环境保护法规政策，帮助民众树立生态可持续理念，不断宣传人与自然和谐发展的理念，在发展经济的同时更要关注环境保护问题，通过制定更为严格的环境法规明确环境标准和责任；要建立健全更有效的监测和执法体系，确保企业和个人遵守环境法规，定期对企业各项指标进行检查，对不符合标准的行为进行惩罚；要健全环境保护机制，建立环境管理综合决策机制，还要严格执法，发现违法行为依法严肃处理，并积极鼓励民众参与到环保监督中来；要加强科技创新，依托科技促进环保新发展，不断研究新技术、新工艺，将环保任务下达到各个地方政府，实行社会化、专业化、市场化管理，有效促进环保产业的发展。此外，政府还要制定激励政策，鼓励企业采取环保措施，通过税收减免、贷款优惠等方式，奖励在环保方面表现出色的企业。

资源匮乏已经成为当前制约经济发展的主要"瓶颈"，要实现高质量绿色发展，必须正确认识环保和经济发展的关系。想要实现经济的高质量发展，最重要的是要有资源的支撑，不可为了短期的经济效益而牺牲环境。企业管理者应增强自身的环境保护意识，避免一味追求企业的经济效益，要承担相应的社会责任，在环境保护方面加大投入力度。政府在整个过程中扮演着引导和监督的角色，但也离不开企业和社会的积极参与，需要多方共同推动经济发展和环境保护的良性循环。习近平总书记的"两山"理论是指导高质量绿色发展的基本原则，阐明了环境与经济发展之间的辩证联系。秉承绿水青山就是金山银山的宗旨，走绿色经济发展之路，就是要统筹促进经济社会建设和环境保护，顺应世界生态建设规律，借助先进低碳技术，着力破解人与自然的和谐发展问题，在建设中保护环境、在环境保护中加强建设。实现高质量绿色发展是一场广泛而深刻的经济社会系统性变革，不仅包括资源能源节约、废弃物处理和综合利用、生态环境保护和修复，同时涵盖生产清洁化以及建筑、交通、基础设施绿色化，还需要相关设备、材料、技术、服务等诸多领域的有力支撑。

二、实施动态差异化发展战略

区域经济是国民经济的基础，是实现国家战略与中国式现代化目标的重要支撑。党的二十大报告指出，应"促进区域协调发展，深入实施区域协调发展战略、区域重大战略、主体功能区战略、新型城镇化战略，优化重大生产力布局，构建优势互补、高质量发展的区域经济布局和国土空间体系"。区域协调发展是加快构建新发展格局、着力推动高质量发展和推进中国式现代化建设的重大抉择、重要行动、重要根基、重要方略和重要举措。我国作为一个拥有广阔地域和丰富资源的国家，经济发展水平在不同地区存在着显著差异。为了实现经济的高质量发展，需要满足不同地区的实际情况和需求。目前，我国东、中、西、东北地区的经济发展水平、市场化程度和基础设施之间具有明显的区域不平衡性，四大板块的绿色发展质量存在明显差异。为了实现经济绿色均衡发展，高水平城市与低水平城市不能划线而治，应该要根据不同地区的实际特征，实施动态化、差异化的发展战略。在制定差异化发展战略之前，需要对高水平和低水平区域进行全面分析，这包括对各地资源、产业结构、环境状况、科技水平等方面的差异性评估。通过深入了解不同区域的实际情况，有助于为差异化发展战略的制定提供具体的数据支持。

（1）补齐高水平区域短板，高水平区域要有针对性地补齐自身短板，促进功能整合，增强区域吸引力，创新共治新渠道，与低水平区域共同破解发展失衡现象，打破区域壁垒。高水平区域应当凭借人财物优势进一步鼓励基础科学和应用科学研究，建设高水平国际化、市场化、法治化营商环境，确保市场能为发明家和投资者提供合理的激励，以促进新低碳技术的发现和重大绿色技术的原始创新，同时运用数字技术深度挖掘各类生产管理数据，找出隐藏的规律与模式，提高企业价值创造的效率，通过工艺及管理创新推动传统产业转型升级，降低传统产业的污染和碳排放水平，赋能绿色发展；应将现有环境资源要素向新能源汽车、第三代半导体、先进航空制造业三大产业倾斜，厚植企业生存发展土壤。围绕"双碳"目标要求，充分兼顾经济效益、生态效益和社会效益，瞄准绿色研发、绿色制造、绿色工厂，靶向招商；应加强科技创新，推动绿色技术的研发和应用，并通过激励措施鼓励企业加大绿色科技投入；应通过深化产业结构调整，促使传统产业向高附加值、低排放的方向发展。此外，高水平区域需更加注重环境保护和可持续发展，采取更为严格的环保政策，推动绿色经济发展。

（2）明确低水平区域实际，缩小经济发展差距。低水平区域要从实际出发，优化配置，形成提升整体绿色发展所需的"张力"，按照"政府负责、社会协调、公众参与"原则，发挥政府主导作用，构建全民参与的有形感知。低水平区域应不断加大政策支持力度，向重点区域作重点倾斜和扶持，着力加快资源密集地区的基础设施建设，把地区资源优势转化为发展优势，通过提高自身创新能力实现经济绿色发展；应充分运用经济杠杆的激励和约束作用，进一步完善环境保护税、资源税、水资源税等"多税共治"的绿色税收体系；应加强环境治理，防止因产业发展而带来的环境问题，确保经济增长的可持续性；要严守生态保护红线，根据不同资源环境情况划分不同区域，提升生态系统绿色供给能力，创造美丽清洁的宜居环境；要落实生态保护补偿制度，提高全民积极参与绿色发展的意识，压实各方自觉承担生态环境保护的责任；要通过不断健全法治保障，协调经济发展和生态环境保护之间的关系，为推动经济社会发展全面绿色转型营造更好的法治环境。低水平区域通常在基础设施建设方面相对滞后，需要加大对基础设施的投资，提高交通、能源、水资源等基础设施的水平，为经济的高质量绿色发展创造有利条件。例如，西部和东北地区自然资源相对丰富，但经济发展活力差、创新能力弱、人力资本流失严重，可鼓励发展适合当地资源和市场需求的产业，提高就业率和居民收入。

（3）高水平区域和低水平区域之间可以通过产业协同发展来实现优势互补。高水平区域可以为低水平区域提供技术和市场支持，促进产业的协同发展，实现共赢局面。政府可以通过制定激励政策，鼓励企业履行社会责任，推动企业更加注重环保和社会责任，这有助于在经济发展过程中实现绿色、可持续的目标。然而，政府需要在高水平和低水平区域之间进行政策协调与整合，确保各项政策的衔接性和协同效应，避免因政策不协调而导致资源浪费和发展不均衡。对于高水平区域，可以注重技术创新、绿色产业升级、环境治理等方面的政策支持；对于低水平区域，则可侧重基础设施建设、人力资源培训、扶贫政策等方面的政策。

三、加大政府投入与监管力度

政府应继续加大对绿色发展的投资建设与监管力度，推进产业升级和智慧城市建设，充分发挥结构优化和科技创新对绿色产业的促进作用，为增强区域经济动力机制、推动高质量绿色发展打下坚实基础。

政府应为绿色发展做好顶层设计。加强对人力、实物、自然资本等的宏观调控，推动"硬约束"和"软方法"良性互补，构建多层次区域协调治理机制，充分发挥数字基础设施建设投资的主导作用，为实现在硬件、软件两个层面的同步高效绿色发展提供制度和物质支撑。各级政府应高度重视经济发展相对落后地区的基础设施建设，以数字基础设施投资建设为抓手，进一步放开市场准入，把"有为政府"和"有效市场"紧密结合，为绿色发展相对落后地区插上"数字翅膀"。经济高质量绿色发展是全球性的挑战，需要国际合作来共同应对。政府可以加强与其他国家的合作，共同制定国际性的环保标准，推动全球经济向更加绿色和可持续的方向发展。同时，加强国际信息共享，借鉴其他国家成功的经验，加速我国经济的绿色升级。

政府要加强对经济高质量绿色发展的法律法规建设。通过制定环境法、资源利用法等相关法规，明确企业在生产经营中应当遵循的环保和可持续发展规范。这不仅为企业提供了明确的行为规范，也为政府提供了强有力的依据以监管和惩罚不符合标准的企业。要加大在环保领域的财政投入，以支持绿色技术研发、环保项目实施。通过设立专项资金、提高环境税收等方式，有效引导企业向高质量绿色发展转变，这些资金的投入不仅有助于科技创新，还能够激发企业积极性，加速经济结构的优化。

政府不仅要推行激励政策，还要实施监管政策。一方面，政府应采取积极的政策措施，推动绿色产业的发展，这包括对绿色技术企业的税收优惠、创新奖励等政策，以鼓励企业加大对环保技术的投入和研发。同时，政府还可以制定产业规划，引导资源向绿色产业倾斜，加速经济结构的绿色升级；通过加大宣传和教育力度，提高社会公众对经济高质量绿色发展的认知度；以绿色科技展览、开展环保主题宣传活动等方式，引导公众形成绿色消费观念，促进整个社会朝着可持续发展的方向迈进。另一方面，政府需要建立健全监管体系，加强对企业环保行为的监督。通过建立完善的排污许可制度、开展定期环保检查等方式，确保企业在生产经营中遵守环保法规，不违反环保标准。对于违法违规企业，应当依法予以严厉惩罚，形成环保法规的有效威慑。

政府应重视并把握市场的重要作用。提升产业升级对绿色发展的作用效果需要逐步完善低市场化城市的市场制度，加强低市场化与高市场化城市之间的交流，推进市场设施高标准联通，打造统一的要素和资源市场，促进市场监管公平统一。对于经济和环境均表现较好的东部地区，要继续发挥好"领头羊"作用，巩固沿海地区公平、开放的市场环境，率先推动符合高质量绿色发展要求的监管标准落地实施；对于经济基础相对薄弱的西部地区和东北地区，要把改善营商环境和引进外来投资作为转换经济增长动能、加速传统制造业转型升级、推动绿色发展的重中之重；对于经济较强但污染相对严重的中部地区，应加快产业结构升级，抓住国家供给侧结构性改革的政策机会，淘汰高污染、高能耗、高投入、低产出的产业，发展战略性新兴产业，以高水平对外开放、高标准基础设施、高质量全国统一大市场推动高质量绿色发展。

在经济高质量绿色发展的道路上，政府的投入与监管力度至关重要。通过相关关键举措，政府可以有效引导企业实现经济和环境的双赢，为可持续发展打下坚实的基础。这需要政府具备坚定的决心和有效的执行力，同时也需要社会各界的共同努力，共同推动经济绿色、高质量发展。

四、强化区域间联系与合作

要加强区域间联系，形成互补联动的发展格局，应充分发挥区域协调发展战略在绿色发展中的重要作用，不断提升四大板块的联动性和全局性，增强区域发展的协同性和整体性，坚持江河联动、陆海统筹，完善财政转移支付、土地管理、区域间互助共济、区域生态补偿等制度，逐步缩小南与北、东与西的发展差距，在发展中促进相对平衡，并通过构建区域间协同发展和优势互补的机制，形成区域产业协调发展格局，缩小区域高质量绿色发展差距。当前，全球产业体系和产业链供应链呈现多元化布局、区域化合作、绿色化转型、数字化加速态势。只有顺应产业发展大势，深化改革健全区域战略统筹、市场一体化发展等机制，才有望打破藩篱，推动重点产业在国内外有序转移、分工合作，促进国内外产业深度融合，形成自主可控、安全可靠、竞争力强的现代化产业体系。可通过如下措施强化区域间联系与合作，推动经济高质量绿色发展。

共建区域间绿色基础设施网络。区域合作可以推动共建绿色能源输送通道，通过跨境输电、跨国能源互联网等方式实现清洁能源的共享和交流，减少对传统能源的依赖。各区域可共同投资建设绿色交通基础设施，包括高速铁路、电动车充电桩等，以推动可持续的交通方式，降低运输的碳排放。

制定跨境绿色标准和政策。合作区域可共同制定绿色产业标准，促使企业在跨境经济活动中遵循环保、低碳的生产方式，推动绿色供应链的构建。还需制定一致的绿色税收政策，鼓励绿色创新和生产，降低对传统高污染产业的税收优惠，推动经济结构的绿色升级。

推动科技创新与知识共享。区域内可以设立绿色科技创新中心，促进科技人才、技术、经验的跨区域流动，加速绿色技术的研发和应用。政府可建立跨区域绿色技术共享平台，分享环保技术和解决方案，促进绿色技术的快速传播与采纳。

推动产业转移。产业应从高技术区域逐步向中低技术区域依次梯度转移。例如，劳动密集型产业要巩固传统优势、确保产业链完整性，可以向劳动力丰富、区位交通便利的中西部地区转移；技术密集型产业要迈向高端、提升产业链竞争力，可以向创新要素丰富、产业基础雄厚的中西部和东北地区中心城市、省域副中心城市转移。只有这样才能实现产业转移的有序进行，促进国内产业的优化升级和国际竞争力的提升。东部沿海地区可以重点承接技术密集型产业和现代服务业，中西部地区可以积极承接劳动密集型产业和传统制造业，同时促进技术创新和转型升级，提高产业附加值与竞争力。此外，产业转移还需要注重人才培养和人力资源开发。

推动可持续金融发展。设立跨区域金融机构，创建区域性绿色金融机构，支持绿色项目融资，鼓励可持续投资，推动经济结构的绿色升级。各区域可共同推动绿色债券市场的发展，通过绿色债券融资，支持环保项目，促进经济可持续发展。

当前，我国各区域的绿色发展以同类集聚为主，促进各区域联系与合作不但可以减少资源上的浪费，还能实现功能上的互补。对于天津、上海、江苏、浙江、福建等区域，其绿色发展水平较高且占据着较高的生态位，对邻近区域具有较强的辐射带动作用，应利用自身优势在吸引外部资源的同时，将自身增长极的辐射能力带给其他邻近区域，帮助其提高发展水平；对于河北、湖南等绿色发展水平相对较低的区域，应根据自身的优势和不足找准定位，在加强与邻近发展较好区域联系的同时还应集中资源发展自身优势产业；对于重庆、湖北、辽宁等绿色发展水平较高但发展相对独立的区域，应适度改变自身发展模式，减少资源争夺，加强与邻近区域的合作，进而实现区域间的协调发展；而对于中西部地带的大多数区域，其绿色发展水平不高，但自然资源丰富、生态环境状况较好，绿色发展潜力巨大，虽然与绿色发展水平较高、辐射带动能力强的区域距离较远，但也应利用自身优势与其他区域加强各方面的联系，如引进先进生产技术、将丰富的自然资源向外输送、大力发展生态旅游等，同时借鉴其发展经验提高自身发展能力，缩小与发展水平较高区域的差异，促进区域协调发展。通过加强区域合作，我国各区域能够共同应对经济高质量绿色发展的挑战，实现资源共享、经验交流，推动绿色经济的全面发展。在实际操作中需要因地制宜，应充分考虑各区域实际情况，共同推动经济的可持续、绿色、高质量发展。

结　论

本书在深入调研和综述国内外研究现状的基础上，运用经济增长理论、可持续发展理论、生态环境与经济协调发展理论以及DPSIR模型、改进的熵权法、探索性空间数据分析方法等相关理论与方法，从现状分析、基本模式、水平评价、时空特征、经验借鉴、路径对策等角度研究经济高质量绿色发展问题，主要研究结论如下。

（1）高质量绿色发展的评价指标体系包括驱动力（D）、压力（P）、状态（S）、影响（I）、响应（R）五个方面，其中，驱动力包括经济驱动力和社会驱动力两个维度；压力包括能源压力、环境压力等；状态包括能源状态和环境状态；影响包括社会影响和环境影响；响应由效率导向、创新驱动和结构优化三个维度构成。

（2）中国高质量绿色发展水平总体呈现先下降后曲折上升趋势，时间上先后经历了缓慢下降（2012—2016年）、快速提升（2016—2018年）和波动发展（2018—2021年）三个阶段，其中"响应"方面发展成效显著，"状态"和"影响"方面存在较大的提升空间；各省（区、市）高质量绿色发展水平差异明显，地域上呈现正空间自相关性，空间聚集效应明显，形成以浙江为首的"高—高"型扩散效应区和由新疆、青海、甘肃、内蒙古、陕西构成的"低—低"型低速增长区。

（3）国外如东京建造"零耗能住宅"，奈梅亨构建绿色流通体系，马尔默关注绿色发展中多层次管理系统的有效衔接，悉尼聚焦于交通、建筑等重点污染行业的可持续发展；国内如深圳建设双碳云网综合信息服务平台以及绿色数据中心，上海开展"氨—氢"绿色能源应用试点，杭州大力发展节能环保产业，沈阳搭建绿色建材产业园，等等，均是高质量绿色发展可以借鉴的成功经验。

（4）绿色发展的末端治理模式不仅会增加治理成本、无法阻止自然资源的浪费，而且会导致污染物转移，环保效果十分有限；源头治理和高质量发展是我国绿色发展的优先选择，特别是创新驱动下的高质量发展模式，能够极大推动我国绿色发展目标的实现。

（5）以源头管控划定高质量绿色发展底线、以产业升级激发高质量绿色发展潜力、以科技创新赋能高质量绿色发展动力、以统筹协调提升高质量绿色发展质量是省域高质量绿色发展水平提升的有效策略与方式。其中，源头管控需要提高资源节约集约利用、开展在产企业全过程污染防控、引导企业与公众参与；产业升级需要一、二、三产业共同发力，促进绿色农业提质转型升级、加快传统制造业生态化改造、培育现代化服务业绿色转型；科技创新可以从完善创新人才激励机制、加强数字技术与科技创新融合、侧重以产品市场为中心的继承创新、关注创新成果的绿色产业化水平等方面发力；统筹协调经济发展与环境保护之间的关系、实施动态差异化发展战略、加大政府投入与监管力度、强化区域间联系与合作等。

然而，由于受到相关指标如全要素生产率、劳动生产率、文化及相关产业固定资产投资占固定资产投资总额比重等数据收集的限制，对省域高质量绿色发展情况的分析不够深入具体。在未来研究中，将结合实地调研与访谈数据，进一步深入分析不同省（区、市）经济高质量绿色发展特色与问题，提出更具针对性的高质量绿色发展提升建议与协同策略。

参 考 文 献

[1] KUZNETS S. Economic growth of nations [M]. Cambridge，M A：Harvard University Press，1971.

[2] 卡马耶夫. 经济增长的速度和质量[M]. 陈华山，译.武汉：湖北人民出版社，1983.

[3] FABIO S. Social capital and the quality of economic development[J]. Kyklos，2008，61（3）：466-499.

[4] STEFAN G. Considerations on the theory of economic growth and development[J]. Procedia social and behavioral sciences，2012（10）：280-284.

[5] JAKIMOWICZ A. Path dependence in neoclassical economic growth theory[J]. Acta physica polonica A，2015（127）：86-94.

[6] FRITZ M，KOCH M. Economic development and prosperity patterns around the world：structural challenges for a global steady-state economy[J]. Global environmental change，2016（38）：41-48.

[7] HAYAT A. Foreign direct investments，institutional quality，and economic growth[J]. Journal of international trade & economic development，2019，28（5）：561-579.

[8] XING K. Economic high-quality development research based on tax cut and fee reduction[J]. Finance and market，2020，5（2）：7-13.

[9] ZHAO J，BAI Y，ZHANG C，et al. Research on the coordination degree of ecological protection and high-quality development of urban agglomerations in the Yellow River basin[J]. E3S web of conferences，2021，271（2）：02008.

[10] 徐学敏. 发展经济重在质量[J]. 财经问题研究，1998（12）：10-12.

[11] 刘亚建. 我国经济增长效率分析[J]. 思想战线，2002（4）：30-33.

[12] 杨耀武，张平. 中国经济高质量发展的逻辑、测度与治理[J]. 经济研究，2021，56（1）：26-42.

[13] 张侠，许启发. 新时代中国省域经济高质量发展测度分析[J]. 经济问题，2021（3）：16-25.

[14] 周志莹. 开放型经济高质量发展指标测度及跨区域比较：以南京等八城市为例[J]. 江苏大学学报（社会科学版），2021，23（6）：41-48.

[15] 马津润，赵治成. 经济高质量发展的政治经济学分析：基于代谢增长理论的视角[J]. 河南社会科学，2022，30（3）：59-67.

[16] 董晓远，廖明中. 深圳经济发展质量的测度[J]. 特区实践与理论，2013（4）：50-53.

[17] 钞小静，任保平，许璐. 中国经济增长质量的地区差异研究：基于半参数个体时间异质模型的检验[J]. 江西财经大学学报，2016（1）：10-21.

[18] 张军扩. 加快形成推动高质量发展的制度环境[J]. 中国发展观察，2018（1）：5-8.

[19] 郑耀群，葛星. 中国经济高质量发展水平的测度及其空间非均衡分析[J]. 统计与决策，2020，36（24）：84-88.

[20] 宋洋，李先军. 新发展格局下经济高质量发展的理论内涵与评价体系[J]. 贵州社会科学，2021（11）：120-129.

[21] 刘军，边志强. 资源型城市经济高质量发展水平测度研究：基于新发展理念[J]. 经济问题探索，2022（1）：92-111.

[22] APPIAH M，AMOASI R，FROWNE D I. Human development and its effects on economic growth and development[J]. International research journal of business studies，2019，12（2）：101-109.

[23] UDEMBA E N. A sustainable study of economic growth and development amidst ecological footprint：new insight from Nigerian perspective[J]. Science of the total environment，2020，732：139-270.

[24] DAVID O O，GROBLER W. Information and communication technology

penetration level as an impetus for economic growth and development in Africa[J]. Economic research-ekonomska istraživanja, 2020, 33（1）：1394-1418.

[25] GINTING E S, HUTASOIT A H, PERANGINANGIN N. North sumatra economic growth analysis[J]. Jurnal mantik, 2021, 5（1）：184-190.

[26] 辛玲.科学发展观下社会和谐发展的综合评价指标体系研究[J].生产力研究，2007（17）：61-62.

[27] 张春光.论体现科学发展观要求的县域经济社会发展综合评价指标体系的构建[J].理论学刊，2009（12）：53-58.

[28] 肖欢明.基于绿色GDP的我国经济增长质量测度[J].统计与决策，2014（9）：27-29.

[29] 刘振兴.天津商贸经济质量效益研究[J].天津经济，2018（12）：12-20.

[30] 张永恒.五大发展理念视角下的河南省高质量发展评价研究：基于熵权TOPSISI分析法[J].河南科学，2019，37（7）：87-95.

[31] 李红，曹玲.长江中游城市群经济高质量发展测度[J].统计与决策，2021，37（24）：101-105.

[32] 闫海春，齐红倩.民族地区省域经济高质量发展的测度与分析：以内蒙古自治区为例[J].生态经济，2022，38（1）：53-59.

[33] 李超，马若男.我国三大经济圈经济高质量发展水平的测度与影响因素分析：基于社会福利水平视角[J].商业经济研究，2022（5）：162-165.

[34] 熊正德，柯意.面向高质量发展的数字文化产业与旅游业深度融合：内涵、机理与测度[J].中国流通经济，2023，37（12）：3-17.

[35] 金碚.关于"高质量发展"的经济学研究[J].中国工业经济，2018（4）：5-18.

[36] 魏敏，李书昊.新时代中国经济高质量发展水平的测度研究[J].数量经济技术经济研究，2018，35（11）：3-20.

[37] 袁晓玲，李彩娟，李朝鹏.中国经济高质量发展研究现状、困惑与展望[J].西安交通大学学报（社会科学版），2019，39（6）：30-38.

[38] 刘国新，王静，江露薇.我国制造业高质量发展的理论机制及评价分析[J].

管理现代化，2020，40（3）：20-24.

[39] 秦放鸣，唐娟.经济高质量发展：理论阐释及实现路径[J].西北大学学报（哲学社会科学版），2020，50（3）：138-143.

[40] 李晓楠.高质量发展评价指标体系构建与实证研究[D].杭州：浙江工商大学，2020.

[41] 刘瑞，郭涛.高质量发展指数的构建及应用：兼评东北经济高质量发展[J].东北大学学报（社会科学版），2020，22（1）：31-39.

[42] 汪淑娟，谷慎.科技金融对中国经济高质量发展的影响研究：理论分析与实证检验[J].经济学家，2021（2）：81-91.

[43] 杨波，任飞.双向FDI对经济高质量发展的空间溢出效应研究[J].软科学，2023，37（11）：65-74.

[44] 赵山杉，孙涛.新发展理念引领高质量发展的政治经济学分析[J].新经济，2023（1）：132-137.

[45] JEFFERSON G，ALBERT G Z，GUAN X J，et al. Ownership, performance, and innovation in China's large-and medium-size industrial enterprise sector[J]. China economic review，2003，14（1）：89-113.

[46] SHAW D，PANG A，LIN C C，et al. Economic growth and air quality in China[J]. Environmental economics and policy studies，2010，12：79-96.

[47] ABDOULI M，HAMMAMI S. The impact of FDI inflows and environmental quality on economic growth：an empirical study for the MENA countries[J]. Journal of the knowledge economy，2017，8（1）：254-278.

[48] 钞小静，任保平.中国经济增长质量的时序变化与地区差异分析[J].经济研究，2011，46（4）：26-40.

[49] 魏博通，王圣云.中部六省经济发展质量的综合评价与比较分析[J].湖北社会科学，2012（12）：52-55.

[50] 颜双波.基于熵值法的区域经济增长质量评价[J].统计与决策，2017（21）：142-145.

[51] 师博，任保平.中国省际经济高质量发展的测度与分析[J].经济问题，2018（4）：1-6.

[52] 冯彩丽.河北省县域经济高质量发展评价研究[D].石家庄：河北科技大学，2019.

[53] 孙晓，刘力钢，陈金.中国旅游经济高质量发展的测度[J].统计与决策，2021，37（17）：126-130.

[54] 王宇昊.资本配置效率对经济高质量发展影响的实证检验[J].技术经济与管理研究，2022（4）：20-24.

[55] 郭伟，闫绪娴，范玲.中国省域经济高质量发展评估与驱动因素研究[J].东岳论丛，2022，43（7）：155-164.

[56] 李志洋，朱启荣.中国经济高质量发展水平的时空特征及其影响因素[J].统计与决策，2022，38（6）：95-99.

[57] 于良娟，张进，李宛真，赵文英.我国省域经济高质量发展水平的时空演化分析[J].时代经贸，2023，20（10）：22-24.

[58] 陈诗一，陈登科.雾霾污染、政府治理与经济高质量发展[J].经济研究，2018，53（2）：20-34.

[59] 王维平，牛新星.试论"双循环"新发展格局与经济高质量发展的良性互动[J].经济学家，2021（6）：5-12.

[60] 邵帅，李兴.市场导向型低碳政策能否推动经济高质量发展？：来自碳排放权交易试点的证据[J].广东社会科学，2022（2）：33-45.

[61] 安诣彬，梁皓冰，方波，等.中小城市经济高质量发展路径探讨[J].宏观经济管理，2022（2）：49-53.

[62] 史安娜，刘希佳.政府创投引导基金、营商环境与经济高质量发展[J].河海大学学报（哲学社会科学版），2023，25（1）：109-119.

[63] 刘钒，马祎.数字经济引领高质量发展研究述评[J].社会科学动态，2019（12）：71-77.

[64] 郑凯，赵海月.新时代经济高质量发展的实践路径探析[J].湖北社会科学，2021（8）：80-85.

[65] 王磊，杨宜勇.数字经济高质量发展的五大瓶颈及破解对策[J].宏观经济研究，2022（2）：107-114.

[66] 曹洪军，张绍辉.创新对经济高质量发展的影响机制与地区异质性分析[J].

山东社会科学，2022（3）：26-33.

[67] 张卫.数字经济高质量发展：政策逻辑、现实基础与实现路径[J].中国西部，2023（4）：116-124.

[68] 马茹，罗晖，王宏伟，等.中国区域经济高质量发展评价指标体系及测度研究[J].中国软科学，2019（7）：60-67.

[69] 孙培蕾，郭泽华.经济高质量发展空间差异与影响因素分析[J].统计与决策，2021，37（16）：123-125.

[70] 陈健生，任蕾.从县域竞争走向县域竞合：县域经济高质量发展的战略选择[J].改革，2022（4）：88-98.

[71] 王忠辉，冯玉婷，张飞.我国沿海省份经济高质量发展能力综合评价[J].统计与决策，2022，38（9）：114-118.

[72] GLADWIN T N. Green cognition, behavior and emotion: a content analysis. stern school of business[R]. Working paper, New York, 1991：1-21.

[73] 麦迪逊·大卫.绿色经济的蓝图[M].张绪军，译.北京：北京师范大学出版社，1998.

[74] BARBIER E. The policy challenges for green economy and sustainable economic development[C]//Natural resources forum. Oxford, UK：Blackwell Publishing Ltd, 2011, 35（3）：233-245.

[75] GUNDERSON R, YUN S J. South Korean green growth and the Jevons paradox：an assessment with democratic and degrowth policy recommendations[J]. Journal of cleaner production, 2017, 144（15）：239-247.

[76] MERINO-SAUM A，CLEMENT J，WYSS R，et al. Unpacking the green economy concept：a quantitative analysis of 140 definitions[J]. Journal of cleaner production, 2020, 242：118339.

[77] 王玲玲，张艳国."绿色发展"内涵探微[J].社会主义研究，2012（5）：143-146.

[78] 郑红霞，王毅，黄宝荣.绿色发展评价指标体系研究综述[J].工业技术经济，2013，33（2）：142-152.

[79] 胡鞍钢，周绍杰.绿色发展：功能界定、机制分析与发展战略[J].中国人

口·资源与环境，2014，24（1）：14-20.

[80] 黄志斌，姚灿，王新.绿色发展理论基本概念及其相互关系辨析[J].自然辩证法研究，2015，31（8）：108-113.

[81] 商迪，李华晶，姚珺.绿色经济、绿色增长和绿色发展：概念内涵与研究评析[J].外国经济与管理，2020，42（12）：134-151.

[82] 张素兰，张碧，刘翔，等.中国绿色发展的基础理论、内涵、实现路径及成效[J].环境生态学，2022，4（5）：109-114.

[83] ZAIM O，TASKIN F. Environmental efficiency in carbon dioxide emissions in the OECD：a non-parametric approach[J]. Journal of environmental management，2000，58（2）：95-107.

[84] FÄRE R，GROSSKOPF S，HERNANDEZ-SANCHO F. Environmental performance：an index number approach[J]. Resource and energy economics，2004，26（4）：343-352.

[85] ARCELUS F J，AROCENA P. Productivity differences across OECD countries in the presence of environmental constraints[J]. Journal of the operational research society，2005，56（12）：1352-1362.

[86] ZHOU P，ANG B W，POH K L. Slacks-Based efficiency measures for modeling environmental performance[J]. Ecological economics，2007，60（1）：111-118.

[87] COLI M，NISSI E，RAPPOSELLI A. Monitoring environmental efficiency：an application to Italian provinces[J]. Environmental modelling and software，2011，26（1）：38-43.

[88] SATBYUL E K，HO K，YEORA C. A new approach to measuring green growth：application to the OECD and Korea[J]. Futures，2014（11）：37-48.

[89] NAHMAN A，MAHUMANI B K，DE L W J. Beyond GDP：towards a green economy index[J]. Development southern Africa，2016，33（2）：215-233.

[90] KASZTELAN A. The use of the Hellwig's pattern model for the evaluation of green growth in OECD countries[C]. Proceedings of the 29th international business information management association conference，Vienna，

Austria. 2017：3-4.

[91] BRITO V T F，FERREIRA F A F，PEREZ-GLADISH B，et al. Developing a green city assessment system using cognitive maps and the choquet integral[J]. Journal of cleaner production，2019，218（1）：486-497.

[92] 曾贤刚，毕瑞亨. 绿色经济发展总体评价与区域差异分析[J]. 环境科学研究，2014，27（12）：1564-1570.

[93] 郭玲玲，卢小丽，武春友，等. 中国绿色增长评价指标体系构建研究[J]. 科研管理，2016，37（6）：141-150.

[94] 黄跃，李琳. 中国城市群绿色发展水平综合测度与时空演化[J]. 地理研究，2017，36（7）：1309-1322.

[95] 魏琦，张斌，金书秦. 中国农业绿色发展指数构建及区域比较研究[J]. 农业经济问题，2018（11）：11-20.

[96] 刘杨，杨建梁，梁媛. 中国城市群绿色发展效率评价及均衡特征[J]. 经济地理，2019，39（2）：110-117.

[97] 刘曙光，尚英仕. 中国东部沿海城市群绿色发展效率评价及障碍因子分析[J]. 城市问题，2020（1）：73-80.

[98] 徐小鹰，田焱焱. 长三角城市群绿色发展水平的时空演变及趋势预测[J]. 长江流域资源与环境，2022，31（12）：2568-2581.

[99] 杨新梅，黄和平，周瑞辉. 中国城市绿色发展水平评价及时空演变[J]. 生态学报，2023，43（4）：1353-1365.

[100] 刘明广. 中国省域绿色发展水平测量与空间演化[J]. 华南师范大学学报（社会科学版），2017（3）：37-44，189-190.

[101] 刘冰，张磊. 山东绿色发展水平评价及对策探析[J]. 经济问题探索，2017（7）：141-152.

[102] 马骅. 云南省绿色经济发展评价指标体系研究[J]. 西南民族大学学报（人文社科版），2018，39（12）：128-136.

[103] 朱帮助，张梦凡. 绿色发展评价指标体系构建与实证[J]. 统计与决策，2019，35（17）：36-39.

[104] 赵奥，郭景福，左莉. 高质量发展变革下中国省域绿色增长能力系统评价

与时空差异演化研究[J].经济问题探索，2020，457（8）：144-156.

[105] 程萌勋，张诗雨，李会.基于熵值-层次分析的高质量绿色发展水平评价及提升路径研究[J].辽宁科技学院学报，2020，22（3）：80-82.

[106] 耿刘利，王琦，黎娜.江苏省工业经济高质量绿色发展评价研究：基于Super-SBM和Malmquist-Luenberger指数模型[J].西安建筑科技大学学报（社会科学版），2021，40（2）：50-60，93.

[107] 段茜茜，张烨.基于熵值法的中国省际绿色发展综合评价与分析[J].科技和产业，2021，21（12）：254-260.

[108] 王家珉.民营经济是否促进了绿色发展[D].杭州：浙江大学，2022.

[109] 程清雅.高质量发展评价指标体系构建及应用[J].统计与决策，2022，38（24）：28-32.

[110] 李建瑞，杜莉."环境库兹列茨曲线"检验与地方政府目标识别：基于绿色发展指标的实证研究[J].福建师范大学学报（哲学社会科学版），2022（4）：52-59，71，170-171.

[111] 黄羿，杨蕾，王小兴，等.城市绿色发展评价指标体系研究：以广州市为例[J].科技管理研究，2012，32（17）：55-59.

[112] 马丽梅，史丹.京津冀绿色协同发展进程研究：基于空间环境库兹涅茨曲线的再检验[J].中国软科学，2017（10）：82-93.

[113] 高红贵，赵路.长江经济带产业绿色发展水平测度及空间差异分析[J].科技进步与对策，2019，36（12）：46-53.

[114] 张仁杰，董会忠.长江经济带城市绿色发展水平测度与空间关联结构分析[J].统计与决策，2022，38（8）：118-123.

[115] 刘纪远，邓祥征，刘卫东，等.中国西部绿色发展概念框架[J].中国人口·资源与环境，2013，23（10）：1-7.

[116] 蒋南平，向仁康.中国经济绿色发展的若干问题[J].当代经济研究，2013（2）：50-54.

[117] 庄友刚.准确把握绿色发展理念的科学规定性[J].中国特色社会主义研究，2016（1）：89-94.

[118] 何爱平，安梦天.地方政府竞争、环境规制与绿色发展效率[J].中国人

口·资源与环境，2019，29（3）：21-30.

[119] 周亮，车磊，周成虎.中国城市绿色发展效率时空演变特征及影响因素[J].
地理学报，2019，74（10）：2027-2044.

[120] KHATTAK S I，KHAN M K，SUN T，et al. Government innovation support
for green development efficiency in China：a regional analysis of key factors
based on the dynamic GMM model[J]. Frontiers in environmental science，
2022（10）：995984.

[121] TUFAIL M，SONG L，UMUT A，et al. Does financial inclusion promote a
green economic system？ Evaluating the role of energy efficiency
[J]. Economic research-ekonomska istraživanja，2022，35（1）：35-39.

[122] 马海涛，王柯文.城市技术创新与合作对绿色发展的影响研究：以长江经
济带三大城市群为例[J].地理研究，2022，41（12）：3287-3304.

[123] KOUSAR S，BHUTTA A I，ULLAH M R，et al. Impact of economic and
green growth on poverty，income inequalities，and environmental degradation：
a case of South Asian economies. [J]. Environmental science and pollution
research international，2022，30（12）：35200-35213.

[124] 窦睿音，焦贝贝，张文洁，等.西部资源型城市绿色发展效率时空分异与
驱动力[J].自然资源学报，2023，38（1）：238-254.

[125] 刘斌，赵飞.人力资本提升对企业绿色发展的影响：来自中国"高校扩招"
的证据[J].湖北大学学报（哲学社会科学版），2023，50（1）：152-161，
175.

[126] 李宝值，卓妮，黄河啸，等.基于绿色发展理念的浙江"26县"政策对城
乡收入差距的影响[J].浙江农业学报，2023，35（1）：238-248.

[127] SHARMA G D，SHAHBAZ M，SINGH S，et al. Investigating the nexus
between green economy，sustainability，bitcoin and oil prices：contextual
evidence from the United States[J]. Resources policy，2023（80）：103168.

[128] 朱洁西，李俊江.数字经济如何赋能城市绿色发展：基于区域创新产出和
要素配置效率的视角[J].兰州学刊，2023（1）：31-48.

[129] RAIHAN A. Nexus between greenhouse gas emissions and its determinants：

the role of renewable energy and technological innovations towards green development in South Korea[J]. Innovation and green development，2023，2（3）：39-51.

[130] 高星，李麦收. 数字经济赋能经济绿色发展：作用机制、现实制约与路径选择[J]. 西南金融，2023（2）：31-43.

[131] PEARCE. Blueprint for a green economy：a report [M]. London：Earthscan Publications Ltd，1989.

[132] EKINS P. Economic growth and environmental sustainability[M]. London：Routledge，2000.

[133] PATERSON M. The natural advantage of nations：business opportunities，innovation，and governance in the 21st century[J]. Environmental politics，2007，16（1）：147-153.

[134] REARDON J. Comments on green economics：setting the scene. Aims，context，and philosophical underpinnings of the distinctive new solutions offered by green economics[J]. International journal of green economics，2007，1（3）：532-538.

[135] FABIO S. Social capital and the quality of economic development[J]. Kyklos，2008，61（3）：466-499.

[136] JAMES R. Cohen. Hues of green：sustainable development values and green industrial development[R]. Conference of the association of collegiate Schools of Planning，2009.

[137] NATARAJAN U S，GUJJA B. Green economy：policy framework for sustainable development[J]. Current science，2011，100（7）：961-962.

[138] MARK D，ALASDAIR R. Sustainable urban development：use of the environmental assessment methods[J]. Sustainable cities and society，2014，10：39-48.

[139] 林兆木. 关于我国经济高质量发展的几点认识[J]. 冶金企业文化，2018（1）：26-28.

[140] 杨伟民. 贯彻中央经济工作会议精神推动高质量发展[J]. 宏观经济管理，

2018（2）：13-17.

[141] 田秋生.高质量发展的理论内涵和实践要求[J].山东大学学报（哲学社会科学版），2018（6）：1-8.

[142] 张旭，魏福丽，袁旭梅.中国省域高质量绿色发展水平评价与演化[J].经济地理，2020，40（2）：108-116.

[143] 梁凤翔.环境高质量发展水平评价及驱动因素分析[D].长沙：湖南师范大学，2020.

[144] 李敏敏，康佳.绿色发展理念引领经济高质量发展的路径研究[J].中国商论，2023（19）：26-29.

[145] HALL B，KERR M L. The 1991-1992 green index：a state by state guide to the nation's environmental health [M]. Washington DC：Island Press，1991.

[146] WANG Q S，YUAN X L，CAO D Y，et al. Research on evaluation index system for green manufacturing based on PSR model and life cycle[J]. Applied mechanics and materials，2010，1021：34-35.

[147] OECD. Towards Green Growth：Monitoring Progress：OECD Indicator[R]. Paris：OECD，2011：17-37.

[148] CHIOU T Y，CHAN H K，LETTICE F，et al. The influence of greening the suppliers and green innovation on environmental performance and competitive advantage in Taiwan[J]. Transportation research part E：logistics and transportation review，2011，47（6）：822-836.

[149] YANG Q，WAN X，MA H. Assessing green development efficiency of municipalities and provinces in China integrating models of super-efficiency DEA and malmquist index[J]. Sustainability，2015，7（4）：4492-4510.

[150] SHIRONITTA K. Global structural changes and their implication for territorial CO_2 emissions[J]. Journal of economic structures，2016，5：1-18.

[151] WALZ R，PFAFF M，Marscheider-Weidemann F，et al. Innovations for reaching the green sustainable development goals–where will they come from?[J]. International economics and economic policy，2017，14：449-480.

[152] CALZADA-INFANTE L，LÓPEZ-NARBONA A M，NUNEZ-ELVIRA A，

et al. Assessing the efficiency of sustainable cities using an empirical approach[J]. Sustainability，2020，12（7）：2618.

[153] RU S，LIU J，WANG T，et al. Provincial quality of economic growth：measurements and influencing factors for China[J]. Sustainability，2020，12（4）：1354.

[154] CAO J，GE C. Research on the impact of technology innovation on quantity and quality of economic growth in the Yangtze River delta of china：a comparative study[J]. International journal of sustainable development & Planning，2021，16（8）：1455-1464.

[155] 胡书芳. 浙江省制造业绿色发展评价及绿色转型研究[J]. 中国商论，2016，（16）：139-142.

[156] 郝汉舟，汤进华，翟文侠，等. 湖北省绿色发展指数空间格局及诊断分析[J]. 世界地理研究，2017，26（2）：91-100.

[157] 王珂，王雅文，朱家明. 基于主成分分析的皖江城市带绿色发展水平的评价[J]. 哈尔滨师范大学自然科学学报，2018，34（2）：52-57.

[158] 孟秀萍. 城市绿色发展水平综合评价研究：以陕西省为例[J]. 西部金融，2019（8）：71-75，79.

[159] 傅春，欧阳欢蕤，赵雪茹. 基于DEA及Malmquist指数模型的江西省绿色发展效率测度与评价[J]. 生态经济，2020，36（6）：51-57，172.

[160] 柳晓娟，侯华丽，武强，等. 长江经济带矿业绿色发展空间格局与驱动机制研究[J]. 矿业研究与开发，2021，41（4）：176-182.

[161] 余永琦，王长松，彭柳林，等. 基于熵权TOPSIS模型的农业绿色发展水平评价与障碍因素分析：以江西省为例[J]. 中国农业资源与区划，2022，43（2）：187-196.

[162] 沈晓梅，向敏. 协同视阈下淮河生态经济带绿色高质量发展及其空间特征研究[J]. 水利经济，2020，38（6）：1-6，71，81.

[163] 窦若愚. 绿色高质量发展评价指标体系构建与测度研究[D]. 北京：中国社会科学院大学，2020.

[164] 俞树毅，田彦平. 黄河上游城市绿色高质量发展效率测度及对策研究：基

于超效率SBM模型[J].青海民族研究，2020，31（3）：44-52.

[165] 张建威，黄茂兴.黄河流域经济高质量发展与生态环境耦合协调发展研究[J].统计与决策，2021，37（16）：142-145.

[166] 王淑婧，李俊峰.长三角城市群高质量绿色发展的均衡性特征及障碍因素[J].自然资源学报，2022，37（6）：1540-1554.

[167] 黄敦平，李沂泓，孙臻瑶.淮河生态经济带经济高质量发展水平综合评价[J].统计与决策，2022，38（1）：100-103.

[168] 王春娟，郭凯歌.数字经济赋能绿色物流高质量发展效应分析[J].华东经济管理，2024，38（2）：53-63.

[169] PLOEG D V R，WITHAGEN C. Green growth，green paradox and the global economic crisis[J]. Environmental innovation and societal transitions，2013（6）：116-119.

[170] GROVER R B. Green growth and role of nuclear power：a perspective from India[J]. Energy strategy reviews，2013，1（4）：255-260.

[171] PADILLA-PÉREZ R，GAUDIN Y. Science，technology and innovation policies in small and development economies：the case of Central America[J]. Research policy，2014，43（4）：749-759.

[172] MLACHILA M，TAPSOBA R，TAPSOBA S J A. A quality of growth index for development countries：a proposal[J]. Social indicators research，2017，134：675-710.

[173] 王会，姜雪梅，陈建成，等."绿水青山"与"金山银山"关系的经济理论解析[J].中国农村经济，2017（4）：2-12.

[174] 金乐琴.高质量绿色发展的新理念与实现路径：兼论改革开放40年绿色发展历程[J].河北经贸大学学报，2018，39（6）：22-30.

[175] 秦昌波，苏洁琼，王倩，等."绿水青山就是金山银山"理论实践政策机制研究[J].环境科学研究，2018，31（6）：985-990.

[176] 于浩，郑晶.生态优势转化为经济优势的实现路径研究：以国家生态文明试验区为例[J].林业经济，2019，41（8）：87-94.

[177] 董延涛，吴欣，那春光，等.江西省矿业绿色高质量发展探讨[J].中国矿

业，2019，28（5）：82-86.

[178] 任平，刘经伟.高质量绿色发展的理论内涵、评价标准与实现路径[J].内蒙古社会科学（汉文版），2019，40（6）：123-131，213.

[179] VATN M. Institutions for sustainability-towards an expanded research program for ecological economics[J]. Ecological economics，2020，168：106507.

[180] YANG Y，LIU Z，CHEN H，et al. Evaluating regional eco-green cooperative development based on a heterogeneous multi-criteria decision-making model：example of the Yangtze River delta region[J]. Sustainability，2020，12（7）：3029.

[181] 张翼飞，王艺蔚，金紫洋，等.生态安全约束下经济高质量发展研究综述[J].生态经济，2021，37（11）：182-190.

[182] 任保平，豆渊博.黄河流域生态保护和高质量发展研究综述[J].人民黄河，2021，43（10）：30-34.

[183] 连兆大.碳达峰碳中和背景下三明市绿色经济高质量发展对策研究[J].湖北经济学院学报（人文社会科学版），2023，20（9）：30-33.

[184] 孙文远，李琪.数字经济推动绿色高质量发展的实践路径探析[J].盐城师范学院学报（人文社会科学版），2023，43（6）：48-56.

[185] 潘士远，史晋川.内生经济增长理论：一个文献综述[J].经济学（季刊），2002（3）：753-786.

[186] 亚当·斯密.国民财富的性质和原因的研究[M].北京：商务印书馆，1972.

[187] 虞晓红.经济增长理论演进与经济增长模型浅析[J].生产力研究，2005（2）：12-14，33.

[188] 理查德·R.纳尔森.经济增长的源泉[M].汤光华，译.北京：中国经济出版社，2001.

[189] 梁中堂，翟胜明.经济增长理论史研究（上）[J].经济问题，2004（3）：2-7.

[190] 梁中堂，翟胜明.经济增长理论史研究（下）[J].经济问题，2004（4）：1-6.

[191] CHANGE E T. Endogenous technological change[J]. Journal of political economy，1990，98（5）：2.

[192] KING M A，ROBSON M H. A dynamic model of investment and endogenous growth[J]. The scandinavian journal of economics，1993（3）：445-466.

[193] AGHION P， HOWITT P. A model of growth through creative destruction[J]. Econometrica，1992，60（2）：323-351.

[194] ALWYN Y. Learning by doing and the dynamic effects of international trade[J]. Quarterly journal of economics，1991（2）：369-405.

[195] 宗良，时圆，赵廷辰.现代经济增长理论的新思维：基于传统模型的扩展与中国实践[J].国际金融研究，2022（8）：15-23.

[196] 张晓玲.可持续发展理论：概念演变、维度与展望[J].中国科学院院刊，2018，33（1）：10-19.

[197] 牛文元.可持续发展理论的内涵认知：纪念联合国里约环发大会20周年[J].中国人口·资源与环境，2012，22（5）：9-14.

[198] 牛文元.中国可持续发展的理论与实践[J].中国科学院院刊，2012，27（3）：280-289.

[199] 曹利军.可持续发展模式及其世界观和价值观[J].科技导报，1997，15（1）：50-52.

[200] 罗慧，霍有光，胡彦华，等.可持续发展理论综述[J].西北农林科技大学学报：社会科学版，2004，4（1）：35-38.

[201] 李龙熙.对可持续发展理论的诠释与解析[J].行政与法（吉林省行政学院学报），2005（1）：3-7.

[202] 温洁心.马克思主义生态经济理论视域下我国生态经济建设研究[D].牡丹江：牡丹江师范学院，2022.

[203] 蔡侃.生态经济理论与中国产业政策导向[D].上海：东华大学，2010.

[204] 于法稳.中国生态经济研究：历史脉络、理论梳理及未来展望[J].生态经济，2021，37（8）：13-20，27.

[205] SALVATI L，VENANZONI G，CARLUCCI M. Towards （spatially） unbalanced development? A joint assessment of regional disparities in

socioeconomic and territorial variables in Italy[J]. Land use policy，2016，51：229-235.

[206] ALHOWAISH A K，ALSHIHRI F S. Towards balanced regional economic development：the case of saudi arabia[J]. Journal of king abdulaziz university environmental design sciences，2016，10（1）：113-136.

[207] 李自如，文先明，贺正楚. 从均衡到非均衡：我国区域经济发展历程回顾[J]. 中国国情国力，2002（5）：35-37.

[208] 孙久文，苏玺鉴. 新时代区域高质量发展的理论创新和实践探索[J]. 经济纵横，2020（2）：6-14，2.

[209] 孟越男，徐长乐. 区域协调性均衡发展理论及我国实践[J]. 甘肃社会科学，2020（4）：188-195.

[210] 杨秋宝. 宏观区域经济发展战略50年：从平衡发展到非均衡协调发展的转换[J]. 中共中央党校学报，2000（2）：39-45.

[211] AMOS O M. Unbalanced regional growth and regional income inequality in the latter stages of development[J]. Regional science & urban economics，1988，18（4）：549-566.

[212] 孙可奇. 基于动态均衡理论的山东区域经济发展战略研究[D]. 天津：天津大学，2012.

[213] 周成虎. 全空间地理信息系统展望[J]. 地理科学进展，2015，34（2）：129-131.

[214] 韩叙，柳潇明，刘文婷，等. 黄河流域绿色金融与经济高质量发展耦合协调时空特征及驱动因素[J]. 经济地理，2023，43（9）：121-130.

[215] 石华平. 环境规制、技术创新与高质量发展[D]. 成都：西南财经大学，2022.

[216] 刘丹阳，黄志刚. 金融科技、OFDI与经济高质量发展：基于"双循环"相互促进的视角[J]. 中国管理科学，2023，31（11）：151-164.

[217] 赵璐，赵作权. 基于特征椭圆的中国经济空间分异研究[J]. 地理科学，2014，34（8）：979-986.

[218] FORRESTER J W. Industrial dynamics：a major breakthrough for decision

makers[J]. Harvard business review，1958，36（4）：37-66.

[219] 单豪杰.中国资本存量K的再估算：1952—2006年[J].数量经济技术经济研究，2008，25（10）：17-31.

[220] 郭庆旺，贾俊雪.中国全要素生产率的估算：1979—2004[J].经济研究，2005（6）：51-60.